LE PÈLERINAGE

DU MONDE.

Sceaux. — Imprimerie de E. Dépée.

LE PÈLERINAGE

DU MONDE

PAR

PAUL DE MAGNY.

PARIS

EDMOND ALBERT, ÉDITEUR,

RUE DU HAZARD-RICHELIEU, 3.

1845

LE VALLON.

—

O petit vallon du Parnasse, j'aime à m'égarer le long de tes ondes fraîches et sous tes riants ombrages. Que d'autres se plaisent à gravir tes âpres sommets, je veux de loin regarder leurs efforts trop souvent inutiles; et moi aussi peut-être, oubliant la sagesse, j'essaierai de monter à ces divines hauteurs, mais pour y renoncer bientôt, satisfait de l'air pur qu'on respire autour d'elles, et je reviendrai encore dans le petit vallon à mi-côte, entre le ciel et la terre, parmi les doux bosquets, regardant couler mes jours dans le plaisir des chansons et l'oubli.

O mon âme, transporte-toi sur ces cîmes ardues, objet de l'ambition des hommes; qu'est-ce que la gloire? une vaine fumée. Ah! sur les grandes hauteurs, les âmes les plus sûres sont prises de vertige; il n'y a qu'un Dieu qui puisse résister aux horizons splendides qu'y déroule l'ange des ténèbres et de l'orgueil, et se défendre de l'enivrement de la renommée ; elle est un danger et un malheur comme toutes les couronnes. Reviens donc, ô mon âme, plus calme et plus sereine ; allons retrouver dans le vallon fleuri le chaume humble et riant de la douce famille.

Médiocrité, heureuse médiocrité, sois notre partage ; les âges sont pleins de noms, et quelle ardeur insensée nous pousse vers une gloire inutile et impossible ? n'est-ce pas assez de chanter pour nos maîtresses, et ne vaut-il pas mieux rester inconnus du profane vulgaire ? ne touchons à notre lyre que pour notre plaisir et dans les soirs de volupté. Ils sont bien fous ceux qui perdent leurs accords pour un peuple ingrat et sot : le génie est bafoué ou méconnu, la gloire elle-même est livrée à l'insulte de la presse, cette harpie sinistre qui souille tout ce qu'elle touche, et qui salit en y goûtant le festin de l'intelligence ! O siècle de l'égalité, ceux qui violent la loi de niveau de ta divinité jalouse sont tous ses victimes : celui qui s'élève au-dessus des autres est malheureux comme les grands arbres plus exposés aux coups de la tempête ; mais il n'y a pas que les Dieux qui frappent les Prométhées.

Savourons donc, dans un silence prudent et dans une retraite choisie, les merveilles de l'art ;

lisons les œuvres de nos pères. Que pourrions-
nous écrire? Après six mille ans, il faudrait d'autres hommes et d'autres cœurs pour des chants
nouveaux; il faudrait un monde jeune au lieu d'un
monde décrépit. Aimons, nous le pouvons encore,
et laissons l'orgueil de côté : quatre ou cinq noms
sont grands dans un siècle; le reste flotte au gré
des vents sur l'océan des âges : ne pleurons donc
pas sur l'impuissance de notre génie; qu'est-ce
que le génie ici-bas? un aigle qui s'élève plus ou
moins haut, mais qui ne touche jamais au ciel.
Si nous n'avons aujourd'hui que des ailes d'Icare
qui fondent au soleil, vous, princes de la poésie,
ne nous méprisez pas; malgré tous nos efforts, si
nous ne faisons que balbutier les désirs de notre
cœur, un jour, dégagée de ses liens, et semblable
à la vôtre, notre âme ne chantera-t-elle pas dans
les parvis célestes, en la langue incomparable des
anges, des hymnes cent fois plus belles que toutes
les hymnes de la terre. Tous les poètes sont égaux
devant les splendeurs de la muse idéale.

SONNETS.

✦

LIVRE Iᵉʳ.

La poésie moderne.

L'homme chantait jadis, étendu par les prées,
Les ris et les doux jeux et les amours vainqueurs,
Et cueillait dans les champs des guirlandes de fleurs
Pour les nymphes dansant aux lueurs des vesprées ;

Il épanchait sa joie en des hymnes sacrées,
Il disait les printemps et leurs molles senteurs,
Les danses des Édens, les ivresses des cœurs
Et vos lèvres, Vénus, de plaisir empourprées.

Mais depuis ce temps-là le monde s'est fait vieux,
L'homme ne chante plus pour de si jeunes Dieux,
Sa lèvre est ennuyée et sa voix est sans charmes ;

Mais plein d'amour encor pour ce vieil univers,
Le poëte, martyr des Muses, prend ses larmes
Et le sang de son cœur pour écrire ses vers.

Le couchant.

Chaque soir qui s'éteint et m'attriste et m'alarme,
Et je pleure en voyant tomber du haut des cieux
Le soleil, ce vainqueur jadis si radieux,
Sans lutte, sans combat, sans coursiers et sans arme :

Salut, faible rayon baigné d'un plus doux charme,
Dernier regard du ciel, regard mystérieux
Demi-voilé, tout plein de regrets et d'adieux,
Sourire si léger où se mêle une larme.

Hélas ! bientôt viendra cette éternelle nuit,
Triste, froide, glacée, où rien ne nous sourit,
Où tout meurt sans espoir d'une nouvelle aurore.

Dieu ! que la vie est belle ! Ivresse, joie, amour,
O prés verts, ô forêts, ô vous, champs que j'adore,
Ne fuyez pas encor, douce clarté du jour.

Joachim du Bellay.

Du Bellay, le plus doux des poètes de France,
Qui, des bords florentins, autrefois ramenas,
Enrichis cependant de merveilleux appas,
Les amoureux sonnets de la belle Provence ;

Que j'aime, du Bellay, voilée en sa souffrance
Ta plaintive élégie harmonieuse, aux pas
Si légers, mariant aux florentins ébats
La douceur angevine et sa molle cadence.

Comme un cygne au milieu des beaux parcs de Florence,
Caressant mollement ses précieux contours,
Vers le Nord paternel se retourne toujours.

Telle chaste en ses pleurs, ta muse se balance
Blanche sous le ciel bleu, plus charmante et repense
A son Loire gaulois, ses premières amours.

Agitation des hommes.

Pourquoi marcher toujours comme des pèlerins,
Comme des voyageurs épuisés, hors d'haleine?
Pourquoi courir sans cesse et redoubler la peine,
Sans but et sans savoir le terme des destins?

Reposons-nous plutôt sur le bord des chemins,
Amis, reposons-nous auprès de la fontaine;
Ah! plutôt couchons-nous à l'aise, car la plaine
Est belle, et la naïade a des charmes divins.

Il est doux de s'asseoir sous le riant ombrage,
Il est doux de goûter le vrai repos du sage
Parmi les frais berceaux où la volupté dort.

O mortels, pourquoi donc courir après la mort?
Épargnez-vous au moins la peine du voyage,
La mort vous viendra bien sans faire tant d'effort.

Le château de la Brède.

Ainsi que le raisin qui mûrit lentement
Aux côteaux arrondis de la douce Guyenne,
Et nous donne ce vin savoureux et charmant
Qui fait de toi, Bordeaux, la vigne souveraine;

Ainsi, grand Montesquieu, tu nourris sobrement
Dans Brède ton génie et ta féconde veine,
Élevant pour nos fils silencieusement
Ta pensée en ton cœur qui grandissait en reine.

Combien de jeunes noms qui montent jusqu'aux cieux,
Avant peu d'ans éclos s'en iront en fumée
Et n'augmenteront pas ainsi que le vin vieux,

Mais toujours, Montesquieu, ta gloire bien-aimée
Et ton puissant génie encore tout vivants
S'élanceront plus haut sur les ailes du temps.

Alexandre-le-Grand.

O beau jeune homme étrange, amoureux de la gloire
Et poussant aux combats ton coursier révolté,
Toujours impatient de grandir ta mémoire
Et d'étreindre la terre en sa jeune beauté ;

Trouvant tout moissonné dans les champs de l'histoire,
Demandant à grands cris quelque monde indompté,
Tombant ivre d'orgueil aux bras de la victoire
Et le front couronné de la divinité ;

Tu pleurais de manquer pour ta gloire fertile
De ces vers immortels que le chantre d'Achille
Déployait d'un tissu savant et radieux ;

Mais qu'avais-tu besoin d'un barde pour ta cendre ?
Le poéte s'honore en célébrant les Dieux,
Le monde entier s'est fait l'Homère d'Alexandre.

Un portrait.

Voilà ce doux regard, ce front mat et si pur,
Ces tempes où la veine éclate en son azur ;
Voilà la dent d'ivoire et le jeune sourire
Où l'amour a placé son miel et son empire ;
Voilà son sein de lait palpitant, et voilà
Ses blonds cheveux flottants qui m'ont pris dans leur lac ;
Qui n'eût été vaincu, puisque Flore la belle
Sur sa joue a jeté sa corbeille nouvelle ?
Depuis que je la vis je l'aime, et de ce jour
Mes lèvres ont erré sur ses lèvres d'amour ;
Ainsi qu'un papillon en sa moelleuse couche
Mon cœur ivre s'oublie aux roses de sa bouche,
Et comme dans un puits profond, mystérieux,
Mon désir se repose au velours de ses yeux.

La philosophie d'Horace.

Vois, la neige a couvert nos aimables montagnes,
Et le triste ruisseau tait son chant gracieux ;
La bise amère souffle à travers nos campagnes,
Les bois découronnés ne charment plus nos yeux.

Que ton foyer s'égaie en la flamme joyeuse ;
Verse-nous donc, ami, de tes vins les plus vieux,
Rions et jouissons de la vie amoureuse,
La mort nous suit déjà de son œil envieux,

La mort, la pâle mort frappe l'humble chaumière
Et sait forcer les rois en leur demeure altière :
Vivons, ami, vivons ; oh ! laisse de côté

De tes projets lointains la frivole espérance,
Aujourd'hui nous sourit d'un regard enchanté,
Et demain vaut-il bien la peine qu'on y pense ?

La beauté parfaite.

Les doigts de l'amour, de votre beau teint
Ont cueilli, dit-on, la fleur nompareille,
Et Flore a semé l'œillet et le thym
Dessus votre bouche et ronde et vermeille ;

Minerve a coulé le miel de l'abeille
Dans votre parole au charme divin,
Et les Grâces ont, dessous une treille,
Noué votre taille en un beau matin.

Tous ont prétendu, comme pour Pandore,
(Minerve et l'Amour, les Grâces et Flore,)
Accomplir en tout votre grand' beauté ;

Prenez pour cela, prenez ma maîtresse,
Les roses baisers de la volupté,
Que donne Vénus, la douce déesse.

Far niente.

J'aime, étendu parmi les herbes de la rive,
Quand revient le printemps et le chant des oiseaux,
Écouter le zéphyr à travers les roseaux,
Mêler ses bruits légers avec la voix plaintive

De l'onde dont le pleur plus radouci m'arrive,
Et j'écoute, perdu dans un demi repos,
La nature germer, et tous ces bruits nouveaux
De la terre assoupie et que l'amour ravive;

Là, dans un mol oubli, dessous l'ombrage aimé,
Sans désir, sans regret, par ce beau mois de mai,
J'abandonne mon âme à de gracieux songes;

Cherchant dans le ciel bleu quelque frais souvenir,
Et souriant, bercé par d'aimables mensonges,
O printemps, avec toi je me sens rajeunir.

La rapidité de la vie.

Je voudrais retremper ma jeunesse écoulée
Au flot limpide et pur des premiers ans si beaux,
Je voudrais fuir la mort et l'horreur des tombeaux,
Car de mon pauvre cœur la joie est exilée.

Marche, marche, dit Dieu; marche dans la vallée,
Marche parmi les bois et parmi les côteaux;
Ainsi j'ai fait, Seigneur, hélas! et sans repos
Ai-je assez promené ma vie inconsolée?

Encor si nous savions notre but, notre sort,
Ce que c'est que la vie et que sera la mort?
Mais nous nous égarons dans ce désert du monde.

Mon Dieu, si tu ne sais où mener tes enfants,
Laisse-les pour toujours s'asseoir au bord de l'onde,
Oublier ton vain ciel et sourire aux doux chants.

La poésie des sonnets.

Mon vers est bien facile et coule avec aisance
Comme un léger ruisseau dans la saison des fleurs,
Sur un gazon semé de suaves senteurs ;
Et cependant l'on trouve encor quelqu'élégance

Aux rimes du sonnet à la molle cadence,
Qui, s'appelant de loin comme de folles sœurs,
S'en vont entrelaçant leurs refrains et leurs chœurs,
Et dont il plaît de voir la légère nuance.

Plus d'un, sans doute épris de ma libre façon,
Essaiera d'imiter le tour de ma chanson ;
Pourtant, c'est moins aisé que l'on ne le peut dire :

Plusieurs, en admirant tes madones du ciel,
Se sont aussi flattés de pouvoir reproduire
Tes faciles contours, ô divin Raphaël !

A l'auteur de Rouge et Noir.

O modèle achevé de la distinction,
Héritier de Voltaire et le dernier en France,
Qui, prodiguant la fleur de la fine élégance,
Sus joindre à la raison l'heureuse passion,

Comme un pur diamant, plein de précision,
Chacun de tes pensers d'une vraie opulence,
Trésor aimable et sûr pour notre intelligence,
Éclate davantage approché du rayon.

Heureux qui, soulevant la poudre qui te voile,
Dans la nuit de l'oubli sait trouver ton étoile,
Et fixe un œil charmé sur sa vive lueur ;

O doux enchantement, délicieuse flamme !
Alors qu'il sentira son cœur pris à ton cœur,
Et son âme amoureuse égarée en ton âme.

La royauté du génie.

Hélas ! hélas ! le ciel ne donne pas la joie
Aux fronts que le génie a marqués de son sceau ;
Ils ne goûtent jamais sous un ciel pur et beau
Les amours oublieux où notre âme se noie.

D'un vaste ennui leur cœur dès l'enfance est la proie,
La désolation y creuse son tombeau :
Victimes d'un désir incessant et nouveau,
Tous jeunes vers les morts, la tristesse les ploie.

Le monde qui les voit cheminer à pas lents
S'étonne et dit : D'où vient que de ces corps souffrants
Il peut sortir autant de génie et de verve?

D'où vient que le palmier croît sur les bords déserts,
Que l'Attique produit l'olive de Minerve,
Et le sable du Nil les lauriers toujours verts?

Le château de Versailles.

Que vous étiez beau, château de Versailles !
On dit qu'une fée au charme puissant,
D'un coup de baguette, au sein des broussailles,
Vous a fait surgir noble et ravissant.

Suivi de la cour, des princes du sang.
Quand le roi menait après ses batailles
Maint beau cavalier d'amour frémissant,
Que vous étiez beau, château de Versailles !

Mais où sont, hélas ! pages et marquis,
Évêques dorés et vous, fleurs-de-lis,
Belles au sein nu, fêtes éternelles?

La fée est partie en un ciel plus beau ;
Envolez-vous donc, mon joli château,
Puisque vous avez de si grandes ailes.

Le retour.

Heureux qui, dans les pays odorants et couverts,
Accompagne les pas de sa douce maîtresse
Mélancolique et tendre, et lui peint son ivresse
Le long de l'eau rêveuse et des bocages verts.

Heureux encor celui qui, réchappé des mers,
S'approche du village où coula sa jeunesse,
Et pâle, fatigué, lorsque son cœur s'empresse,
Quand pour le recevoir tous les bras sont ouverts,

S'assied sous le pommier au pauvre et maigre ombrage,
Et pleure ; car voilà l-ębas son doux village,
Le chant de l'alouette et le souris du ciel :

Voilà les bois, les monts et les molles prairies,
Et sous l'horizon bleu dans les plaines fleuries,
Près du jaune clocher le doux clos paternel.

L'orgueil des mortels.

L'homme en un fol espoir a placé son orgueil ;
Il a dit hautement : Mon âme est immortelle ;
Mais regarde, insensé, le monde se révèle ;
Rien n'échappe à la mort, inévitable écueil :

Tout naît, tout doit mourir, et tout se renouvelle ;
Le printemps refleurit après l'hiver en deuil,
La rose au doux parfum se nourrit du cercueil ;
La forme neuve vêt sa matière éternelle.

Montre-moi donc tes Dieux et leur ciel triomphal ;
Conduit comme l'année en un cercle fatal,
Ce monde engloutira les fils comme les pères,

Et puis tout doit renaître avec plus de splendeur :
Éternelle, et broyant les choses passagéres,
La mort nous mène tous en son char voyageur.

Le gai savoir.

Dans les livres et la science
Pourquoi chercher la vérité?
Vous n'y verrez que fausseté,
Sophisme creux, fausse ignorance.

Laissez vos vieux livres, lecteur,
Au jeune amour livrez votre âme ;
C'est l'œil aimable de la femme
Qui sait le chemin du bonheur.

On apprend plus dans un souris
Et dans un baiser qu'on a pris
Que dans tous les livres du monde ;

Et qu'est la science du jour?
Une illusion inféconde
Auprès du gai savoir d'amour.

A une cruelle.

Madame, il vous est doux de rire de nos pleurs
Et de vous enivrer de la plainte amoureuse ;
Vous passez parmi nous, folâtre, insoucieuse ;
Et comme pour un jour on se pare de fleurs,

Ah ! vous faites ainsi, Madame, de nos cœurs ;
Et puis vous les jetez loin de vous, oublieuse,
En souriant toujours plus belle et dédaigneuse
Au cortège croissant de vos adorateurs.

C'est bien doux, je le sais ; mais dès demain peut-être
Ce cœur, roi fatigué de son commandement,
Désirera sa chaîne, et voudra d'un doux maître.

Et vous, froissée aussi, vous pleurerez, songeant
Aux saintes amitiés, aux cœurs tendres, fidèles,
Qu'ont brisé vos beaux yeux et vos lèvres cruelles.

Aux bois de Magny.

Délices de la solitude,
Loisirs longs et silencieux,
Ombrage aux berceaux gracieux,
Beaux lieux remplis de quiétude,

Charme enchanté, calme accompli,
Hélas! combien je vous regrette,
Rive rêveuse, onde muette,
Qui me berciez dans votre oubli;

Rendez-moi votre pente douce,
Et parmi les bois, sur la mousse,
Le rêve des longs soirs d'été,

O repos, ô grâce légère,
O vous la molle oisiveté,
Heureux insouci du rien faire.

Les poésies de Sainte-Beuve.

Aimable Sainte-Beuve, oh! que j'aime le soir
A relire tes chants que la grâce décore,
Que le couchant léger de son pur rayon dore,
Tes chants jeunes et vrais qui savent émouvoir :

Ils gardent, résignés sous le nuage noir,
Les secrètes senteurs du vallon qu'on ignore,
Ils sont illuminés du désir de l'aurore,
Et peuvent consoler ceux qui n'ont plus d'espoir.

Ta sainte poésie est une fleur suave,
Jetant loin du profane un éclat doux et grave;
C'est une fleur des nuits, amante du repos;

Mélancolique et tendre, elle voile ses charmes,
Et livre au frais du soir ses calices d'éclos,.
Pleins d'amoureux parfums et fleuris en tes larmes.

Un cœur prisonnier.

Des cheveux blonds, un teint plus rose et plus vermeil
Que la fleur en avril ; un charme qui respire
Les grâces du printemps ; un enivrant sourire
Plus suave que n'est l'aurore à son réveil ;

Un parfum de jeunesse, aimable et sans pareil ;
Un chant plus gracieux et plus doux que la lyre,
Une gorge profonde où le désir soupire,
Deux beaux yeux plus brillants que les rais du soleil :

Voilà l'astre divin, voilà la douce flamme,
Voilà quelques attraits, quelques dons de la dame
Qui mit du premier coup notre cœur sous ses lois.

Ah ! ne la voyez point ; car, fussiez-vous de glace,
Il faudrait soupirer, et peut-être tous trois
Nous serions malheureux à cause de sa grâce.

Les larmes d'amour.

L'amour, Madame, est la douce rosée
Qui fait germer le printemps dans nos cœurs ;
Le cœur humain à ses limpides pleurs
Épanouit sa grâce reposée :

Telle au matin une prée arrosée
Bientôt reprend ses plus vives couleurs,
Et nous voyons scintiller sur les fleurs
La perle blanche et la perle rosée.

Madame, ainsi que les soupirs bien doux
Et la tendresse aimable soit en vous
Une rosée à vos beautés décloses,

Ou vous verrez dans les pâles oublis
Avant le soir tomber vos belles roses
Et se faner la blancheur de vos lis.

Le passage du Simplon.

Je courais à travers les neiges empourprées
Des Alpes, dans un ciel déjà moins appali,
Et l'air d'un doux parfum me semblait amolli,
Quand au revers plus doux des côteaux et des prées

Voici que j'aperçois, au milieu des vesprées,
Cette grande Italie à l'horizon joli,
Et son ciel qui s'étend, ainsi qu'un dais sans pli,
Vers Rome, par-dessus les plaines diaprées.

Italie ! Italie ! ô terre du bonheur,
O des printemps fleuris et l'amour et l'honneur,
Dais d'azur enchanté, campagne verdoyante ;

Christ lui-même venu dans ces lieux attrayants
A dit à ses élus : Dressez ici ma tente
Et restons-y toujours, car il fait bon céans.

La vie humaine.

Naître dans une triste et froide nudité,
Vagir et s'accoupler au malheur dès l'enfance,
Vivre dans la douleur, le mal et l'ignorance ;
Aux buissons du chemin, d'un cœur désenchanté

Laisser tous les lambeaux ; et comme ballotté
De Charybde à Scylla, craindre dans l'espérance,
Vouloir fuir le présent, pleurer de repentance,
Se heurter à l'airain de la réalité :

Jeune, être dévoré du doute qui l'assiége ;
Et vieux, pencher le front en s'écriant : Que sais-je ?
Pourrir sur son fumier, lamenter comme Job,

Et mourir, voilà l'homme ! O sagesse infinie !
Ah ! que vous pouvez bien, Dieu puissant de Jacob,
Vous vanter d'avoir fait une plaisanterie

Le captif de Sainte-Hélène.

Ainsi l'aigle royal dans sa cage enfermé
Resonge tristement aux campagnes si belles,
Et plongeant du regard aux voûtes éternelles,
Ressaisit son empire immense et bien-aimé ;

Longtemps l'espoir allume encor son œil charmé
Et le retient veillant près des barres cruelles,
Tant que, las du malheur et repliant ses ailes,
Il endort dans la mort son cœur inanimé.

Ainsi, gardant toujours l'orgueil du diadème,
Rien n'arrêtait l'essor de ton regard suprême
Quand, avide, il planait sur l'infini des flots,

Et ton ambition captive et misérable
Se dévora, cherchant sa proie insaisissable
Dans le vide, et se fit son immortel repos.

Prière pour les suicidés.

On a bientôt perdu les baisers de sa mère,
On a bientôt compris tous les jeux de l'amour,
On a bientôt, hélas ! vu le soir d'un beau jour,
On a bientôt laissé ses vingt ans par derrière ;

On a bientôt assez des choses de la terre,
Les épaules de femme ont le même contour,
La vie est une coupe où le miel n'est qu'autour,
La volupté qu'on sait n'est qu'une joie amère :

Voilà, voilà, mon Dieu, pourquoi tes purs enfants
Sont remontés vers toi pâles et triomphants,
Prenant leur vol bien loin de cette terre immonde ;

Accueille-nous, Seigneur, d'un souris paternel ;
Car ainsi que tes saints, dégoûtés de ce monde,
Nous n'avons plus cherché la volupté qu'au ciel.

Les crimes de l'Europe.

O chrétiens, ô chrétiens sauvages et barbares,
Vainqueurs déshonorés, égorgeant lâchement
Notre Pologne, hélas! qui, le front pâlissant,
Tomba, l'œil fier encore au cri de ses fanfares;

O chrétiens insensés, gouvernements avares,
Frères Caïn d'Abel, pesant l'or et le sang,
Vous qui laissez passer la mort de l'innocent
En versant quelques pleurs misérables et rares!

Maudits soient les bourreaux et les indifférents
Qui disent : Que mon frère abatte ses tyrans,
Que ce sang faible et pur retombe sur leurs têtes!

Insensés, insensés, vous n'avez pas senti
Combien vous amassiez sur vos fronts de tempêtes?
L'Europe a donc pu voir un peuple anéanti!

A un satyrique.

La voix du libre peuple et sainte et généreuse,
Satyrique puissant, t'applaudissait en chœur,
En voyant ton génie obéir à son cœur,
Et bafouer le crime en sa fortune heureuse;

Quand l'indignation sanglante et chaleureuse
Pressait tes vers d'airain dans son creuset vainqueur :
Gardons nous, gardons-nous du sarcasme moqueur
En té voyant si bas, belle étoile orgueilleuse.

Hélas! tu t'es perdu pour aspirer trop haut,
Et ton courage même a creusé son tombeau;
L'esprit le plus viril et le plus intrépide

Se corrompt à ton souffle, ô siècle des Judas;
Pour te bien nétoyer, étable d'Augias,
Il faudrait avoir l'âme et l'épaule d'Alcide.

Charles Ier, roi d'Angleterre.

O Charles, gentilhomme élégant, accompli,
Quel œil serait sans pleurs, et quel cœur sans tristesse
En voyant au cachot, sous le sort qui t'oppresse,
Même par le malheur ton visage ennobli :

Ton chagrin dans ton cœur demeure enseveli ;
Ta lèvre dédaigneuse et belle de noblesse
Est muette au sarcasme insolent qui te blesse,
Et ton front orgueilleux reste calme et sans pli.

Non, tu n'as rien perdu de ta grandeur royale,
Et la couronne encor rayonne à ton front pâle ;
Vous avez beau fouler aux pieds sa royauté,

Allez, bourreaux, allez, Dieu l'a sacré lui-même.
Si vous voulez laisser son front sans diadème,
Otez-lui par la mort sa royale beauté.

Dante.

Lorsque Dante, le roi des saintes poésies,
Se plongeant tout entier au milieu des enfers,
Éveillait à sa voix ce nouvel univers
Pour nous redire après ses rudes harmonies,

Il trouvait cependant des douceurs infinies,
Et modulait parfois les plus suaves airs
Dès qu'un nom chaste et doux, illuminant ses vers,
Appelait sur son luth les molles fantaisies :

Béatrix, Béatrix, nom toujours jeune et beau,
Quand ce rude ouvrier se creusait son tombeau,
Toi tu le consolais, toi sa muse immortelle ;

Entre toutes tes sœurs, la plus aimable à voir
Et la plus chère aussi, car la fleur la plus belle
Croît au milieu des morts : c'est la fleur de l'espoir.

Les bords du Leman.

Douce terre de Vaud, paysage immortel,
Du tendre souvenir de Julie encor pleine,
Délices du regard et dont le charme enchaîne
Le cœur du voyageur d'un désir éternel,

Les grâces ont sur vous épandu tout leur miel ;
Vous avez de beaux champs, le grand lac, autre plaine,
Des monts religieux la splendeur souveraine,
Et des côteaux bénis du sourire du ciel ;

Vous avez les cieux bleus de la molle Italie,
La verdure du nord et sa mélancolie ;
Des Gaules vous tenez la vigne, aimable don :

Vous avez les amours d'Ausonie et sa danse,
Le cœur du franc Germain, simple, gai, doux et bon,
Et le parler naïf de notre vieille France.

Les sonnets provençaux.

Il ne nous reste rien des sonnets provençaux :
Sans doute qu'ils valaient tous ceux-là de Pétrarque,
Qui, grâce à ce malheur, s'intitule monarque
Des amoureux sonnets, et n'a point de rivaux.

Ah ! tu nous as ravi nos fleurons les plus beaux,
Poète italien, et j'en trouve la marque
Dans ton charme gaulois, que l'envieuse Parque
N'a pu, comme leurs vers, sceller dans leurs tombeaux.

Italiens rusés, ce sont là vos pratiques ;
Tel Raphaël, plus tard, de ses pinceaux gothiques
Pilla les marbres grecs, invention du ciel,

Et puis il les brisa pour ceindre leurs couronnes ;
Mais ton vol est écrit, Raphaël, Raphaël,
Dans les contours si purs de tes belles madones.

Les flèches de l'Amour.

Le dieu d'amour se plaignait l'autre fois
Qu'en notre siècle il était sans puissance,
Qu'il épuisait contre la jeune Hortense
Les plus beaux traits de son joli carquois;

Lors je lui dis : Enfant, sache nos lois,
Nous mettons l'or au fer de notre lance :
De même fais; que sert la violence
Au siècle-ci? c'était bon autrefois.

Tes traits dorés, s'ils ne font grand'blessure,
Point ne seront perdus, je t'en assure;
Ta belle flèche elle ramassera,

En prendra l'or, du moins je le présume;
A son chapel elle en mettra la plume,
Et de son bois elle se chauffera.

Les Dieux païens.

Qui pourra te ravir ta jeunesse éternelle,
O vieux monde païen, ciel toujours enchanté,
Tant que vivront la fable et la réalité,
Tant qu'à son char heureux Phœbus sera fidèle?

Diane est toujours jeune et Flore est toujours belle,
La naïade soupire au beau fleuve argenté,
Vénus toujours éclate en sa douce beauté,
Hébé reluit encor d'une grâce immortelle.

Ah! quand l'hiver neigeux, éteignant nos désirs,
Fait pâlir notre front du froid de son haleine,
O Christ mort, que ton culte attire nos soupirs!

Mais quand, nous souriant, le moi de mai ramène
La jeunesse du monde et les tièdes zéphirs,
Tu reconquiers nos cœurs, blonde Anadyomène.

Annibal.

Lorsqu'au sommet désert des Alpes soucieuses,
Fatigué de la lutte ingrate des frimats,
La belle Lombardie au devant de tes pas
Déroula tout-à-coup ses plaines radieuses :

Voilà le doux soleil et les terres heureuses,
Là voilà l'Italie aux merveilleux appas,
A nous, ses fiers amants, ne sourit-elle pas ?
Enfants, préparez-vous aux luttes amoureuses.

Et tes peuples charmés, impatients d'ardeur,
Rêvaient déjà Capoue et t'acclamaient en chœur ;
Mais toi, plongeant vers Rome un œil rempli de haine :

Descendez avec nous, vautours, oiseaux de deuil ;
Et vous déjà si grande, élargissez-vous, plaine,
Que j'y puisse coucher Rome entière au cercueil.

La vie italienne.

Amis, coulons nos jours dans la paix et l'oubli,
Et promenons partout nos charmantes maîtresses,
Tantôt parmi les bois, et tantôt chasseresses,
Dans les parcs où résonne un joyeux hallali ;

Horizon sans nuage, ombres de Tivoli,
Ô loisirs fortunés, ô folie, ô tendresses,
Sourire, enchantements ; et vous, molles liesses,
Ô soir qui n'êtes pas encore désembelli !

J'aime aussi sur tes flots, Venezia la belle,
Écouter ma Laura chanter sa villanelle
Et regarder Phœbé montant à l'orient :

Ah ! laissons-nous bercer comme le flot nous pousse,
Et quand nous reviendrons, disons en souriant :
Dieu ! qu'il fait bon ce soir, et que la vie est douce !

La muse grecque.

Tenons en grand' pitié l'école romantique
Qui devait effacer l'éclat de l'âge antique,
Et remplissant d'orgueil et de bruit tout Paris,
Sans être une montagne a fait une souris.

Hélas! l'on croyait donc pour quelques métaphores
Que l'on surpassait l'art gravé sur les amphores,
Et que la poésie au front pur, aux yeux bleus
Quittait pour nos brouillards le doux banquet des Dieux.

O muse de la Grèce, ô muse si jolie,
Brillant d'une lueur toujours plus affaiblie,
Qui nous montrais du moins un coin bleu de ton ciel,

Muse adoucis encor nos lèvres de ton miel,
Et des rimeurs d'hier oubliant le blasphème,
Trône encor dans ta grâce et ta beauté suprême.

La ville éternelle.

Salut, monde romain, mélancolique et beau,
O la ville éternelle! (ô l'éternel problème!)
Tu gardes sur ton front le royal diadème,
Tel qu'un marbre orgueilleux couché sur un tombeau.

Comme un pieux artiste en la splendeur suprême,
Où la vie au déclin, ranimant son flambeau,
S'illumine des cieux, sait fixer de son sceau
Cette vie embellie en sa mort elle même;

Ainsi t'éternisant, idéale cité,
Le temps, ce grand sculpteur, de sa main souveraine
Te sacra pour jamais, ô mère auguste et reine;

Et la mort, s'éprenant de ta grave beauté,
Te baisa sur le front, de douleur toute pleine,
Pour te donner au moins son immortalité.

A une Vénitienne.

Te voilà donc enfin, idéal de mon âme,
Splendide courtisane au regard indompté,
Portant avec orgueil ta sereine beauté,
Et de ton impudeur le diadème infâme ;

Nous t'adorons pourtant, belle et magique femme,
Syrène de l'amour, ange de volupté ;
Car tu suspends nos cœurs au sourire enchanté
Que nous voyons errer sur tes lèvres de flamme.

Femme aux baisers brûlants, aux plaisirs ignorés :
Fléau des jeunes gens, malheur à qui te touche,
Car tu l'immoleras sur ta lascive couche ;

Non, que dis-je ? heureux ceux que tes bras adorés
Pressent sur tes beaux flancs et sur tes seins marbrés,
Et qui meurent d'amour aux baisers de ta bouche.

Mil huit cent trente.

C'est quand un soleil d'août fait frémir la cité
Que le peuple s'éveille au mot de liberté :
Aux accents du canon la vieille république
Appelle ses enfants sur la place publique ;
Et les bruns faubouriens, Brutus de carrefours,
Descendent dans la rue aux rumeurs des tambours.
Il faut voir, il faut voir le lion populaire
Secouer en grondant sa sanglante crinière,
Et le long des vieux quais, la *Marseillaise* en chœurs,
Jusqu'au Louvre criblé planter les trois couleurs :
Voilà notre tribune à nous, sainte canaille,
La libre nation ne veut pas qu'on la raille ;
Viennent les Polignacs, avec sa grande voix
Elle fait son brumaire et chasse les vieux rois.

Les écrivains de grand style.

Je hais tous les phraseurs et les chercheurs de style,
Gâtant le paradoxe et visant à l'effet,
Jetant un bel habit sur leur esprit mal fait,
Dressant des mois entiers l'hémistiche indocile.

Ils vêtent richement leur pensée imbécile,
Ils lui prodiguent l'or et la pourpre à souhait,
Ils peuvent captiver le peuple stupéfait ;
Le peuple prend souvent Simius pour Virgile ;

Le poète lui seul fond l'idée au symbole :
Il coule d'un seul jet sa puissante parole,
Et trahit dans un cri toute sa passion ;

C'est la réalité, c'est l'image vivante,
Splendide, émue encor, rebelle et palpitante,
Emportée à l'assaut de l'inspiration.

Les chants du poète.

O poète, dis-nous, dis-nous pourquoi tu chantes ?
Mais qui dira le sens du murmure des eaux,
Comment, quand mai revient aux forêts verdoyantes,
S'éveillent les amours des joyeux tourtereaux ?

Oh ! répondez : pourquoi les brises enivrantes
Gémissent dans la nuit à travers les bouleaux ?
Les chants mystérieux, les complaintes charmantes
M'accourent tous en foule et les doux madrigaux.

Ainsi le miel découle au gâteau des abeilles,
Ainsi le mois de juin pleut de roses vermeilles,
Ainsi tombent des pleurs au fond d'un cœur souffrant ;

Et ma bouche féconde en paroles heureuses
Dit aux rimes : Croisez vos trames amoureuses,
Comme court la navette aux doigts du tisserand.

Les miracles d'une belle.

Madame, vous avez une grâce légère,
Une douce beauté qui charme tous nos sens;
On aime à contempler vos beaux yeux attrayants,
A suivre en son souris votre lèvre sincère.

Lorsqu'en votre foyer, précieux sanctuaire,
Vous causez sur le soir, vos aimables accents
Mollement cadencés, enlacent caressants
Notre cœur qui se meurt à cette voix si chère.

L'aveugle, en vos discours saintement enchanté,
Devinerait bientôt votre grande beauté,
Vos mesurés contours que la grâce dessine,

Et le sourd attentif, lisant dans vos beaux yeux,
S'oublierait à vous voir parler, forme divine,
Et comprendrait enfin le rythme harmonieux.

Le monde et l'homme.

Enfermé dans toi-même et dans ta vanité,
Homme faible, tu suis tes folles rêveries;
Le temps et l'univers, d'après tes fantaisies,
Sans ton avènement n'auraient point existé.

Oh! peux-tu voir les cieux et leur immensité,
Le cercle inexploré des hautes harmonies
Déroulant sur ton front les sphères infinies,
Et te targuer encor de l'immortalité?

D'où viens-tu, faible enfant, triste, pâle, éphémère?
Que seras-tu demain, et qu'est-ce que la terre?
Le jouet inconnu d'un hasard trop cruel.

Va, ta vie étouffée entre d'obscurs rivages,
N'est qu'un point qui se perd dans l'infini des âges,
Et c'est notre néant qui seul est éternel.

Brutus.

Brutus, quand d'une ardeur sainte, mais inhumaine,
Ton poignard immolait l'âme du grand César,
Tu croyais relever et l'austère étendard
Et les libres autels de la louve romaine.

Ah! combien te trompait ton espérance vaine!
Insensés! vous tombiez, vous tombiez au hasard.
Vois Octave bientôt atteler à son char
Vos louveteaux romains, amoureux de leur chaîne.

Quand un peuple n'a plus la vertu dans le cœur,
Un goujat le pétrit dessous son pied vainqueur;
C'est la cuve en ferment que l'écume couronne:

Auguste hier régnait, l'empereur généreux;
Aujourd'hui c'est Tibère, avide et cauteleux;
Demain Caligula s'assiéra sur le trône.

Un cœur d'homme.

Quand aux pieds du veau d'or tombe l'humanité,
L'homme ne pleure pas sur lui, mais sur ses frères,
Car contre les tyrans, libre autant que ses pères,
N'a-t-il pas son poignard, sa seule royauté?

Et quand aux cris ardents, aux cris de liberté
Appelant au combat les bandes populaires,
Il n'a vu rien répondre à ses saintes colères,
Courbe-t-il sous le joug son beau front indompté?

Non, il revêt alors le manteau du stoïque,
Et couve dans son cœur sa pensée héroïque,
Attendant le réveil des grandes nations;

Il s'en va tout drapé de sa libre misère,
Et regarde passer, d'un rire solitaire
Les stériles désirs des générations.

Le croissant.

Voyez-vous bien là-haut dans le doux firmament,
(ainsi que sur un front de jeune bayadère
L'escarboucle s'allume ardente et singulière,)
Frémir et palpiter le croissant tout sanglant.

Certe, il brillait ainsi fatal et menaçant,
Alors que Mahomet, l'amoureux de la guerre,
Par un beau soir tailla dessus le cimeterre
Fatal et recourbé du hardi musulman :

Allons, fils du désert, enfants de l'Arabie,
Laissez-là votre tente aux sables de Syrté,
A nous Stamboul, à nous la royale cité.

Enfants, donnons l'essor à la cavalerie,
Et portons pour bannière et pour toute armoirie,
Dans les combats, l'éclair du sabre ensanglanté.

La désolation.

La désolation a passé sur mon âme,
En glaçant mon sourire et déchirant mon cœur,
Mon beau désir est mort, et dans un ciel meilleur
Il ne m'emporte plus sur ses ailes de flamme.

Calme des jours sereins, ô doux baisers de femme,
Espérance plus belle encor que le bonheur,
Ma blessure est trop grande, ô charme séducteur,
Et je n'y puis trouver ni baume ni dictame.

Tel un captif perdu dans sa noire prison,
Appelle de ses pleurs un plus vaste horizon,
La lumière, les monts, les forêts verdoyantes;

Mais quand la liberté revient enfin, ses yeux
Soulèvent vainement leurs paupières mourantes,
Ils ne te verront plus, douce clarté des cieux !

Les épopées.

L'Iliade d'Homère est la statue antique,
Complète et rayonnante; et Virgile pieux,
C'est la gravure fine, aimable et poétique;
Dante est un pur Camée aux contours précieux;

On chante avec Klopstock un céleste cantique,
Le Tasse est un enclos de fleurs délicieux,
Camoëns un cri d'espoir, Milton le satanique,
Un airain tourmenté se tordant vers les cieux.

Et puis après, Shakespeare et ses landes fleuries,
Et le fol Arioste aux charmantes féeries,
Nous revenons à toi, mon poète divin :

Le roman des romans, ton Odyssée aimable,
C'est notre vie infirme et pauvre et misérable,
C'est l'homme cheminant son austère chemin.

L'Océan.

Océan, Océan, combien je suis resté
Et d'heures et de jours sur le pont du navire,
A contempler en paix ta sainte immensité,
Sœur d'un autre infini que notre âme désire;

O vieux père du monde, au sein de ton empire
Que nous comprenons mieux la grande vérité;
Et souvent malgré nous nous marions la lyre
Aux hymnes de tes flots vers la Divinité.

Notre cœur devient fort et notre âme s'épure
Par le noble contact de ta grave nature;
Comme un sage vieillard oublieux d'un vain jeu,

Tu ne nous parles pas des désirs de la terre,
Des factices bonheurs de la joie éphémère,
Mais toujours tes discours se ramènent en Dieu.

Les amitiés rompues.

Pâle mort, ce n'est rien que tes derniers adieux,
Mais qui vous comprendra, tristesses éternelles,
O mort des amitiés dès l'enfance fidèles,
Quand notre propre cœur nous devient odieux?

Nos pensers s'enlaçaient d'un lien délicieux,
Désireux l'un de l'autre, et nos amours si belles
Ensemble se berçaient comme deux sœurs jumelles,
Nos rêves d'avenir flottaient aux mêmes cieux.

Faut-il, sans qu'à ce mot notre âme soit saignante,
Briser à tout jamais cette amitié constante
Et te flétrir, hélas! ô vie, ô pauvre fleur!

Il le faut, il le faut, mais, ô douleur suprême!
Quand on se voit forcé de se haïr soi-même
Et d'arracher ainsi la moitié de son cœur.

Mes vœux.

Madame, vous voulez que l'ambition vaine
Trouble mon cœur oisif et m'attache à sa chaîne,
Que pour l'or indigent des riches de nos jours
Je laisse ma paresse et mes douces amours;

Mais que me fait à moi tout cet éclat stérile,
Ce luxe misérable et ce bruit inutile?
O fausse vanité! c'est trop pour le bonheur,
Madame, et c'est trop peu pour contenter mon cœur.

Que me faut-il de plus si je puis voir ma vie
Enchaînée à la vôtre, aimer loin de l'envie,
M'enivrer à loisir de votre œil amoureux,

Et cueillir en baisers ardents et savoureux,
Sur votre joue en fleur, les voluptés décloses,
Et le miel odorant de vos lèvres de roses?

Les rêves de la jeunesse.

Les regards attachés au ciel de son printemps,
La jeunesse ne voit que selles résonnantes,
Cavaliers se heurtant, bannières éclatantes,
Et retour orgueilleux de guerriers triomphants ;

Elle se perd ainsi dans ses rêves flottants,
Et consume en espoirs ses nuits étincelantes
D'argent, de soie et d'or, de pourpres enivrantes,
Et des heureux désirs d'une âme de vingt ans.

Mais le temps cheminant dessus sa tête folle
La réveille, assombrit son beau ciel du matin,
Et ferme à ses désirs cet horizon lointain ;

Heureux alors celui qui sait changer d'idole
Et, brisant les faux Dieux de son rêve enchanté,
Aime le petit champ de la réalité !

Les ailes de l'amour.

Pourquoi l'Amour vaincu, les yeux mouillés de pleurs,
A-t-il perdu son charme et ses légères ailes ?
Pourquoi doux papillon aux caprices trompeurs
Ne voltige-t-il plus sur les lèvres des belles ?

Ah ! que je porte envie aux passions des fleurs,
Lorsque mai les convie à ses fêtes nouvelles,
Quand leurs polliens, bercés sur l'aile des senteurs,
Vont trouver par les airs leurs amours mutuelles.

O fleurs, heureuses fleurs ! hélas ! l'homme enchaîné
Dans un cercle infléchi voit son désir fané,
Solitaire, son cœur se consume en ses flammes ;

Mon Dieu ! daigne accorder à nos cœurs amoureux
Des ailes pour voler et pour toucher les âmes,
L'Amour n'en aura-t-il que pour monter aux cieux ?

Un vendredi-saint.

L'athéisme et la foi disputent ma pensée ;
L'un règne en mon esprit, l'autre plaît à mon cœur.
L'athéisme me dit : Sois donc ton seul Seigneur,
La foi me dit : Aimons ta simplesse passée.

Je voudrais embrasser la science glacée,
Et trouver quelque flamme en sa froide lueur ;
Je voudrais, je voudrais, doux charme séducteur,
O foi ! détruire en moi l'ironie insensée.

Ah ! comme Prométhée en proie au noir vautour,
Le doute amer et sombre, et toujours plus avide,
Me dévore et se paît encor de mon cœur vide.

Que ta grâce, mon Dieu ! descende en ce saint jour
Ainsi qu'une rosée en ma pauvre âme aride,
Pour qu'y germe la fleur de ton suave amour.

L'intérieur des forêts.

J'aime à vous contempler, ô les molles verdures,
Qu'un rayon du matin dore amoureusement,
Et qui vous déroulez ondoyantes et pures
Des côteaux au vallon en un déclin charmant ;

Océan tout rempli des plus tendres murmures,
Dont le vert se marie au bleu du firmament,
Que j'aime à voir l'émail de vos souples ramures
Où perle la rosée égale au diamant.

Vous montez vers le ciel comme un hymne amoureux,
Tout couronnés de fleurs, et vous semblez heureux ;
Vos parfums n'ont-ils pas des amours éternelles ?

O forêts, doux Éden et d'un charme attrayant !
Ah ! que le cœur s'émeut sous vos ombres si belles :
Vous aussi gémissez intérieurement.

Pour une fin de l'année.

O Temps, fin de la vie et son commencement,
Toi qui nous détruis tous, nous t'aimons cependant;
Viens, partage avec nous nos fêtes de famille,
Mais abaisse ton aile et laisse ta faucille,
Et ne touchant jamais à tout ce qui fleurit,
Ne tranche, ô bon faucheur, que l'épi qui mûrit,
Que l'hiver et le mal froissent de leurs haleines;
Mais lorsque le repos berce en l'oubli nos peines,
Quand l'alme paix descend pour nous du haut des cieux
Épandant de son sein des fleurs délicieux,
Suspends alors, suspends ta course passagère,
Réponds avec amour à l'amour de la terre,
O principe de tout, père du monde, ô temps,
A tes enfants souris au moins quelques instants.

La première entrevue.

Ce jour-là je la vis pour la première fois,
Par un pâle soleil des derniers jours d'automne,
(Et je venais de voir se faner la couronne
Et les senteurs qui font le charme de nos bois,)

Assise à sa fenêtre, où ses agiles doigts,
Doigts d'une fée, allaient au tissu qui rayonne,
Et son doux profil grec de grâce belle et bonne;
(Fleur aimable oubliée aux plus obscurs endroits!)

Le sourire appâli de ses lèvres d'œillet
Où l'espoir au chagrin du cœur se mariait,
Révélait du bonheur la charmante promesse,

Et son regard voilé, plein d'amour et de foi,
Errait vague et plus vif, et revenait sans cesse,
Et me disait : Voyez, je suis seule, aimez-moi.

Le Christ du peuple.

O peuple, vois ton Christ sur le haut du Calvaire,
Depuis dix-huit cents ans toujours ensrnglanté,
Qui pleure et qui gémit, et regarde la terre
Avec des yeux d'amour, de plainte et de pitié;

Depuis dix-huit cents ans il invoque son père
Et lui rappelle en vain son gage d'amitié,
Pour qu'il donne le ciel à la terre sincère
Et la paix à tous ceux de bonne volonté.

Peuple, le Christ c'est toi, c'est nous tous, pauvres hommes,
Qui pleurons et voulons sur la terre où nous sommes
Ce paradis d'amour que la Croix nous promet;

Le Christ, pour embrasser tous les hommes, ses frères,
Leur ouvre ses bras; mais les prêtres sanguinaires
Les retiennent cloués à l'infâme gibet.

A M. Michelet.

O maître, je m'enivre à tes douces paroles
Qui, comme le miel pur, enchaînent tous les cœurs;
Je ris de ton souris, je pleure à tes douleurs,
Et j'adore avec toi tes aimables symboles.

Comme toi je m'en vais, d'idoles en idoles,
Cueillir dans tous les champs des guirlandes de fleurs,
Et mon cœur, amoureux de toutes les lueurs,
Se perd en visions gracieuses ou folles.

Ah! qui peut t'accuser de tes rêves flottants,
Quand tu suis, à travers et l'espace et le temps,
Du soleil éternel la changeante harmonie?

Errons donc avec toi dans le cercle fatal,
Car qui dira jamais par la phrase finie
L'ineffable beauté du suprême idéal?

Les trois amoureux.

(TIRÉ DE L'ALLEMAND.)

Trois jeunes compagnons, en traversant le Rhin,
Entrèrent chez l'hôtesse : — Avez-vous de bon vin ?
Et votre belle fille, où donc elle est, la mère ?
— Oui, j'ai de bon vin frais ; ma fille est dans la bière.

Et les trois compagnons allèrent au cercueil ;
Le premier essuyait une larme à son œil,
En soulevant le voile, et puis dit : Qu'elle est belle !
O mon Dieu ! d'aujourd'hui je n'aurais aimé qu'elle.

Et le second laissant tomber le voile noir,
En pleurant détournait les yeux : Faut-il te voir,
O toi que j'aimais tant, sur ta funèbre couche !

Mais le dernier, collant ses lèvres sur sa bouche :
Je t'ai toujours aimée, ô ma pâle beauté !
Je t'aime et t'aimerai toute l'éternité !

La conquête des Indes.

Amoureux du secret des rives indiennes,
Et radieux encor du triomphe persan,
Guidant ainsi qu'un Dieu son char éblouissant
Des dépouilles d'Asie, au sein d'immenses plaines,

Par un ciel vaste et pur, sous des clartés sereines,
Plus grand encor parmi son peuple courtisan,
Alexandre marchait, fier et resplendissant,
Et l'aurore éclairait ces pompes souveraines.

Il s'avançrit ainsi, plein d'un éclat vermeil,
Comme un soleil qui marche au devant du soleil,
Et les peuples charmés criaient du haut des tours :

Est-ce Bacchus encor nous apportant la vigne,
Ou bien le beau Phœbus, ayant changé son cours,
Nous vient-il du couchant en cette grâce insigne ?

Le Pain de la parole.

Le peuple ne vit pas par le pain seulement,
Le pain de la parole est son autre aliment ;
Grâce au miracle heureux de la presse rapide,
Le festin se complète à cette foule avide,

Mais les prêtres impurs de ce culte nouveau
Ont mêlé le poison à ce banquet si beau ;
Sur l'intrigue et la fourbe ils ont pris leur exemple,
Ah ! qui me chassera ces bateleurs du temple !

Ces marchands de mensonge à l'orgueil impudent
Dans le pur sanctuaire ont crié leur encan ;
Tous les jours immolé sur l'autel impudique

Le Dieu s'incarne au gré des teneurs de boutique,
Et pour quelques deniers, chaque Judas banal
Vend le verbe divin aux sbires du journal.

Le Fils de la terre.

Je me sentais éteindre au matin de mes jours ;
Laissant de Gallien la science débile,
Pour les rudes forêts j'abandonnai la ville,
Et je suivis la chasse en ses âpres détours ;

Donnant aux bois, aux monts, mes austères amours.
Longtemps je poursuivis partout le cerf agile,
Et j'embrassai le sein de la terre fertile
Tant qu'enfin ma jeunesse en reprit ses atours.

Oui, l'homme comme Antée est le fils de la terre,
Il reprend sa vigueur en embrassant sa mère ;
Et quand la mort l'atteint de son dard si cruel,

Couchez le pâle enfant sur le sein maternel,
D'où reprenant sa force et sa beauté première
Au jour du jugement il doit monter au ciel.

4

Sonnet Italien.

Italie, ah ! pourquoi la fortune cruelle
T'a-t-elle fait ce don de ta grande beauté ?
Voilà voilà d'où vient ton destin tourmenté ,
Ton malheur indicible et ta plainte éternelle ;

Ah ! que n'es-tu plus forte que n'es-tu moins belle,
Ton sol serait obscur, ou ton nom redouté
De ces guerriers haineux qui dans leur cruauté
Se prétendent épris de ta grâce immortellé.

Et je ne verrais plus des Alpes blanchissants
Les barbares armés descendre par torrents,
Et les ondes du Pô de notre sang rougies ;

Je ne te verrais plus, avilie et sans gloire,
Pour l'avide étranger armant tes mains impies
Ou mourir ou river tes fers par ta victoire.

Une autre Laure.

La grâce se repose en votre bouche ronde,
Et l'aimable désir s'allume à vos beaux yeux ;
Votre doux profil grec est d'un charme orgueilleux
Et votre chaste gorge en voluptés abonde.

Ainsi que Béatrix ou que Laure la blonde,
Dieu vous a faite afin que des bardes pieux
Epuisassent pour vous leurs chants religieux.
Offrant tous vos attraits aux hommages du monde ;

Dante apportez la perle et le pur diamant,
Et vous Pétrarque aussi, tendre et fidéle amant,
Où sont-ils vos sonnets pleins d'une heureuse flamme ?

Mais non, car c'est trop peu que cet éclat mortel ;
Dieu veut que je me meure à vos beaux yeux, madame
Pour qu'après, mon amour vous chante dans le ciel.

A la Lune.

Quand la lune légère, au vague azur des cieux
Promène lentement sa beauté merveilleuse,
Et plane sur nos fronts, chaste, mystérieuse,
Jetant un pur éclat doux et silencieux,

Combien de fois, hélas ! et pâle et soucieux,
Au versant des côteaux à la pente rêveuse,
J'ai suivi plein d'amour sa course gracieuse
Perdu dans son rayon doux charme de nos yeux.

Je disais : O vaisseau sans vents et sans tempêtes,
Char paisible qui roule au-dessus de nos têtes
Où l'aimable repos semble se révéler,

Quel injuste destin m'enchaine sur la terre ?
O mon Dieu, je voudrais, je voudrais m'envoler
Et monter au doux char de la lune légère.

L'Homme-Dieu.

Qu'est ce monde, mon Dieu, si ce n'est ta substance,
La chair de ton amour l'enfant de ta beauté,
Et la fleur d'Israël de ta fécondité
Fanée en son exil, mais belle d'espérance ?

Aussi nous nous mourons de ce désir immense
De nous voir rajeunir en ta divinité ;
Toi-même, t'incarnant, frère en l'humanité,
Tu scellas avec nous cette sainte alliance.

Sans être tes égaux, ah ! serions-nous heureux ?
Non, ce que nous voulons c'est l'infini lui-même
C'est l'idéal rêvé, c'est la clarté suprême ;

Toi-même nous a dit : vous deviendrez des dieux,
Et nous montons toujours, nous montons vers les cieux
L'échelle de Jacob de ce divin problème.

Les Voyageurs.

Touriste fol et vagabond,
Tu te railles de l'humble sage
Qui pour voir ton vain équipage,
N'a pas même levé le front :

Peut-on, dans un oubli profond,
Fidèle au coq de son village,
Ignorer encore au vieil âge
Ce que les autres hommes font ?

Touriste, celui que tu frondes
Est plus chercheur que tu ne l'es,
Il a parcouru plus de mondes ;

Car plus le corps repose en paix,
Plus l'esprit plein de fantaisies
S'agite aux sphères infinies.

Consolation.

Ce jour sombre pesait à ma pauvre âme aride
Et tout se colorait pour moi si tristement,
Tout semblait dépouillé, morne, sans mouvement
Et moi-même j'étais presqu'éteint dans ce vide ;

Mais lorsque je regarde en votre œil si limpide
Et pur, et reflétant l'azur du firmament,
Le monde entier se change et me paraît charmant ;
Il revêt le printemps et la grâce de Guide :

C'est mai qui me revient ; Madame, vos beaux yeux
Qui tombèrent sur moi sont deux rayons des cieux
Sereins, et ramenant la jeunesse et les ris ;

Ou deux sources encor d'un cours lent et rêveur,
Qui versent mollement par les jours défleuris,
L'humide volupté dans notre tendre cœur.

L'homme fastique.

Jamais depuis les nuits des hautes origines,
La fortune qui fait et qui défait les rois
Ne sacra sur le front l'homme Dieu de son choix
Plus amoureusement de ses lèvres divines ;

Et jamais nul mortel, et fut-ce aux sept collines,
Ne sut mieux l'embrasser, et docile à sa voix
Par l'univers semant ses martiales lois.
Faire surgir son trône au-dessus des ruines.

Mais depuis, non jamais nul mortel orgueilleux
La foulant à ses pieds ne fut ingrat pour elle
Et ne la rebuta d'un œil plus dédaigneux.

Jamais aussi, jamais la fortune cruelle
Ne sut mieux témoigner sa vengeance immortelle,
La fortune et César sont bien quittes entr'eux.

A Emma.

Une foule amoureuse autour de vous se presse
Mendiant un regard, Emma, de vos beaux yeux,
Et le cercle choisi des jeunes merveilleux
S'enchaîne à tous vos pas d'une voix flatteresse ;

Le public enchanté vous prodigue l'ivresse
Des applaudissements, et le barde pieux
Mêle le pur encens des chants harmonieux
Aux couronnes de fleurs que la France vous tresse.

Mais vous, vous souriez mélancoliquement,
Acceptant tout d'un œil distrait, et par moment
Vous regardez en vous et dans votre pensée :

Oh ! dites, vous songez aux avrils d'autrefois,
Lorsque toute petite en la tendre rosée
Vous couriez pour cueillir des fraises dans le bois

La Poésie aimable.

La poésie aimable est la molle berceuse
Qui faibles et pleureurs nous prend sur ses genoux,
Nous endormant enfants, de ses chants les plus doux
Qui s'échappent au gré de sa voix paresseuse.

Oh ! qui nous la rendra la charmante causeuse ?
Elle ignora toujours et Mars et ses courroux,
Mais racontant plutôt les joyeux rendez-vous
Elle chante à demi souriante et pleureuse.

Qu'ils sont doux les sonnets que l'on redit le soir !
Ils remplissent le cœur d'une molle harmonie ;
Comme l'ami qui dit à l'amie : au revoir

Ils prêtent tout un monde à notre rêverie ;
C'est l'étoile qu'on suit sous le nuage noir
Emportant dans les cieux l'âme aimante et ravie.

Je cheminais au soir.

Je cheminais au soir par de maigres sillons
Dans ce déclin douteux qui voile toute chose,
Et j'accordais mon âme au monde qui repose
N'entendant que le cri saccadé des grillons ;

Et l'étoile d'argent flottait aux horizons
Pâle ; on entrevoyait à peine dans les terres
Des villages épars les moroses lumières,
A travers les vapeurs qui montaient des gazons.

Mais d'un chagrin amer quand mon âme était pleine
De lointains aboiements résonnent dans la plaine
Et chassent ce silence immense et douloureux ;

Oh ! n'est-ce pas, voilà le foyer domestique
La mère bonne et douce, et le vieillard antique
Et des petits enfants qui doivent être heureux.

Les Myosotis.

Paule au col de cygne, aux tresses dorées
Aux pensers légers riants dans vos yeux,
Venez avec moi cueillir par les prées
Les myosotis bleus et gracieux ;

Trésor délicat de la belle Flore,
O douce rêveuse, ô petite fleur !
Cueillons-en toujours, cueillons-en encore,
Mais déjà voyez, hélas ! tout se meurt.

Le temps défait tout, Paule ma charmante ;
Dans la bible d'or belle et rayonnante
Qu'une sauve au moins ses frêles appas,

Et dans bien des ans, un long soir peut-être
Son parfum perdu semblera renaître
Et murmurera : ne m'oubliez pas.

La beauté de la Femme.

La beauté de la femme est une douce chose
Que Dieu nous accorda pour oublier le ciel,
C'est là notre parfum, notre Eden, notre miel,
Notre aimable printemps et notre belle rose.

Dans son regard heureux l'œil lassé se repose,
Son chant est gracieux, doux et surnaturel,
Son sourire énivrant, et son charme éternel
Adoucit notre lèvre ou colère ou morose.

O molles voluptés, ô merveille du jour,
O voix insinuante, ô grâce enchanteresse
Délices du regard et paradis d'amour !

Hélas ! pourquoi faut-il, qu'en sa vaine faiblesse,
L'homme, de son Eden détruisant le bonheur,
Te cueille et te flétrisse, ô chaste et frêle fleur ?

Les bords de la Charente.

Il serait doux de vivre au bord de la Charente,
Car l'onde en est si pure, et le feuillage vert
Avec l'horizon bleu dans le lointain se perd
Et fuit sous le regard par une molle pente ;

J'aime son calme heureux et la vue attrayante
Du pré tout verdoyant de fleurs toujours couvert,
Ses côteaux arrondis et ce ciel pur ouvert
Aux nuages flottants dont le mirage enchante :

Il serait doux d'y vivre et de suivre le soir
La Charente argentée aimable et belle à voir
Qui court comme un serpent à travers la prairie.

L'indolence au souris léger s'assied souvent
Sur ses bords, et fait signe aux amis que le vent
Pousse nonchalamment à la rive fleurie.

A une belle Insensible.

Si quelqu'autre, Madame, à vos amours fidèle
Pressait vos doux appas dans ses bras caressants
Et charmait votre cœur à ses tendres accents,
Qu'il soit heureux, dirais-je, et qu'il soit digne d'elle ;

Mais, pleine de désirs et si jeune et si belle,
Vous livrez tous vos jours aux ennuis pâlissants,
Vous vivez languissante et solitaire, et sans
Connaître les douceurs d'une amour mutuelle.

Pourquoi lutter toujours contre ce pauvre cœur ?
Pourquoi ne pas vouloir connaître le bonheur ?
Madame, croyez-moi, vivez votre jeunesse.

Qu'est-ce que le désir quand la jeunesse a fui ?
Si pourtant votre cœur est mort à la caresse
Peut-être il renaîtra dans le bonheur d'autrui.

La Mélancolie.

Je t'aimerai toujours, douce mélancolie,
Je t'aimerai toujours, pâle fille du ciel
Car tu suspends nos cœurs à tes lèvres de miel,
O souvenir aimable, ô pieuse folie ;

Tu m'as toujours semblée une sainte jolie
Au beau sourire triste, étrange et solennel,
La tête un peu penchée au grand rêve éternel,
Et le front couronné de la froide ancolie.

Des pleurs sont dans ta voix, mais par instants tes yeux
Sont animés d'espoir en regardant les cieux
Et d'un monde inconnu tu chantes la louange ;

Cieux d'azur, ailes d'or, horizons agrandis
Voilà ton pur domaine ; oh ! n'es-tu pas un ange
Qui soupire en songeant à son doux paradis ?

Le chemin de Damas.

Comme Paul, mon patron, marchant à ma ruine,
Je suivais chevauchant le chemin de Damas
Blasphémant contre Christ, alors que sur mes pas
Je fis rencontre aussi de la grâce divine ;

Non pas de celle-là qui brise la poitrine
Et lance le tonnerre et la foudre en éclats,
Mais celle qui sourit et ne nous blesse pas,
Et nous prenant la main parmi les fleurs chemine.

Il n'était pas besoin de toute sa rigueur
Pour qu'elle redevint maîtresse de mon cœur ;
Elle dit seulement d'une voix ineffable :

Mon ami pourquoi fuir le doux toit paternel ?
Retournez avec nous à ce festin aimable,
Et venez resourire au sourire du ciel.

Le château de Chambord.

Dieu ! que j'aime Chambord et sa triste beauté
Sa muette douleur, ses clairières charmantes,
Les grands bois assoupis au bord des eaux dormantes,
Le château solitaire et son étrangeté.

Laissez-moi vous pleurer, antique royauté,
Cour de preux chevaliers, bannières éclatantes
Salamandres et vous encore palpitantes
Qui brillez dans le feu d'un éclat indompté :

Salut cieux bleus, salut ô contrée immortelle,
Grâcieux souvenirs, bruyères de Chambord
O forêt enchantée où la royauté dort ;

Elle dort, mais la fée, à son heure fidelle,
Nous la réveillera plus brillante et plus belle
Debout, la lance au poing, aux fiers accents du cor.

O vous vertes Forêts.

O vous vertes forêts où ma rêveuse enfance
Promena si longtemps ses pas aventureux,
O monts, ô lacs charmants, Dieu, que j'étais heureux
Je crois que le bonheur me revient quand j'y pense.

Et j'ai revu ces monts de fraîche souvenance
Pourtant, et ces beaux lacs et ces vallons ombreux,
Assis sous le grand chêne aux branchages si vieux
Où l'on nous racontait la naïve romance.

Mais autrefois pour moi ce séjour enchanté
Etait peuplé d'amour, de grâce et de beauté
Et des rêves flottants de ma vive jeunesse :

Ah ! malgré juin qui brille en sa plus riche fleur
Je ne retrouve ici que ma vague tristesse
Et tout est vide, hélas ! comme en mon pauvre cœur

Les douze mois.

En janvier l'an plus jeune recommence,
Février a ses bals et ses chanteurs ;
A Mars la guerre et l'amour et la danse,
Avril et Mai nous ramènent les fleurs.

En Juin zéphir mollement se balance
Juillet sourit aux pauvres moisonneurs ;
Août nous convie à la douce vacance
Septembre sonne au cor des fiers chasseurs.

Octobre trinque aux belles vendangeuses,
Novembre encore a des fêtes joyeuses
Décembre clot la couronne des mois.

Eh bien, si chers qu'ils soient tous à notre âme,
L'an tout entier vaut-il le jour, Madame,
Où nous aimons pour la première fois ?

L'Apocalypse de saint Jean.

Emporté vers les cieux dans son vol solitaire
De l'aile de la foudre aimer le bercement,
Se perdre avec délice au sein du firmament
Et fixer le soleil dans une joie austère ;

Bâtir loin des regards, sur l'abîme, son airé,
Et mariant sa course au vol de l'ouragan
Perdu dans l'infini, disparaître en mourant
Voilà ton sort heureux, aigle roi du mystère :

Tel le prophète saint, le fils aimé du ciel,
Fixant d'un œil ardent le soleil éternel
Ne prête point son aile au désir du vulgaire ;

Il garde pour soi seul les célestes clartés,
Et meurt enfin brûlé des saintes voluptés
Mais sans dire jamais son secret à la terre.

Bertaut.

Poète de nos jours, ô poète orgueilleux
Tu passeras avec la foule qui t'adore ;
Le poëte est semblable au chêne qu'on honore
Mais que pour se chauffer couperont nos neveux.

Non rien ne trouvera grâce devant leurs yeux,
Mais un seul mot qu'amour de son pur rayon dore
Triste comme un couchant ou doux comme une aurore
T'a pu sauver, Bertaut, du sépulcre oublieux.

L'esprit passe, et l'orgueil des odes surannées
Se fane avec la mode, et les courtes années,
Le cœur humain lui seul, le cœur est immortel,

C'est un ardent phénix qui toujours se consume,
Puis éteint, de sa cendre encore il se rallume
Tant qu'il rejoigne enfin son foyer dans le ciel.

STANCES.

—

Adieux à la jeunesse.
(TRADUIT DE SCHILLER.)

Age d'or de la vie, ô ma belle jeunesse,
Tu fuis en m'emportant mon doux rêve enchanté ;
Ni larmes ni regrets n'arrêtent la vitesse
Du temps roulant ses flots devers l'éternité.

Il faut vous dire adieu, mes charmantes étoiles,
Chimères de mon cœur, saintes illusions !
Oh ! la réalité déchirant tous les voiles
N'a rien laissé debout de vos créations.

Comme Pygmalion, d'une amour sainte et pure,
Pressait entre ses bras le marbre inanimé,
Ainsi, jeune amoureux, j'embrassai la nature,
Tant qu'elle palpita sur mon sein enflammé.

Sa froideur fut vaincue à ma douce caresse ;
La cascade, les fleurs, le chêne harmonieux,
Tout versant en mon être une ineffable ivresse,
Répondait à mon cœur en échos amoureux.

Et mon âme, voyant cet horizon immense,
S'élança forte et fière en son libre chemin :
La vie est si riante en sa jeune opulence,
Frais bouton d'une fleur, hélas ! sans lendemain.

Le jeune homme enivré, dans son âme ravie,
Appelle, plein d'ardeur, l'avenir radieux ;
Car où s'arrêtera le vol de son génie ?
Des astres caressants le bercent dans les cieux.

Voyez, rien ne s'oppose à sa riche carrière ;
Les sylphes balançant leur chœur aérien,
L'amour, la vérité brillante de lumière,
La gloire et le bonheur précèdent son chemin.

Hélas ! hélas ! à peine au milieu de la vie,
Ces guides si charmants tour à tour l'ont quitté :
Le savoir est amer, le bonheur rêverie,
Et le doute orageux voile la vérité.

J'ai vu la gloire au front insolent du vulgaire,
J'ai vu s'enfuir bien loin la saison des amours,
Et l'espoir jette à peine une pâle lumière
Dans mon triste sentier plus désert tous les jours.

C'est la sainte amitié qui guérit ma blessure,
Elle seule est restée entre tous ces charmeurs ;
Quand nous la partageons, cette vie est moins dure ;
Amitié, le premier de mes jeunes bonheurs,

Et l'étude, sa sœur, charme aussi ma souffrance ;
L'étude souriant au désir modéré,
Portant son grain de sable à l'édifice immense,
Et comptant les moments trop hatifs à son gré.

Barcarolle.

(TRADUIT DE L'ITALIEN.)

Chasse au loin la mélancolie,
Chasse le souvenir amer;
Viens dans ma gondole jolie
Te bercer au sein de la mer.

Viens, laissons le triste rivage,
Laissons le port tumultueux;
Le soleil s'éteint sans nuage,
La lune monte dans les cieux.

Viens, tu verras Phœbé la blonde
Se pencher au flot argenté,
Et pâle se mirer dans l'onde
Comme une amoureuse beauté.

Vois-tu cette écume légère?
Voilà les crins de nos coursiers;
Ils courent sans bruit, sans poussière,
Sous la main de nos bateliers.

Lorsque la rame agile vole,
Nous nous berçons plus mollement
Dans notre amoureuse gondole
Que l'aigle au sein du firmament.

Toi si belle, toi la jeunesse,
Fraîche comme un bouquet de fleurs,
Ah! fuis dans mes bras la tristesse;
L'amour effacera tes pleurs.

Vénus, ce gracieux symbole
Dans sa conque de pur saphir,
C'était quelque belle en gondole,
Comme toi bercée au zéphyr.

Chasse au loin la mélancolie,
Chasse le souvenir amer;
Viens dans ma gondole jolie
Te bercer au sein de la mer.

L'idéal.

(Traduit de *Marguerite Davidson*, morte à l'âge de 15 ans.)

Ah! j'ai senti mon cœur se fondre en une larme
Souvent en contemplant des images de feu,
Et dans un seul regard tourné vers toi, mon Dieu,
Je vivais une année, heureuse de ton charme.

Il est, il est des voix bien douces sur le soir
Qui m'ont versé les pleurs de la mélancolie;
Et sur vos ailes d'or, divine mélodie,
Mon âme s'élançait palpitante d'espoir.

Eh bien! pourtant, ravie en ces formes si belles,
Je désirais monter encor plus dans les cieux;
Toujours en écoutant ces sons harmonieux,
Je soupirais après des voluptés nouvelles.

Le bonheur m'a souri; mon âme sans regret
Se berçait aux faveurs des douces destinées :
Heures du pur amour, heures si fortunées,
Je rêvais même alors un bonheur plus complet.

Comme au ciel apparaît soudain un météore,
Souvent une pensée en mon âme a relui
Brillante, et dissipant les ombres de ma nuit;
Mais je les appelais plus brillantes encore.

Ah! pourquoi ce désir d'un avenir plus beau?
Pourquoi d'autres amours cette vague espérance?
Cette flamme invisible et pure qui s'élance
De ce monde qui fuit vers un monde nouveau?

Ce monde n'est pas fait pour nos amours si belles ;
Les sages d'autrefois, vous aviez bien raison :
Non, ses pauvres plaisirs et son pâle horizon
Ne sauraient enchaîner nos âmes immortelles.

Le soir du proscrit.

C'était le soir ; dans le bocage
Un faible jour perçait encor ;
Le soleil couchant de son or
Jaunissait le sombre feuillage.

Hélas ! disais-je, des tyrans
Régnent sous ce beau ciel de France ;
A peine un rayon d'espérance
Console encore ses enfants.

La rive est triste et solitaire,
L'écho des bois reste muet ;
Le bûcheron pour sa chaumière
A laissé l'obscure forêt.

Au milieu de ce grand silence
On entend le chantre des bois ;
Philomèle en son art cadence
Les divins accents de sa voix.

Le zéphyr retient son haleine,
A peine s'il ride les eaux,
Et plus mollement dans la plaine
Il balance les arbrisseaux.

Le ruisseau tait son doux murmure,
Rien ne vient troubler ces concerts ;
Tout écoute dans la nature
Les chants épanchés dans les airs.

Ne crains point l'oiseleur avide,
Chantre divin de nos forêts;
Ne crains ni sa fureur perfide,
Ni ses pièges, ni ses lacets.

Chante tes ennuis, ta souffrance;
Tu chantes aussi ma douleur,
Et tu ranimes l'espérance
Qui s'enfuyait loin de mon cœur.

Je protégerai ta faiblesse;
Mais quoi! tu cesses tes accords,
Tout retombe dans la tristesse,
Philomèle a quitté ces bords.

Seule, la naïade plaintive
Soupire à travers les roseaux,
Et verse en pleurant sur la rive
L'éternel concert de ses eaux.

Lève-toi, fils de l'infortune;
Lève-toi, pâle de douleur :
Tu fuis le jour qui t'importune;
La nuit c'est le jour du malheur.

Déjà l'astre des nuits s'avance,
Son disque se lève à pas lents;
C'est l'heure du sombre silence,
C'est l'heure aux spectres effrayants.

Mais quel bruit part de la colline
Où s'élèvent les trois châteaux?
Les doux sons d'une mandoline
Semblent s'échapper des crénaux.

C'est l'ombre d'un fils de la France
Qui pleure la France et ses maux,
Ou qui chante encor sa vaillance
Sur les débris des vieux tombeaux.

Ou bien encore ; mais silence !
J'écoute ; ce n'est qu'un vain bruit ;
C'est la brise qui se balance
Au sein ténébreux de la nuit.

Hélas ! quand on n'a pas d'asile,
On ne voit que des ennemis ;
Si je voulais vivre tranquille,
Il faudrait quitter mon pays.

Mais loin du ciel de ma patrie
On me verrait bientôt languir :
Ah ! si je dois perdre la vie,
C'est ici que je veux mourir.

O nuit, revêt tes sombres voiles ;
Phœbé, cache-moi ta lueur ;
Chasse ton cortège d'étoiles,
C'est pour protéger le malheur.

A Phœbus j'offris sacrifice ;
Dérobe à mon gré ton rayon :
Astre divin, sois-moi propice,
Si Diane est sœur d'Appollon.

L'Amour.

L'amour naquit pur, aimable et candide,
Du frais souris d'une vierge au réveil,
Comme un parfum encor jeune et timide
Qu'envoie au ciel un bouton plus vermeil ;

Et sorti nu de ces lèvres de rose,
Doux papillon aux délicats appas,
S'alla poser sur l'âme à peine éclose
D'un enfant blond et qui n'y songeait pas.

Il lui faut l'air, les senteurs, la jeunesse,
Du gai printemps la pure liberté;
Au doigt grossier qui la cherche et la presse
S'évanouit sa fragile beauté.

Divin amour, légère et douce flamme,
O fleur du ciel, sylphe aux ailes d'azur,
Toi qui dans nous n'est qu'une seconde âme
Plus éthérée et d'un parfum plus pur,

Quel cœur pourrait, et quel regard de belle,
Prêter une aide à ton fragile essor,
Et sans ternir la poudre de ton aile,
En aspirer l'azur, l'opale et l'or?

Au bord de l'eau.

Voyez, la terre est triste, et les cieux sont d'azur;
Au sortir du berceau couchez-moi dans la tombe;
Il faut cueillir le fruit aussitôt qu'il est mûr,
Ou, mon Dieu, de la branche il se détache et tombe.

Le fruit trop mû se brûle au trop ardent soleil,
Amoureux des rayons qui font sa sépulture;
Mais dirait-on jamais à le voir si vermeil
Qu'il va tomber, rongé du ver de pourriture.

Tout m'éblouit; je veux voir des crêpes de deuil;
Oh! je suis si lassé de ces couleurs de flamme,
Je voudrais, me plongeant dans la nuit du cercueil,
Dans l'ombre reposer les yeux noirs de mon âme.

N'ai-je pas tout entier fait mon triste chemin ?
Faut-il pas m'endormir après mon long voyage ?
Oh ! quand donc viendra-t-il, viendra-t-il ce matin
Où je m'éveillerai vers un autre rivage ?

Car ici tout rivage, oui, je l'ai parcouru ;
J'ai vu les monts, la mer, les saules, la prairie,
Ou plutôt sur la terre, oh ! non, je n'ai rien vu,
Et point trouvé de fleurs sur la rive fleurie.

Une pourtant, mon Dieu ; comme on voit au soleil
S'offrir à son aurore une fleur fraîche éclose,
A mes feux elle ouvrit son calice vermeil,
Un jour j'ai savouré le parfum de la rose.

Un seul jour, et plus rien ; car la fleur n'a qu'un jour.
Le léger papillon la boit tout d'une haleine,
Et puis il va vider d'autres coupes d'amour,
Car le volage, il sait bien des fleurs dans la plaine.

Mais moi je n'en vis qu'une, et quand ce rêve heureux
S'évanouit, quand rien ne me rit sur la terre,
Avant que de partir, je chante mes adieux
Et je te dis, Seigneur, ma dernière prière.

J'ai regardé la terre et puis les cieux d'azur,
Au sortir du berceau, couchez-moi dans la tombe ;
Il faut cueillir le fruit aussitôt qu'il est mûr,
Ou, mon Dieu, de la branche il se détache et tombe.

Regarde ; elle est là-haut dans le nuage d'or ;
Vois, elle me sourit ; je l'entends qui m'appelle,
Elle est là qui m'attend ; j'hésiterais encor ?
Oh ! je veux m'envoler, m'envoler auprès d'elle.

La mort, la pâle mort est reine de mon cœur,
C'est elle qui me rit dans la coupe encor pleine,
Qui sur les hauts donjons penche mon front rêveur,
Qui pleure sous le saule, au bord de la fontaine.

Tu l'as voulu, Seigneur, c'est toi, c'est toi, mon Dieu;
Tu le sais, je ne puis résister à tes armes :
Toi-même dans mon cœur as allumé ce feu,
Et pourrais-je jamais l'éteindre dans mes larmes?

Vers elle je vais donc prendre un vol amoureux,
Je vais me reposer dans ma douce patrie;
Oui, je veux conquérir la liberté des cieux
Et briser à jamais les chaînes de la vie.

Dieu, je reviens vers toi, je te rends ton présent;
Plus longtemps je n'ai pu m'exiler sur la terre;
Oh! la terre est si triste et mon cœur est aimant,
Dieu, je veux à son sein contempler ta lumière.

Elle est si belle l'onde! et fascine mes yeux :
Pure comme son cœur; adieu, rive flétrie,
Onde, je t'aime tant! tu réfléchis les cieux,
Je me plonge en ton sein pour oublier la vie.

Il regarda la terre et puis les cieux d'azur;
Au sortir du berceau couchez-le dans la tombe,
Il faut cueillir le fruit aussitôt qu'il est mûr,
Ou, mon Dieu, de la branche il se détache et tombe.

L'Amour infini.

O science infinie, écho des hautes sphères,
Que ton pur idéal soit mes seules amours;
Je ne veux plus songer aux beautés éphémères,
Mais aux beautés qui sont plus belles tous les jours.

Songes des nuits d'été, gracieuses chimères,
Reprenez donc pour moi vos célestes atours,
Bercez mon âme encore à vos danses légères,
Enivrez mes regards de vos chastes contours.

Aux beautés de la chair notre cœur se consume,
L'amour est une coupe où le miel n'est qu'au bord ;
Ses plus charmants baisers ne laissent qu'amertume :
On y cherchait la vie, on y trouve la mort.

Il ne faut se servir de ces beautés charnelles
Qu'afin de s'élever à l'idéal des cieux,
Et pour en façonner des beautés immortelles ;
Ainsi Dieu fit Adam d'un limon odieux.

Au contraire du Grec, en son âme ravie,
Échauffant de son souffle un marbre inanimé,
Et sentant tout-à-coup la jeunesse et la vie
Vaguement tressaillir dans le sein bien-aimé,

Que notre Béatrix ou notre blonde Laure
Dépouille tout appas imparfait et mortel,
Afin que notre cœur en extase l'adore,
Comme on prie à genoux une sainte du ciel.

La Mort.

Voyez là-bas ; le crépuscule pâle
Efface tout sous un voile confus ;
Le ciel se meurt dans ses reflets d'opale
Et les lointains ne se distinguent plus.

L'ombre des nuits endort le paysage
Et peu à peu dérobe ses lueurs :
Un jour ainsi votre charmant visage
Verra s'enfuir ses plus vives couleurs.

Vous dormirez, ô ma douce bergère,
Vous dormirez d'un immortel sommeil
Lorsque la mort, de son aîle légère,
Appâlira vos lèvres de vermeil.

La terre alors vous couchera près d'elle,
Vous réchauffant sous son manteau de fleurs ;
Dans le repos d'une nuit éternelle
Vous oublierez la vie et ses douleurs.

Vous dormirez comme aux bras de sa mère
L'enfant se berce en songes gracieux,
Vous dormirez comme la bayadère
Sur le sein nu du brahmane amoureux.

Ainsi se meurt une légère flamme
Où le rayon d'un regard épuisé,
C'est un désir qui s'éteint dans une âme
L'illusion d'un cœur désabusé.

Au soir ainsi la brise parfumée
S'endort aux bras du chêne harmonieux,
Tel un ruisseau par la prairie aimée
Perd dans les fleurs ses flots silencieux.

Vous dormirez, ô ma douce bergère,
Vous dormirez d'un immortel sommeil
Lorsque la mort, de son aîle légère,
Appâlira vos lèvres de vermeil.

Peux-tu renaître, ô ciel de la jeunesse
Et vous baisers des premières amours ?
Comme eux, hélas ! ô ma belle maîtresse,
Vous dormirez, vous dormirez toujours.

Ne craignez point la sinistre trompette
Qui doit, dit-on, réveiller tous les morts ;
La mort jamais n'a rendu sa conquête,
L'avare garde encor tous ses trésors.

Laissons, laissons ces visions sauvages,
Que la terreur inventa loin du jour,
O mon amante, et si nous sommes sages,
Croyons plutôt aux fables de l'amour.

Ne laissons pas cette amère pensée
Troubler la source aimable du plaisir,
Il nous sourit avec sa grâce aisée,
Toutes les fleurs disent : il faut jouir.

La vie est douce, aimable, jeune et belle
Elle nous porte entre ses tendres bras
Nous prodiguant sa féconde mamelle
Et nous émeut à ses charmants appas.

La mort est douce et son aile légère
Caressera votre front pâlissant ;
Elle viendra comme une tendre mère
Qui d'un baiser endort son faible enfant.

Il faut jouir, c'est le cri de la vie
Belle et parée en la jeune saison ;
Il faut jouir ; la mort nous y convie
En nous montrant l'hiver à l'horizon.

Oui, savourons le jour qui vient d'éclore,
Hier n'est plus qu'un vague souvenir,
Un soir viendra qui n'aura plus d'aurore
Et comme hier tout doit s'évanouir.

Où va le son de la chanson joyeuse
Après qu'écho l'a redit quelquefois ;
Où donc s'en va la violette amoureuse
Et son odeur qui parfumait les bois ?

Tout s'en retourne au sein de la nature,
Tout vit, tout meurt et renaît tour à tour,
Le ciel, la terre, et l'onde et la verdure,
Tout ne fait qu'un et la mort c'est l'amour.

Allons-nous-en; ô ma belle maîtresse,
D'un front serein à la danse des morts ;
La mort est jeune auprès de la vieillesse
Et le printemps habite sur ses bords.

Je veux que l'orme à la vigne marie
Sur nos tombeaux ses bras plus amoureux,
Que notre amour à nos enfants sourie
Comme au réveil un songe gracieux.

Emue encor, cette vigne féconde,
Protégera leurs plus tendres propos,
Et bien souvent sa chevelure blonde
Caressera leurs fronts jeunes et beaux.

Que notre amour qui pour eux se réveille,
Donne à la grappe un sang plus généreux,
Et que la mort dans la coupe vermeille
Prête à leurs maux ses pavots oublieux.

Le ciel d'azur doit nous sourire encore
Aussi charmant qu'il reluit en ce jour,
Sur nos tombeaux les fleurs viendront éclore
Comme en nos cœurs les doux pensers d'amour.

Perdue ainsi dans l'âme universelle,
Et s'envolant par les airs embaumés,
Notre âme errante avec amour se mêle
A tous les lieux que nous avons aimés.

Oui, mon amie, et l'on entend à peine,
Le vol si doux de l'ange de la mort ;
Elle nous berce ainsi qu'une syrène
Nous endormant sans trouble et sans effort.

La mort est douce et son aile légère
Caressera votre front pâlissant,
Elle viendra comme une tendre mère
Qui d'un baiser endort son faible enfant.

O douce mort, toi ma seule déesse,
O douce mort, sainte sœur du sommeil,
Respecte encor quelques jours ma maîtresse.
Est-ce pour toi sa lèvre de vermeil ?

Est-ce pour toi les roses de sa joue ?
Est-ce pour toi son regard attrayant,
Et que l'amour jeune et charmant se joue
Dans ses beaux yeux et sur son front riant ?

Tu n'aimes rien tant que les fleurs flétries
Et les regards éteints dans la douleur ;
Pardonne donc à ses couleurs fleuries,
A ses yeux bleus, à la paix de son cœur.

Oui, laisse-moi l'or de sa blonde tresse
Et ses doux seins émus par le plaisir,
Ce corps charmant créé pour la caresse,
Ah ! laisse-nous palpiter et jouir.

Ne pense pas, grande reine du monde,
Que nous voulions nous soustraire à ta loi,
Nous mourrons tous, mère sainte et féconde,
Pour retremper notre jeunesse en toi.

Mais vois ce front ceint d'une grâce aimable,
Vois ces beaux yeux amoureusement doux,
Ce gai sourire et ce sein désirable,
Vois-les, ô mort, et prends pitié de nous.

O mon amie, et toi sans crainte vaine,
Fuis en mes bras l'approche de la mort,
Pose à mon front tes lèvres de syrène,
Contre la mort l'amour est le plus fort.

O charme heureux d'une bouche ravie,
Rien ne pourra m'ôter ton souvenir,
Un seul moment peut remplir une vie,
Après l'amour la mort n'a qu'à venir.

Mais ne viens pas, ô mort je t'en supplie,
Prendre un de nous et laisser l'autre en deuil,
Rien n'est amer comme une telle vie ;
Ah couche-nous dans le même cercueil.

Viens d'un seul coup de tes ailes légères
Quand nous rêvons, ivres de volupté,
O douce mort, abaisser nos paupières
Comme le vent dans les feuilles d'été.

Dans le délire, ô surprends-nous ensemble
Riant tous deux aux songes du désir,
Et que la mort en nous frappant ressemble
Au doux sommeil qu'amène le plaisir.

La rose ainsi, jeune, fraîche, embaumée,
S'épanouit palpitante d'amour.
Rend au soleil sa beauté consumée
Et tombe en poudre au déclin d'un beau jour.

O douce mort, toi ma seule déesse,
O douce mort, sainte sœur du sommeil,
Respecte encor quelques jours ma maîtresse,
Ses yeux riants, ses lèvres de vermeil.

A une Arlésienne.

Je crois vous voir encore, ô brune Arlésienne,
Avec vos grands yeux noirs et votre teint si blanc
Votre corps assoupli, vos lèvres de syrène,
Votre petit front grec si pur et si charmant.

Ces traits harmonieux et ce rose sourire
Promettent au regard un infini bonheur ;
Sous le charme énivré, chacun de nous soupire
Et veut baiser au front la paix de votre cœur.

La folâtre chanson et la molle caresse
Sont peints sur votre lèvre où respire l'amour,
Et qu'on devine bien la joie et la tendresse
Dans cet ovale heureux à l'idéal contour.

J'aime votre soyeuse et noire chevelure,
Ces longs regards lançant la flèche du désir,
Ce galbe délicat d'une riche nature
Et vos divins transports dans l'ardeur du plaisir.

O vierges de Provence, ô vierges immortelles,
Heureux qui peut cueillir votre baiser vermeil
Car nos froides beautés devant vous sont moins belles
Que le soleil du Nord devant votre soleil.

Gallus Cantat.

Quoi! l'étranger dans sa folle imprudence,
Nous rappelant tant d'affronts impunis,
Foule à ses pieds les couleurs de la France,
Croit-il encore être roi de Paris?
Il l'a voulu, du sein de nos murailles,
Notre étendart prendra son libre essor,
Aux *Te Deum* de nos grandes batailles
Le coq gaulois peut bien chanter encor.

Oui, notre siècle, orphelin de la gloire,
Va réclamer la part de ses aïeux;
Nous n'avons plus l'aigle de la victoire
Qui nous guidait en planant dans les cieux;
Mais retrouvant de plus saintes bannières
Souvenons nous des jours de messidor,
Au bruit flatteur des légitimes guerres
Le coq gaulois peut bien chanter encor.

La république est morte un soir d'orage
Sous le couteau des prêtres et des rois;
Ils ont rivé les fers de l'esclavage,
Dans l'ombre ils ont dérobé tous nos droits.
Pour annoncer l'aurore et l'espérance,
Pour réveiller le vieux monde qui dort
Dans le linceuil de la sainte alliance,
Le coq gaulois peut bien chanter encor.

Vois de Moscou le vautour sanguinaire
A rallié, contre la liberté,
L'aigle Autrichien qui se tourne en arrière,
Pour mieux garder son butin acheté;

Mais l'Italie en a frémi dejoie
L'aigle bâtard s'enfuit aux cris de mort : .
En détrônant tous ces oiseaux de proie
Le coq gaulois peut bien chanter encor.

Ton noble oiseau, ma sainte république,
Paisible et fier n'a jamais combattu
Que pour la paix du foyer domestique,
Son calme fait sa plus belle vertu.
Vainqueur des rois, rassemblant sous son aile
Tout l'univers libre par son effort
Et qu'enrichit son heureuse tutelle
Le coq gaulois peut bien chanter encor.

La liberté, sous sa jeune bannière,
Nous unissait aux Anglais nos rivaux ;
Mais quoi ! faut-il à l'avide Angleterre
Tout l'or du monde et l'empire des eaux ?
Pour un comptoir elle vend son injure,
Elle vendrait son Christ pour un peu d'or ;
En signalant cette infâme parjure
Le coq gaulois peut bien chanter encor.

Napoléon, mourant loin de la France,
A dit : Vengez les légions de Varus ;
Son testament c'est la sainte vengeance,
Mais où donc est le grand Arminius ?
C'est Wellington, nous dira l'Angleterre,
Eh quoi, c'est vous ? vous le croyez mylord ?
Ah bah ! vraiment ; Malboroug s'en va-t-en guerre,
Le coq gaulois peut bien chanter encor.

Notre jeunesse à la gloire fidelle
Ne contient plus les rênes de son char ;

Une autre France au bord du Rhin l'appelle
En murmurant le grand nom de César.
Sous mille traits, dans la grande déroute,
Si l'aigle altier, tombant du ciel, est mort,
Au cœur des rois qui lui fraya la route?
Le coq gaulois peut bien chanter encor.

Notre drapeau qu'a consacré la gloire
C'est l'arc-en-ciel des saintes libertés ;
Qu'il brille encore, il promet la victoire
Au cœur joyeux des peuples indomptés.
Ranime-toi, Pologne, sœur chérie,
Au seul élan du drapeau tricolor ;
Oui, pour répondre à tes cris de patrie,
Le coq gaulois peut bien chanter encor.

Oui mes amis, retrouvant notre audace
Et reprenant la trace des vieux jours,
Nous irons tous, jusqu'en leurs pics de glace
Incendier le nid de ces vautours.
O Moscowa, géante des batailles,
L'aigle reprend son radieux essor,
Le Kremlin croule et leurs saintes murailles,
Le coq gaulois peut bien chanter encor.

France, ton nom, quoiqu'en dise la haine,
N'a pas perdu sa grâce et sa beauté ;
Des nations tu demeures la reine,
Ton noble coq garde sa royauté :
L'Europe entière écoute et veut connaître
De quel côté se tourne son essor ;
Vers l'avenir menant le monde en maître
Le coq gaulois peut bien chanter encor.

La liberté que l'on nous disait morte,
Va parcourir sur son char l'univers,
Éclairant tout du flambeau qu'elle porte,
Et des mortels faisant tomber les fers ;
Symbole heureux de sa grâce féconde
Et prodiguant son précieux trésor,
Quand il aura régénéré le monde
Le coq gaulois peut bien chanter encor.

Sur la mer.

Sur la mer indolente à la brise endormie,
Oh, que j'aime à bercer mes rêves nonchalants,
Quand le soleil n'a plus qu'une lueur amie
Dont le dernier adieu se meurt dans les haubans,

Et que les yeux perdus dans les molles vesprées
Qui font un horizon doux et mystérieux,
Je contemple à loisir ces lignes empourprées
Dont le changeant mirage unit la terre aux cieux.

O caprice flottant, légères harmonies,
O le mystique anneau des mondes divisés,
Qui semble un pur rayon des gloires infinies
Tombant du dais céleste aux mortels abusés ;

J'aime au soir qui s'éteint mollement dans mon âme,
Au rêve de mes jours qui tombe à son couchant,
Mêler à mes soupirs cette mourante flamme
Et mon cœur qui s'endort à ce déclin charmant.

Si c'est un mal.

Si c'est un mal d'aimer, pourquoi donc courons-nous
Après le frais parfum des virginales roses,
Ah! pourquoi donc sentir un plaisir tendre et doux
A coller notre bouche en deux lèvres décloses ?

Si c'est un bien d'aimer, pourquoi donc trouvons-nous
Des épines parmi les plus aimables roses,
Pourquoi donc au milieu des plaisirs les plus doux
Détournons-nous le front de deux lèvres décloses?

La fuite du temps.

Madame, quand je sens palpiter sous ma lèvre
Le corail embaumé de votre lèvre en fleur,
Et que le doux frisson de l'amoureuse fièvre
Fait dans vos bras charmants épanouir mon cœur ;
Alors qu'en vos regards d'une beauté profonde
Je me penche , rêveur, ainsi qu'au bord d'un puits,
Un berger d'Orient qui retrouve dans l'onde
    L'or émaillé de l'étoile des nuits ;
Quand ces cris étouffés que la caresse achève
Meurent sous des baisers longs et voluptueux,
Qu'enfin la passion et l'idéal du rêve
Trouvent à leur réveil les délices des cieux,
D'où vient que cependant au fond de ce délire
Je me sens ressaisi d'un désir inquiet ?
Une larme d'adieu se mêle à mon sourire
Du plaisir qui s'envole, une ombre de regret,
Et je jette un regard mélancolique et tendre
Au ciel riant encor dont le déclin a lui
Appâli, comme si je redoutais d'entendre
L'aîle du temps qui passe et nous appelle à lui :

Ne peux-tu pas, ô temps, à cette heure charmante
Dormir ainsi que nous d'un paisible sommeil,
Sourire à nos plaisirs d'une lèvre indulgente
Et prêter à l'amour une nuit sans réveil ?
Ne pourras-tu jamais, laissant ta faux cruelle,
Nous épargner, vieillard inquiet et chagrin,
Jeter un œil plus doux à la saison plus belle
Et rendre le plus long le jour le plus serein ?
Emporte bien plutôt sur tes ailes légères
Les heures de douleur et les heures d'ennui.
Ah ! laisse-nous, ami, les heures printanières,
Les jours doux à l'amour et les plus douces nuits.
Mais non, vieillard, hélas ! ta lèvre est amoureuse
De tout ce que ce monde a de plus virginal ;
Tu cueilles le printemps en sa fleur gracieuse,
Oh n'es-tu pas ce spectre au galop infernal
Qui traîne dans ses bras la tremblante Lénore
Belle et jeune, à travers les ténèbres affreux,
Malgré les cris touchants de sa voix qui t'implore
Tant que la pâle mort ait fermé ces beaux yeux ?
Comme Lénore aussi, le genre humain en troupe
Suit ta fuite incessante un seul instant et meurt
O temps infatigable, et tu reprends en croupe
Un genre humain nouveau pour un même malheur.
    Eh quoi ! faut-il, hélas ! que passent si rapides
Les heures de l'amour sans jamais s'arrêter ;
Nous ne les comptons pas ces jours frais et limpides,
Ces jours délicieux, devrais-tu les compter ?
Devrais-tu nous traîner en ta course terrible,
A nos pleurs suppliants rester aveugle et sourd,
Et mesurer au poids du pendule inflexible
Les battements d'un cœur qui palpite d'amour ?

Au milieu des soucis, que les heures trop lentes,
S'envolent pour l'intrigue et pour l'ambition,
Mais allonge sans fin les heures innocentes
Que perd en doux loisir l'aimable passion ;
Ce paradis d'amour n'aurait plus d'autre étude
Que de jouir de tout, sans regret insensé,
Semblable au ciel de Dieu rempli de quiétude,
Présent sans avenir comme aussi sans passé.

Faut-il qu'à leur matin les fleurs à peine écloses
En embaumant le ciel perdent de leur éclat,
Faut-il qu'en les baisant nous effacions les roses,
Que la pudeur fait naître en un front délicat ?
O couchant que je pleure en te voyant descendre
Des hauteurs de l'azur au tombeau de la nuit ;
Je te suis d'un regard mélancolique et tendre
Et je me meurs avec ce beau jour qui s'enfuit.
Que ne puis-je fixer en mon sein qu'il énivre
Le bonheur sans songer qu'il est prêt de finir ?
Je l'embrasse, il m'échappe ; ah ! ne puis-je donc vivre
O mon Dieu, sans me voir à chaque instant mourir.
Nous mourons dans la fleur qui pâlit, ô ma belle,
Et penche sur ton front ses fragiles beautés,
Dans le zéphir qui passe et dans l'eau qui ruisselle
Dans le baiser qui meurt au sein des voluptés ;
Ah ! nous mourons, hélas ! dans la nature entière
Dans le couchant qui tombe et l'aube qui reluit,
Dans vos sons fugitifs, ô voix douce et légère,
Dans le bonheur d'hier qui n'est plus aujourd'hui,
Quelque chose de nous à chaque instant expire,
On vieillit dans la joie autant que dans les pleurs ;
La pâle ride naît sous le plus doux sourire
Ainsi que le serpent se cache sous les fleurs.

Nous dérivons sans mât, sans rame, sans boussole
Vers l'immense Océan loin des aimables bords,
Tout en riant pourtant d'une manière folle
Pauvres gens qui courons à la danse des morts.

Eh bien, aimons du moins ; le printemps nous convie
Et l'air est tout rempli de charmantes douceurs,
Oui, descendons gaîment le fleuve de la vie
Au milieu des festins, des chansons et des fleurs
Je veux m'en rapporter au très sage Epicure
Choisir toujours le bon des choses d'ici-bas,
M'abandonner au sein de la belle nature
Et couronné de fleurs m'endormir en ses bras.
Je ne veux point sonder l'avenir invisible,
Perdre le temps trop court en rêves insensés ;
Pourquoi courir après un problème impossible
Que nous saurons trop tôt, qui vient à pas pressés ?
Peut-on rester oisif quand la coupe est remplie ?
N'est-ce pas pour l'amour qu'est faite la beauté ?
Parce qu'il doit finir, le banquet de la vie,
En est-il moins charmant de douce volupté ?
Puisque tout doit finir, effeuillons toute chose,
Prenons le beau partout sans nous rien refuser
Passons dans le plaisir, et si la frêle rose
Doit mourir, qu'elle meure au moins sous un baiser

Aimons, le printemps fuit ; un jour, ô ma maitresse,
Il ne restera rien de notre amour fané,
Comme une pâle fleur cueillie en la jeunesse
Nous le verrons d'un œil éteint et résigné.
Aimons, aimons encor malgré notre impuissance ;
Regrettant le passé, désireux d'avenir,
De l'amour nous n'avons que la fleur d'espérance
Et le parfum si doux du tendre souvenir.

Aimons pourtant, aimons ; car la mort nous appelle
Et va nous répétant que l'on ne vit qu'un jour,
Qu'il ne reste après nous rien de nous, ô ma belle,
Et qu'on perd tout le temps qui n'est pas pour l'amour.

Les Fortifications de Paris.

Autrefois, ô Paris, ta ceinture amoureuse
Tes prés verts, tes lilas et tes bals si chéris
Appelaient de ton sein une foule joyeuse
Le dimanche à la fête en leurs bosquets fleuris ;

Mais il faudra laisser tes amours printanières,
Ton sourire léger, ton regard caressant :
Paris, voici venir les fanfares guerrières,
Les murailles, les forts, le canon frémissant.

Allons belle cité d'amoureuse nature,
Oubliez vos atours, le soin de vos appas ;
Faut-il pas que Vénus prête à Mars sa ceinture ?
Laissez-là tous vos jeux et ne vous fâchez pas.

Vous avez trop joué, vous voilà donc enceinte,
Vous voyez ce que c'est que prendre du plaisir ;
Vous resterez recluse et vous vivrez en sainte,
C'est le temps maintenant qu'il se faut repentir.

Surveillons toutefois ces projets un peu louches,
Il faut bien nous garer, peuple, de tous côtés ;
Belle enceinte, ma mie, on craint que tu n'accouches
De monstres qu'en ton sein tu n'a jamais portés.

Car en déceptions notre époque est féconde,
Qui sait d'où peut souffler le vent des trahisons ?
Nous avons si souvent vu changer le beau monde
Et tant de fois sifflé les rois de nos chansons.

Se peut-il que l'on veuille asservir ton génie,
O mère des cités, reine de l'avenir,
Etouffer en ton sein la liberté chérie,
Pour que tout soit perdu même son souvenir ?

Mais non, laisse tomber ces terreurs passagères,
Nous sommes tes enfants, mère, nous sommes là,
Gardant au fond du cœur les leçons de nos pères,
Le poignard à la main pour qui te violera.

Julie.

Julie est une belle fille
Du ciel tombée un soir d'été,
N'ayant que l'amour pour famille,
Pour toute rente sa gaîté,
Et croyant si l'on est jolie
Que c'est pour faire des heureux ;
Dansez, ô dansez, ma Julie,
    Le rire dans les yeux.

Pour le plaisir elle était faite,
Julie a suivi son destin ;
Elle est éclose un jour de fête
Parmi les roses du festin :
Sa gracieuse fantaisie
Répand comme un parfum joyeux.
Dansez, ô dansez, ma Julie,
    Le rire dans les yeux.

Brillante d'un éclat magique
La valse dans ses bras charmants,
Au son d'une tendre musique
Entr'ouvrit son cœur de quinze ans.

Quelle fleur s'est épanouie
Sous un astre plus gracieux ?
Dansez, ô dansez, ma Julie,
    Le rire dans les yeux.

Depuis, à la danse légère,
Les amours naissent sous ses pas,
Tout Paris court à la chaumière
Pour voir ses merveilleux ébats.
Quel cœur à sa douce magie
Ne redeviendrait amoureux ?
Dansez, ô dansez, ma Julie,
    Le rire dans les yeux.

C'est lorsque l'ivresse pétille
Dans son œil noir et libertin,
Qu'il faut la voir sous sa mantille
Et dans sa robe de satin :
Comme l'on suit avec envie
Ses mouvements délicieux !
Dansez, ô dansez, ma Julie,
    Le rire dans les yeux.

Le vin, la valse et la tendresse
A la fois possèdent son cœur,
Elle se penche avec ivresse
Perdue aux bras de son danseur ;
La douce et légère harmonie
L'emporte avec lui dans les cieux.
Dansez, ô dansez, ma Julie,
    Le rire dans les yeux.

Une grâce voluptueuse
Balance tous ses mouvements,

Elle écoute en son âme heureuse
Une musique aux sons charmants ;
Sa voix est une mélodie,
Tout en elle est harmonieux.
Dansez, ô dansez, ma Julie,
    Le rire dans les yeux.

Sa bonne humeur vaut un empire,
Rien ne peut troubler sa gaîté ;
D'un cœur pur on l'a vu sourire
Même à la froide pauvreté :
Peines, misères, tout s'oublie
Au signal de l'archet joyeux.
Dansez, ô dansez, ma Julie,
    Le rire dans les yeux.

Elle est toujours charmante et l'âge
Ne peut rien contre sa beauté,
Car l'amour prête à son visage
Les roses de la volupté ;
Au bal sur sa joue appâlie
Fleurissent les ris et les jeux.
Dansez, ô dansez, ma Julie,
    Le rire dans les yeux.

Toi qui fais l'entrain de nos fêtes
Sois toujours la reine du bal ;
Cours de conquêtes en conquêtes,
Agite, au jour du carnaval,
Tous les grelots de la folie :
Fleur des quadrilles glorieux,
Dansez, ô dansez, ma Julie,
    Le rire dans les yeux.

Et pourtant, ô belle des belles,
Bientôt cet éclat passera,
Comme en hiver les hirondelles
Tant de grâce s'envolera :
Une douce mélancolie
Se mêle au chant le plus joyeux.
Dansez, ô dansez, ma Julie,
  Le rire dans les yeux.

Mais si c'est par la jouissance
Que l'on doit mesurer les jours,
Ah! dites-moi, quelle existence
Compte autant de joie et d'amours.
Je voudrais payer de ma vie
Un de tes soirs insoucieux.
Dansez, ô dansez, ma Julie,
  Le rire dans les yeux,

Les deux Esprits.

Il est deux esprits dans le monde
L'esprit pensif et créateur,
Aussi capricieux que l'onde
Et n'aimant de tout que la fleur;

L'autre, froid dans sa patience,
C'est l'esprit de l'homme d'État,
Pèse tout, plein d'indifférence,
Et ne voit que le résultat.

Celui-ci veut d'un bras avide
Etreindre la réalité,
Et celui-là dans le ciel vide
Cherche l'idéale beauté.

Le premier conquiert toutes choses
Et possède tout sans rien voir,
L'autre n'a que l'odeur des roses
Et les jaunes rayons du soir.

Tout ce que le premier désire
Se change en cendres sous sa main,
L'autre après l'infini soupire
Et n'en peut trouver le chemin.

Qui vit le plus pour la chimère ?
Qui vaut le mieux des deux esprits ?
C'est l'un qui règne sur la terre,
L'autre a créé le paradis.

Ballade de la nuit de novembre.

Voici déjà le soir ; la nuit gagne les bois,
    C'est l'heure
Où la brise gémit comme une folle voix
    Qui pleure.

Entendez-vous là bas la cloche du moustier
    Qui tinte,
Et nous jette de loin, comme un adieu dernier,
    Sa plainte ?

Regardez s'avancer, marchant par grands troupeaux,
    Les ombres,
Qui grimpent aux rochers et montent aux côteaux
    Plus sombres.

Dans le prochain vallon, tant il fait déjà noir,
    La route
Ne se distingue plus ; je me penche pour voir
    Et doute,

Chaque objet se voilant toujours de plus en plus
    La face
Et le contour changeant, si léger et confus,
    S'efface.

Que j'aime à voir Phœbé sur les monts se lever,
    La blonde,
Et se pencher le front comme pour mieux rêver
    Dans l'onde ;

M'envoyant, souriante, un regard blondissant,
    Bien douce,
Elle dort à mes pieds, plus pâle, en caressant
    La mousse.

Du vent vous entendez dans les forêts gémir
    L'haleine,
Pleurant et soupirant comme pour endormir
    La plaine ;

Il est doux de s'asseoir et de suivre sa voix
    Charmante,
Qui se perd à travers les bouleaux dans les bois
    Mourante ;

Il semble qu'on entend murmurer et chanter
    Les chênes ;
Ecoutez-les là-bas se plaindre et raconter
    Leurs peines :

Nous verrons revenir en avril les splendeurs
    Pourprées,
La douce violette et les molles odeurs
    Des prées ;

Mais pourquoi passez-vous si vite et si souvent,
          Couronne
Qu'apporte le printemps et qu'emporte le vent
          D'automne ?

O mai ! reviens bientôt nous ramener les fleurs
          Plus belles,
La rosée au matin, les zéphirs, les lueurs
          Nouvelles.

Et moi je dis : O vent ! qui fais tourbillonner
          La feuille,
Et reviens au printemps plus doux nous résonner,
          Accueille

Et mes serments passés et mes serments d'amours
          Nouvelles,
Berce-les dans ton sein et rends-les moi toujours
          Plus belles. .

Mais ma chanson s'éteint, ainsi qu'un léger bruit
          Qui passe,
La rime voltigeant sur l'aile de la nuit
          S'efface.

La brise embaumée aime au gazon à glisser,
          Et joue
Dans mes cheveux flottants, et me vient caresser
          La joue.

Et la lune qui jette un regard plus moqueur
          Si pâle,
Mène-t-elle la danse au fantastique chœur
          Fatale ?

Car on voit s'agiter tout le vallon ; quelle est
        La fée
Qui dans les prés conduit le chœur sombre et muet ?
        Orphée

Est-il donc revenu pour faire ainsi danser
        Les ormes,
Dont on voit tour à tour vagues se balancer
        Les formes ?

Aimables fils de l'air, dites d'où venez-vous
        Fantômes ?
Oh ! quand vous partirez, menez-moi dans vos doux
        Royaumes.

Mais j'entends dans la nuit tressaillir vaguement
        La terre ;
Tout semble m'épeler ce mot grave et charmant :
        Mystère.

Je regarde partout ; côteaux, bois endormi,
        Vallées
Silencieuses sont et semblent à demi
        Voilées.

Heure mélancolique, heure d'oubli charmant
        Si tendre,
La fée au vol léger, je veux en m'endormant
        L'attendre.

Douce reine d'amour, oh ! berce dans les cieux
        Mes songes,
Et présente à mon cœur toujours de gracieux
        Mensonges.

Dialogue en voyage.

A l'amoureux d'un jour faut-il livrer son âme?
Comment puis-je savoir si vous serez discret?
Je me préparerais, cédant à votre flamme,
Pour un plaisir bien court un éternel regret.

Non, vous ne risquez rien, ouvrez-moi donc votre âme;
Qu'importe loin de vous si je suis indiscret?
Oubliez toute crainte et cédez à ma flamme;
Vous n'en pouvez avoir ni remords ni regret.

Eh quoi! vous m'adorez, vous me voyez à peine;
Qu'il faut donc peu de temps pour allumer vos feux;
Est-ce habitude en vous que votre âme s'éprenne
Des premières beautés qui passent sous vos yeux?

Si je brûle pour vous, vous connaissant à peine,
Les feux les plus hâtifs, voilà les plus doux feux;
Et vous vous étonnez que mon âme s'éprenne?
La faute en est, hélas! Madame, à vos beaux yeux.

Puisqu'un sort envieux sépare notre vie,
A quoi sert de s'aimer si c'est pour un seul jour,
Et si la joie en doit être sitôt ravie;
Ah! l'amour d'un moment est-ce donc de l'amour?

Bien qu'un sort envieux sépare notre vie,
Ma belle, aimons encor, ne fût-ce qu'un seul jour;
Toute joie en ce monde est si vite ravie!
Ah! l'amour d'un moment, voilà le seul amour.

Faut-il livrer son cœur à l'amour qui s'envole
Et s'enfuit loin de nous comme un vent passager?
Quand l'hiver nous attriste et que le cœur s'isole,
Il n'en reste plus rien qu'un souvenir léger.

Le plus charmant de tous, c'est l'amour qui s'envole
Et ne laisse après lui qu'un parfum passager ;
Quand l'hiver nous attriste et que le cœur s'isole,
Est-il rien d'aussi doux qu'un souvenir léger.

Oui ; mais si, ne voulant qu'un amour de passage,
Ce pauvre cœur allait tout d'un coup s'enflammer?
Mettre son cœur en jeu n'est pas chose trop sage,
Car on n'aurait demain que le regret d'aimer.

Eh ! faut-il craindre autant d'un amour de passage?
On serait trop heureux de pouvoir s'enflammer ;
Laisser aller son cœur est encore le plus sage,
Car même en en pleurant il est si doux d'aimer.

L'Amour contrarié.

Le bel amour aux ardentes prunelles
Est un enfant aux délicats appas,
Cherchant les jeux, les roses et les belles,
Et de Vénus suivant les doux ébats.

Sur le gazon des rives oublieuses,
Il ne se plaît qu'aux combats de Cypris,
Et ne produit ses forces gracieuses
Que pour ravir de jeunes cœurs épris.

Mais si pourtant à sa jeune carrière
Quelqu'un s'oppose, il résiste parfois ;
Car aussi lui n'a-t-il pas sa colère,
Son coup-d'œil franc, son arc et son carquois?

Il voile alors son aimable sourire,
L'enfant grandit et veut devenir Dieu ;
Sa flèche reste au cœur qu'elle déchire,
Et son flambeau nous brûle d'un vrai feu.

Mais fatigué de la lutte impossible,
(Son père Mars seul y fut destiné,)
Comme l'abeille orgueilleuse et sensible
Qui meurt perdant son dard empoisonné,

Et qui bien loin des radieux parterres
Où le printemps embaumé refleurit,
Pour assouvir ses colères légères
Dans son triomphe elle-même périt,

Laissant au cœur des blessures profondes,
Pâle, défait, renonçant à l'effort,
Et relevant ses belles boucles blondes,
Le pauvre enfant tombe, pleure et s'endort.

Retourne, amour, aux fleurs à peine écloses,
Aux verts gazons, aux beaux jours du printemps ;
Ne lutte plus que sur ton lit de roses
Parmi les ris et les zéphyrs naissants.

O terre, et vous sur cette jeune tête,
Appelez donc tous les rayons du ciel ;
Semez des fleurs et faites-vous coquette,
Et prodiguez un printemps éternel,

O terre ingrate, et que ces tendres charmes
Aux doigts grossiers ne soient point défleuris ;
Si cet enfant se mourait dans les larmes,
Qui nous rendrait son gracieux souris ?

SONNETS.

LIVRE SECOND.

La beauté olympienne.

Quand l'ode vagabonde, à plaisir épanchée,
Vole rapidement sur ses strophes de feu,
Le vulgaire ébloui s'émerveille, et ne peut
Retenir la clameur à son âme arrachée.

Mais quand le pur sonnet, à la phrase cherchée,
Voile mystiquement les merveilles de Dieu,
Les profanes s'en vont et s'inquiètent peu
Du fin vase d'Onyx à la senteur cachée.

Le mouvement pourtant, le délire, l'ivresse
Des folles passions, ce n'est rien que faiblesse ;
La sérénité seule a les traits purs et beaux.

La suprême beauté c'est le repos sublime
Des dieux ; oui, c'est Hercule après ses longs travaux,
Assis et radieux sur l'éternelle cime.

L'Homme et la Nature.

Pourquoi faut-il qu'aux climats sérieux
Où l'homme est grand, la nature sans gloire
Et sans attrait, d'une tristesse noire
Voile nos fronts et nos faits merveilleux?

Et courtisane aux baisers gracieux,
Sous un beau ciel, fatale en sa victoire,
Dans la paresse elle endort, et fait boire
Le déshonneur aux peuples oublieux.

Grec noble et sage, aux voluptés choisies,
Sobres côteaux des molles Arcadies,
Qui nous rendra votre idéal amour?

Là l'homme est dieu de la belle nature,
Et tout rehausse en un heureux contour
Leur harmonie et leur grâce plus pure.

L'Amour céleste.

Mon cœur, vous soupirez et vous cherchez sans cesse
Le doux fruit du bonheur au jardin des amours,
Et le regard voilé des femmes en atours
Vous ramène à goûter encor de leur ivresse.

Et pourtant vous savez que la vague tristesse
Et l'amertume suit la volupté toujours ;
Car l'amour en nos cœurs se fane en quelques jours ;
La rose est morte, hélas ! que l'épine encor blesse.

Ah ! mon cœur, laissez donc tant de pleurs pour si peu
De passagère joie, et revenez à Dieu ;
Qu'il allume en son ciel votre flamme ravie.

Oui, Dieu, voilà l'amour pour un cœur mûr et fort ;
C'est une illusion qui peut remplir la vie,
Et qu'on ne perd du moins qu'en les bras de la mort.

La Conquête du Nouveau-Monde.

Ainsi lorsque Colomb, sur la mer Atlantique,
Perdu dans un désert d'interminables flots,
Entendait près de lui ses pâles matelots
Rappeler à grands cris leur hâvre pacifique ;

Lui seul, gardant la foi dans son cœur héroïque,
Déjà voyait le ciel couronnant leurs travaux,
Et leur montrait de loin le sublime repos
Et les champs verdoyants de la jeune Amérique.

Ainsi, lorsque le peuple en son rude chemin
Se lasse, montrons-lui notre phare prochain,
La promesse du Christ, la sainte liberté :

Liberté ! liberté ! voilà le Nouveau Monde !
Aux amants violents de sa mâle beauté
Les infinis trésors de la vierge féconde.

La Reine du monde.

Qui pourra t'égaler, ô Rome des Césars,
Et ravir ta couronne, ô la reine des villes ?
O toi qui sus semer en tes guerres fertiles
Par le monde la loi, la justice et les arts ?

On reviendra toujours à tes vieux étendards,
Au doux charme enlaçant tant de forces dociles ;
Nos gloires d'aujourd'hui, barbares et stériles,
Tomberont devant toi des hauteurs de leurs chars.

Ah ! lorsqu'en contemplant ta grandeur et ta grâce
Aux chants mélodieux de Virgile et d'Horace,
Je songe à ton prestige, à ton règne si long,

D'un suprême dédain je me sens l'âme prise
Pour la morne colonne où trône sans aplomb
L'impossible César en redingote grise.

Un Sonnet de Pétrarque.

Ah ! si ma vie, hélas ! en proie à la tristesse,
Sait lutter si longtemps contre le pâle ennui,
Madame, que je voie en la froide vieillesse
S'éteindre vos beaux yeux dans l'ombre de la nuit,

A tout jamais tomber votre verte couronne
Et vos cheveux d'or fin par le temps argentés,
Mourir sur votre front la grâce qui fleuronne
Et qui traîne après soi mes pensers enchantés ;

En invoquant l'amour, peut-être en mon délire,
Madame, j'oserai vous dire mon martyre,
Compter les jours, les mois, les misérables ans ;

Et si cet âge, hélas ! aux amours est contraire,
Que du moins vos soupirs et vos regrets trop lents
Consolent mon déclin et ma douleur amère !

Le soir de la vie.
(D'après le tableau de M. Gleyre.)

Adieu, barque entraînant tant de si douces choses !
Adieu, roses baisers, souris, frêles amours,
O gloire, ô poésie aux pudiques atours,
Blondes filles du ciel aux gracieuses poses !

O tendresses du cœur, mortes à peine écloses,
O regards si charmants, ô soir de mes beaux jours,
L'amour insoucieux qui me fuit pour toujours
Effeuille et jette au vent nos guirlandes de roses !

O tendresse, ô folie, ô molle volupté,
Adieu donc à jamais, mon beau rêve enchanté !
Et maintenant brisons les cordes de ma lyre.

Mais vous, barque d'amour, fuyez plus lentement ;
Ah ! que je croie encor voir ce jeune sourire,
Me perdre en ces beaux yeux, entendre ce doux chant !

Éloge de la philosophie.

Je trouve que le Sahara
Ressemble à la philosophie,
Car ni l'un ni l'autre n'aura
De fruit utile de sa vie.

On n'y va point sans s'égarer,
Mais les gens de petite taille
Y cherchent volontiers bataille,
Car on ne s'y peut rencontrer.

Ce sont deux terres inconnues,
Inutiles, plates et nues,
Sans route, sans borne et sans point ;

Et pour ressemblances parfaites,
Cousin, l'on remarque ce point,
Que c'est là que règnent les bêtes.

La tombe de l'aïeul.

C'est en janvier dernier que mon aïeul est mort ;
Fatigué de la vie et succombant sous l'âge ;
Il est mort sans douleur, et proche du village
Mollement il repose en m'attendant, au bord

De la route ; et sur lui le chêne antique et fort
Balance avec amour son sévère feuillage ;
Tout est aux environs d'un calme paysage :
Le ciel est beau, l'air pur, et le zéphyr l'endort.

Et voilà qu'au printemps, les fleurs d'un bleu si tendre,
Tout humides des pleurs que l'aube vient d'épandre,
Quand j'y vais pour prier, rayonnent sous mes pas ;

Et sans deuil attristé, souriant dans leurs larmes,
Elles ont un parfum étrange et plein de charmes,
Et disent doucement : Oh ! ne m'oubliez pas !

Cabrera.

Quand Cabrera tenait, le hardi partisan,
Pour son roi don Carlos la Catalogne entière,
Ses ennemis vaincus s'attaquant à sa mère,
Sans du tout reculer la tuérent bravement.

Vivent les Fueros ! cria-t-elle en mourant.
La mère de César, en donnant la lumière
A son glorieux fils, mourut heureuse et fière,
Moi j'aurai vu l'honneur de mon enfantement.

Maudits soient les bourreaux ! et qu'on sache en Espagne
Comment un Hidalgo sait tenir la campagne :
A cheval, mes amis ! s'écria Cabrera ;

Ma mère, vous aurez de belles funérailles
A fer, à feu, à sang, et vivent les batailles !
Moi je laisse les pleurs aux filles d'opéra.

L'aristocratie.

Blanche aristocratie aux loisirs élégants,
Qui ressembles si bien au cygne qui déploie,
Parmi les parcs nombreux où le printemps verdoie,
Son précieux duvet et ses airs nonchalants ;

Châtelaine hardie et courant par les champs,
Grande dame brillante et de pourpre et de soie
Qu'environnent l'amour, le plaisir et la joie,
Et que tes chevaliers baisent au bout des gants :

Quoi ! l'on veut que gardant sa rude barbarie,
Notre peuple sans art te rejette et t'oublie,
O fleur inimitable, ô sourire enchanté !

Que plutôt ce vainqueur cède à tes douces armes,
Et comme le Romain pour la grecque beauté,
Qu'il adore ta grâce et conquière tes charmes.

Quand je resonge.

Quand je resonge, Rose, à vos yeux si charmants,
A votre voix suave et pure et gracieuse,
Que votre nom si doux m'enivrant tous les sens
Vient errer malgré moi sur ma lèvre oublieuse,

Madame, ces beaux yeux qui firent mes tourments,
Et ces chants souriants d'une bouche amoureuse,
Ce nom tout mon délice, hélas! et si longtemps
Le seul que je savais en mon amour pieuse,

Tant de charmes divins et d'objets adorés,
Tant de baisers perdus, de souvenirs dorés
Viennent me relancer au désir impossible;

Mon cœur s'est vu par vous tellement enflammer,
Qu'il reprend malgré lui son essor invincible,
Et qu'il ne sait plus rien faire que vous aimer.

Les Pyramides d'Égypte.

Colosses immortels, ô vieilles pyramides
Qu'un peuple tout entier éleva de ses mains,
Orgueils des Pharaons frivolement splendides,
Gigantesques tombeaux d'une race de nains;

Oh! vous avez trompé tous les désirs avides,
Les stériles efforts de ces monarques vains,
Et vous n'offrez aux yeux dans vos sépulcres vides
Que le sphynx solennel de vos âges lointains.

Non, vous ne deviez pas être la sépulture
Des rois qui du travail faisaient une torture,
Mais bien d'un peuple entier l'holocauste immortel :

Salut, autel resté jusqu'au siècle où nous sommes,
Et dont chaque degré qui monte vers le ciel
Est cimenté du sang de plusieurs milliers d'hommes.

Les Bals masqués.

Combien de fois, perdu dans les bals flamboyants
Où Paris semble pris d'un étrange vertige,
Je me laissais aller plein de charme au prestige
De la valse entraînant tous les cœurs tournoyants ;

Mais lorsque l'aube éteint ces éclats pâlissants,
Et fée inexorable ôte tout le prodige,
Qu'on se démasque, est-il, hélas ! quelque vestige
De joie aux fronts lassés, vieillis et grimaçants ?

Voilà donc les beautés de la nuit mensongère !
L'aube légère luit, et tout désenivré
Des épaules de femme au chaud reflet nacré,

Je suis avec amour ta grâce solitaire,
O blonde Marguerite, allant à la prière,
Fugitive, et voilant un regard jeune et vrai.

Résignation.

Elle était pâle, assise auprès de la fenêtre,
Tournant vers moi son œil aimable, triste et doux,
Et laissant reposer l'ouvrage à ses genoux,
Et le rouge à sa joue essayait de renaître.

Ses bruns cheveux tombaient mélancoliquement,
Sa lèvre avait perdu la grâce du sourire,
Et son front amaigri qu'un pâle ennui déchire
Penchait faible et pensif, mais encor si charmant.

Eh bien ! je l'aimais mieux de sa beauté fanée ;
Je l'aimais ainsi pâle, et triste et résignée,
Dans l'ombre, sans rayon, sans éclair dans les yeux.

O fleur, ô pauvre fleur ! si je pouvais, Madame,
Vous rendre le printemps sous mes baisers pieux,
Et faire refleurir le sourire en votre âme.

Où sont les Chrétiens.

Élevant jusqu'au ciel vos grandes basiliques
Que Dieu seul peut remplir, qui sont vides pour nous,
Vous y rassembliez les peuples à genoux,
Se courbant humblement sous le vent des cantiques,

Et vous agenouilliez encor sous les portiques,
Sous les arceaux, des saints de pierre priant tous ;
Prêtres, vous espériez sans doute qu'après vous
Prieraient encor le marbre et les pierres gothiques.

Mais vos chrétiens vivants, ces esclaves des cieux,
Qui croyaient au mystère et qui fermaient les yeux,
Tous se sont pris à rire au rire de Voltaire,

Rire fort et puissant, rire contagieux,
Long rire inextinguible ; et vos chrétiens de pierre,
Le simple paysan les a mis en poussière.

Cruauté de la Femme.

Que vous avais-je fait ? oh ! répondez, Madame !
Insensé ! j'ai trop cru vos beaux yeux enivrants ;
J'ai pleuré, j'ai gémi, j'ai souffert bien longtemps ;
C'est vrai, je vous aimai du plus pur de mon âme.

Vous avez amusé vos ennuis de ma flamme,
En riant vous avez effeuillé mon printemps :
C'est un de plus qui meurt pour nos appas charmants.
Mon Dieu ! faut-il vous plaindre ou vous maudire, ô femme ?

Ah ! la femme est, hélas ! un enfant sans pitié
Qui joue avec l'amour et la sainte amitié ;
C'est un enfant oisif qui brise toutes choses ;

Comme un beau vase plein d'une vierge liqueur,
Et comme on jette au vent des guirlandes de roses,
La malheureuse brise un jeune et pauvre cœur.

Conversion.

Oh! je reviens à toi, religion antique,
J'abjure les erreurs des prophètes nouveaux ;
Et mon âme entraînée à tes dogmes si beaux
S'élance sur ta trace et chaste et poétique ;

Quand les chrétiens, vantant leurs vertus monastiques,
Plongeaient la chair vivante au milieu des tombeaux,
Jusque sous leur cilice allumant ses flambeaux,
La luxure éclatait en excès impudiques.

Je reviens t'adorer, ô douce trinité
Des grâces, ineffable et sereine beauté !
J'aime en son charme heureux ton ardeur contenue ;

Homère, emporte-moi dans ton aimable ciel,
Que j'y puisse revoir le sourire éternel
Et la beauté décente, encor qu'elle soit nue.

L'Ambition romaine.

Salut, ville éternelle, (ô puissance qui fonde,)
Capitole invaincu, c'est toi, c'est toujours toi ;
Je te reconnais bien, orgueil du peuple-roi,
Sauvage ambition de la louve féconde ;

Quand l'ouragan du Nord, comme une mer profonde,
Noya tes empereurs, laissant la morte loi,
Tu pris l'arme acérée et neuve de la foi
Pour enchaîner les peuples à l'autre bout du monde.

Mais plus dans leurs désirs, tes Césars glorieux
Intronisaient au loin leur aigle et leur vaillance,
Plus grand apparaissait le monde devant eux ;

Et plus Pierre à son règne universel s'avance,
Plus reculent aussi, profonds, mystérieux,
Le vieux passé rebelle et l'avenir immense.

Repos d'Automne.

Quand l'alouette en nos cieux azurés
Jette au matin ses notes les plus pures,
Aller goûter si les grappes sont mûres
Au doux versant des côteaux diaprés;

Errer le long de l'eau, parmi les prés;
Rêver au frais des épaisses ramures,
Les yeux bercés dans les molles verdures
Ou dans l'iris des beaux soirs empourprés;

La nuit, assis au bord de la fontaine,
Regarder l'eau qui s'épand par la plaine,
Voilà ma vie en cet août gracieux;

Et comme l'eau, je crois voir ma jeunesse
Et mes beaux jours en ce calme oublieux
Me revenir, hélas! et fuir sans cesse.

La vallée de Loches.

O Loches, que j'aimais, le long de tes prés verts,
Par la rosée en pleurs que l'aube vient d'épandre,
A suivre, en modulant sans y songer, des vers,
De l'Indre au flot léger le gracieux Méandre :

Fraîcheur des eaux, aspects changeants et recouverts
Côteaux semblant vers nous mollement redescendre,
Chants joyeux du printemps, tièdes senteurs des airs,
Et vaporeux lointains baignés dans un ciel tendre

Salut, cirque embaumé de verdure et de fleurs
Tempé vaste et riante aux aimables couleurs,
O doux ressouvenir des molles Arcadies !

Là Vigny nous est né dans ce charmant vallon
Le poète amoureux des pures mélodies
Et que la muse Grecque a baisé sur le front.

Rome moderne.

O cité des Césars, que j'ai pleuré de fois
La désolation que tout ton deuil respire,
Et ta lente agonie et ton cruel martyre,
Et Rome qui survit à Rome d'autrefois!

Où sont tes Scipions, où sont tes saintes lois,
Où donc est ton sénat? Notre âme se déchire
En voyant profaner la pourpre de l'empire,
Et de vils mendiants dans le palais des rois.

Qu'il aurait mieux valu que ton marbre superbe
Gît dans la solitude, et renversé sur l'herbe
Seul avec son passé mélancolique et beau!

Mais une vie infime, et dont le vide nâvre,
Désembellit ta mort et souille ton cadavre;
Qui te délivrera de ces vers du tombeau?

Les deux mondes.

Poésie aux yeux bleus, aux grandes ailes d'or,
Mène-moi par la main vers tes rives fleuries;
Berce, berce mon cœur aux molles rêveries
Quand le rose baiser des voluptés l'endort;

Tu prêtais à Platon son merveilleux essor
Et tu lui déroulais les sphères infinies,
Alors qu'à Sunium, des saintes harmonies
Ses paroles de miel épanchaient le trésor.

O sainte poésie, ineffable et doux songe,
Céleste souvenir, ô gracieux mensonge,
Endormez à vos chants mon âme qui s'oublie!

Est-ce un rêve, est-ce un rêve ou la réalité?
Ah! le rêve éveillé c'est notre pauvre vie,
Et vous seul êtes vrai, mon doux monde enchanté!

9

Au mois de Mai.

Les regards vaporeux de ma jeune maîtresse,
Et son petit front grec toujours pur et riant,
L'ovale ingénieux d'un visage attrayant,
L'ivoire de sa dent, l'or de sa blonde tresse,

Sa taille souple, tout dans une molle ivresse
Retient mon cœur ému, captif et palpitant,
Qui se sent enchaîner au sourire enivrant,
Aux parfums printaniers de sa vive jeunesse.

Ineffable douceur ! le chagrin envolé
Me laisse enamouré près d'elle et consolé
Par les ris gracieux de cette bouche aimante ;

Et mon triste penser sous ses yeux doux et bleus
Me revient tout brillant d'une grâce charmante,
Ainsi que la rosée au mol azur des cieux.

La Beauté.

Quand la femme est trop nue elle choque nos yeux,
Et nous la préférons légèrement gazée,
Donnant un mouvement pleins d'une grâce aisée
A l'étoffe ondoyante en plis délicieux ;

Sous l'amoureux tissu, les regards curieux
Aiment à deviner la forme caressée,
Tant qu'épris par le feu de sa lèvre pressée
Nous dévoilons son corps d'un doigt voluptueux.

Ainsi, mon Dieu, l'amour des amours de notre ame,
Nous sommes bien longtemps éblouis de ta flamme,
Et notre œil se refuse à sa grande clarté ;

Mais te cherchant d'abord dans chaque créature,
Peu à peu notre cœur devine ta beauté
Sous le doux vêtement de la belle nature.

Plaintes de Judas.

Je te déteste, ô Christ! et même en mon supplice
Je méprise ta gloire et ris de ta justice;
Christ, je voudrais pouvoir te clouer sur la croix
Et t'abreuver d'outrage une seconde fois.

Que tu fis avec art servir mon infamie
A rehausser l'éclat de ta céleste vie!
Et que t'avais-je fait du sein de mon néant
Que tu m'as réservé pour ce crime effrayant?

Créateur idiot, ô roi de l'impuissance,
Tu n'as donc su tirer du chaos vaste, immense,
Que l'ange malheureux ou l'homme révolté.

O Dieu du mal, aussi nous vengeons tes victimes
Par un âpre tourment égal à tous les crimes,
Et tu seras maudit pendant l'éternité!

Napoléon.

Ah! quand les yeux éteints et fixés sur la plaine
Aride, infranchissable et triste de la mer,
Ton cœur te dévorait comme un poison amer,
Immobile et pensif au roc de Sainte-Hélène;

Et qu'alors comparant ta vie étrange et pleine,
Et ta morne agonie en un pâle cancer,
Tu sentais t'arriver la morsure du ver
Et la mort apprêtée aux lenteurs de la haine,

Que tu dus envier le manteau de César,
Alexandre prenant au sortir de son char
La coupe empoisonnée aux bras de la victoire;

Mais, nouveau Prométhée, oh! ne fallait-il pas
Épuiser à nos yeux tout le fiel de la gloire!
Instruisez-vous, mortels amoureux des combats.

En la revoyant.

Elle est là, me dit-on, la voulez-vous point voir
Après un si long temps, votre dame jolie?
Et moi j'accours, repris de ma chère folie,
Faisant tous mes efforts pour ne pas m'emouvoir.

Ivre d'étonnement, de tendresse et d'espoir,
Embarrassé, tout gauche, en vain je balbutie
Et je salue au plus d'une bouche impolie,
Par crainte et par amour, triste et froid tout ce soir.

Mais vous, vous triomphiez, et plus jeune et plus belle,
Vous cherchiez mes regards d'une grâce cruelle,
Et vous vous prodiguiez en vous penchant vers nous.

Que j'avais mal, voyant votre lèvre riante,
Hélas! et vos beaux yeux agréablement doux!
Madame, vous étiez trop belle et trop charmante.

L'accident du chemin de fer de Versailles.

Je pleurais en songeant à tant de jeunes têtes
Que vient décapiter d'un seul coup la vapeur,
Et comme elle répand la soudaine terreur
Et le deuil général au lendemain des fêtes;

L'homme à son tour s'est mis à forger les tempêtes :
Il attèle la foudre à son char voyageur,
Et la foudre en volant dévore son vainqueur;
Il faut vous payer cher, ô célestes conquêtes!

Je pensais au déluge, aux géants nos aïeux,
Qui peut-être sont morts en devenant des dieux.
Jeune siècle, tu cours dans ton ardeur féconde,

Savourant les trésors d'un riche et nouveau monde;
Et tu ne songes pas, siècle jeune et si fort,
Que l'arbre de science est l'arbre de la mort.

A M. Michelet.

Salut à ta venue, ô prince de l'histoire,
Toi qui nous ramenant par le cycle éternel,
As guidé vers l'amour du véritable autel
Nos cœurs endoloris qui ne pouvaient plus croire.

Grâce à toi maintenant, revêtu de sa gloire,
Et chantant au Seigneur un hymne solennel,
Le passé rajeuni, triomphant, immortel,
Sourit à l'avenir et chante sa victoire.

En vain quelques esprits aveugles ou méchants
Prétendraient arrêter de leurs cris impuissants,
Dans l'espace et le temps ta féconde carrière ;

Mais toi, comme un soleil immense, radieux,
Et qui doit tout remplir de sa douce lumière,
Tu souris dans ta pourpre et tu montes aux cieux.

La Madeleine du Corrège.

Ah ! qui ne pleurerait d'un pleur doux et charmant,
O Corrège, en voyant ta blonde Madeleine,
Ses longs cheveux épars, et de grâce si pleine,
Nonchalamment couchée en un pré verdoyant !

L'odeur de mai l'entoure, et là, la belle enfant
Souriant au ciel bleu, gracieuse et sereine,
Baisse ses grands yeux noirs de candeur souveraine
Sur un grand livre d'or d'images reluisant.

Belle enfant, quoi ! c'est toi qui, souillée, avilie,
Gardant une ombre au plus de ta beauté flétrie,
Dans le désert du monde offensais tous les yeux ?

Ah ! la grâce suffit, et de pieuses larmes ;
La femme impure est faite un pur enfant des cieux
Et la sainte rosée a refleuri ses charmes.

L'amour idéal.

Je suis bien revenu des voluptés charnelles ;
De tes baisers menteurs, ô banale beauté,
Ma lèvre est saturée, et mon cœur dégoûté
Aux hautes régions veut relever ses ailes ;

Mon cœur veut se reprendre aux amitiés si belles,
Aux purs attachements, à la virginité
De deux âmes croyant en un monde enchanté,
Et rêvant dans le ciel des chaînes éternelles ;

Quel bonheur de s'aimer, de prier, de pleurer,
De s'aimer entre soi, sans plus rien désirer ;
De perdre en deux beaux yeux et son âme et sa vie !

Voilà le pur amour aux cercles agrandis ;
Le corps est oublié, mais l'âme en est ravie ;
L'amour spirituelle est le vrai paradis.

Les ténèbres du siècle.

Le froid du soir s'étend sur la nature entière,
Et le monde recule à l'aspect du néant ;
Le prophète de Dieu pleure et se désespère.
Voici venir la mort avec son cheval blanc !

Non, ce n'est pas la mort, c'est la nuit passagère
Qui berce l'univers ainsi qu'un faible enfant ;
La nuit, la douce nuit, la nuit qui régénère
Et prépare au matin son lever triomphant.

Mais donne-nous, Seigneur, à nous perdus dans l'ombre,
Quelque étoile qui brille au sein de la nuit sombre,
Et qui guide en son ciel les rêves de nos cœurs.

Car nous n'espérons pas encore la lumière,
Et pourtant nous tournons à toutes les lueurs
En disant : Est-ce l'aube, est-ce l'aube légère ?

Le Journalisme.

O Muse, prendrons-nous des couleurs poétiques
Pour peindre la sagesse et l'éclat des journaux,
La presse, Briarée aux bras toujours nouveaux,
Fécond avortement de grandeurs politiques?

Prendrons-nous, Juvénal, tes colères antiques
Pour flétrir la couleuvre amante des tombeaux,
Qui bave son venin sur les noms les plus beaux
Et repue, en sa fange endort ses plis étiques?

Muse, descendrons-nous dans ces corruptions,
Et dans l'antre honteux des prostitutions?
Non, nous délaisserons ces sentines infectes,

Nous n'abaisserons point si bas nos yeux altiers;
Muse, je ne veux pas que vous souilliez vos pieds
Dans la boue en foulant les plus vils des insectes.

Tristesses.

Pourquoi le temps qui fuit d'une aile si légère
Nous a-t-il amené si tard ce jour d'amour?
Pourquoi, pour l'enlever, le temps souvent si lourd
A-t-il éperonné sa course passagère?

Pourquoi le mois de mai tarde et ne dure guère?
Pourquoi l'hiver vient-il toujours avant son tour?
Pourquoi la nuit est longue, et la clarté du jour
Ne luit-elle jamais pour l'insomnie amère?

Pourquoi donc, ô mon Dieu, nos désirs infinis
Ne peuvent-ils trouver leur divin paradis?
Pourquoi flétrir toujours la fleur de l'espérance,

Comme un fruit savoureux dans son bouton se meurt?
Pourquoi faut-il, hélas! que notre pauvre cœur
En vienne à regretter les jours de sa souffrance?

Mil sept cent quatre-vingt-treize.

Qu'il était beau le peuple en son quatre vingt-treize !
Se vautrant dans l'orgie et la pourpre à son aise ;
Lavant sa vieille boue au sang des beaux marquis,
Et sur le trône vide élevant Némésis.

Honneur, trois fois honneur à ces bourreaux sublimes !
Depuis douze cents ans vous étiez les victimes.
Les plus doux d'entre vous voulaient des bains de sang ;
Vous frappiez le coupable et frappiez l'innocent.

Frappez, frappez encor ; c'est ainsi que Moïse,
Menant son peuple libre en la terre promise,
Extermina d'un coup la païenne tribu.

La haine des grands cœurs c'est encor la vertu,
Et pâle sous l'affront, le peuple debonnaire
Amasse comme Dieu des trésors de colère.

La Poésie et la Prose.

La prose notre sœur en un matin fleurit,
Elle a bientôt perdu ses odeurs passagères ;
Elle jette à tous vents ses feuilles si légères,
La mâle poésie écrit sur le granit.

La prose notre sœur à nos désirs fournit,
Elle tire pour nous le marbre des carrières ;
La poésie alors de ces formes grossières
Façonne une statue au Dieu qu'elle chérit.

Oui, de la poésie on garde la mémoire ;
Le chef a seul un nom, le soldat est sans gloire ;
Les peuples oubliés revivent par sa voix.

La prose est la monnaie errante et passagère
Dans les mains du vil peuple, et se fond et s'altère ;
La sainte poésie est le trésor des rois.

Servum Pecus.

Quand un artiste a fait une belle statue,
Aussitôt le troupeau des vils imitateurs
Dans un moule grossier déflorant ses splendeurs,
La déshonore et va la vendre par la rue.

Vous voilà, vous voilà, faméliques auteurs,
Du jour que du public une œuvre est bien venue,
Vous calquez votre style à l'empreinte courue,
Et vous vivez ainsi que des faux monnayeurs.

Le poète jamais ne porte de livrée ;
Évitant la cohue et la foule dorée,
Il fuit la servitude et marche seul au loin.

Et lorsque Dante emprunte à son guide Virgile,
Ce sont deux frères rois d'une amitié facile ;
Chacun d'eux bat monnaie et la frappe à son coin.

Paul-Louis Courier.

Salut, esprit charmant de grâce et de finesse,
Abeille au dard léger, génie attique et pur,
Satyriste enjoué, voilant ta hardiesse
Sous le souris moqueur du chantre de Tibur ;

Ressouvenir aimable avec plus de noblesse
Du vieil esprit gaulois, gai, frondeur, sage et sûr,
O Paul-Louis, vigneron plein d'une molle ivresse,
Qui défaisais un trône en pressant ton fruit mûr !

Qui donc rajeunira la polémique usée ?
Qui nous rendra ta phrase et naïve et rusée,
Et dans son tour heureux le vieil esprit gaulois ?

L'esprit se rabaissant au langage des masses
Se doit faire épicier pour parler aux bourgeois,
Et l'on ne le voit plus sacrifier aux grâces.

Les amours terrestres.

Mon cœur, vous aviez dit que vous délaisseriez
La beauté passagère et la splendeur humaine
Pour suivre la clarté du Seigneur qui nous mène
Droit en son firmament par ses âpres sentiers.

Vous revenez, mon cœur, aux folles amitiés,
Et vous vous enivrez de la grâce mondaine ;
Le souris de la femme et sa promesse vaine,
Mon cœur, mon faible cœur, vous foulent à ses pieds.

Eh bien ! puisqu'il le faut, perdez-vous dans ses charmes ;
On va toujours au ciel par la joie ou les larmes :
Tout œil ne peut pas voir, ô mon Dieu, tes beautés.

Plus d'un se meurt d'amour auprès de chaque belle,
Pauvre ignorant qu'il est des célestes clartés,
Comme le papillon se brûle à la chandelle.

Hymne du matin.

Sur les livres, pourquoi toujours courber la tête,
En l'étude pâlir, et vivre sans sommeil ?
Allons, allons voir l'aube au gracieux réveil
Pour entendre le chant léger de l'alouette.

Les cieux sont diaprés de leur manteau de fête,
Et l'orient pompeux, souriant et vermeil,
Jetant son tapis d'or sur les pas du soleil,
Monte vers nous vêtu de sa grâce parfaite.

Mon cœur, viens te mêler à ce vaste univers,
Et laissant la fatigue impuissante du vers,
Marions notre voix aux voix de la nature :

Épanchons sans effort ce chant vague, éternel,
D'une forme indécise en chaque créature,
Mais qui monte distinct, harmonieux au ciel.

La Danse.

Quand la danse légère et la valse enivrante
Bercent les cœurs joyeux dans leur flot tournoyant,
Qu'un rythme enamouré par la foule ondoyant,
Enchaîne tous les pas d'une grâce charmante ;

Quand lassée au plaisir, la jeune nonchalante
Livre tous les secrets de son sein palpitant,
Et qu'à la lèvre humide, au regard souriant,
Répond l'œil désireux, la lèvre souriante ;

Oubliez, oubliez et l'aurore et le jour ;
Que votre cœur se livre aux fanfares joyeuses,
Au mol enlacement des femmes gracieuses ;

Refaites, rajeuni, de doux rêves d'amour,
Et fuyant du passé la souvenance amère,
Ah ! laissez-vous aller à la danse légère.

Les bois jaunis.

J'aime les bois jaunis aux derniers jours d'automne,
Lorsqu'avant de mourir la nature s'endort
Et laisse feuille à feuille échapper sa couronne,
Comme un prince indolent son diadème d'or.

Que j'aime à contempler le couchant qui rayonne
Comme un regard d'adieu plus souriant encor,
Et la calme forêt avec sa teinte jaune,
Ainsi qu'un beau visage embelli par la mort.

Comme en un doux baiser bercé par le zéphyre,
Sous le manteau des nuits tout s'éteint et soupire ;
O nature, ta mort est pleine de douceur !

Adieu, bois amoureux encor remplis de charmes ;
Adieu, vous me laissez seul avec ma douleur !
C'est celui qui survit qui doit verser des larmes.

A une jolie railleuse.

La malice légère et l'aimable tendresse
Animent tour à tour vos yeux orientaux ;
Chez vous la moquerie aux folâtres propos
Se marie à la fleur de la délicatesse ;

L'amoureux confiant dans la douce promesse
De vos yeux de velours si charmants et si beaux,
Voit tout d'un coup briller en leurs rayons nouveaux
L'expression railleuse au lieu de la caresse :

Pourquoi mêler ainsi la suave bonté
Et la dérision? Laissez la volupté
Amollir les éclats de vos regards de flamme ;

Qu'ils meurent peu à peu dans un regard aimé
Et ne retrouvent plus sous les baisers, Madame,
Que le sourire heureux de l'amour désarmé.

Sourire et soupir.

Vous me dites, Hélène,
Que je devrais changer
Le sonnet étranger
Pour l'ode souveraine.

C'est un sourire à peine,
Un soupir si léger
Que le vent passager
L'emporte en son haleine.

Pour le bonheur charmant
Qui fuit en un moment,
C'est assez d'un sourire ;

Et pour nos cœurs lassés
Que la plainte déchire,
Un soupir est assez.

Vois pâlir sur ton front.

Vois pâlir sur ton front, vois, ma blonde maîtresse,
Ces fleurs, ces belles fleurs écloses ce matin,
Et qui perdent déjà leur virginal satin
Sous les tièdes baisers de l'air qui les caresse ;

Ainsi s'effacera ta brillante jeunesse,
Ainsi viendra trop tôt ton rapide déclin ;
Mais non, notre printemps, s'il doit avoir sa fin,
Est plus long qu'on ne pense et qu'on ne dit sans cesse.

Tu verras se faner encore bien des fleurs,
Et les bois regretter leurs mourantes couleurs,
Sans avoir rien perdu des attraits du jeune âge ;
Peut-être même, hélas ! belle et pleine de jours,
Tu pleureras, songeant à la rose sauvage
Qui meurt dans le sourire au soir de ses amours.

Les yeux verts.

Que j'aime vos beaux yeux, ô grâce souveraine,
Profonds comme la mer, et verts comme ses eaux !
Leur étrange infini sans cesse me ramène ;
J'aime leur sombre orage ou leur tendre repos.

Tels les glauques regards de l'ardente syrène
Attiraient en ses bras les pauvres matelots,
Et tels les avais-tu, blonde Anadyomène,
Alors que tu naquis de l'écume des flots.

Laissez moi m'enivrer de leur onde limpide,
Ah ! la volupté nage en leur contour humide,
Et l'azur me plaît moins que le champ vert des cieux ;

Qu'ils me soient doux, Madame, apaisez leur orage ;
O mer, emporte-moi sur tes flots gracieux,
Et que mon pauvre cœur n'y fasse point naufrage,

Résurrection de Rome.

O Rome, l'idéal des rêves de la terre,
O Rome des Césars, le glaive de la loi !
Toi qui sus niveler et la plèbe et le roi,
Et promener partout la justice guerrière,

Chaque peuple t'appelle en son vœu solitaire,
Car ta guerre amenait l'alme paix après soi :
O César, ô César, ayez pitié de moi !
Et prenez pour vous seul la pourpre consulaire.

Grande comme la mer, Rome, sous Adrien,
Tu replias tes flots dans le cercle ancien,
Le monde te manquait en ta marche féconde ;

Nous t'avons préparé ton rôle bien plus beau,
Entends-tu pas nos cris ? Lève-toi du tombeau,
O Rome des Césars, car tu manques au monde.

Ressouvenirs.

Aujourd'hui que ma vie, hélas ! sans avenir,
De ses jeunes espoirs regrettant la richesse,
Ne voit au ciel désert qu'une vaine promesse
Et s'en court au néant, j'aime à me souvenir ;

Oh ! j'aime à resonger, j'aime à vous revenir,
Ma joie et mes amours, mes pleurs et ma tristesse !
O rêves enchantés, quand ma folle jeunesse
Croyait que le printemps ne devait pas finir !

Resongeons au passé, resongeons à sa joie,
A ses plaisirs bien doux quand notre âme se noie
Dans les pleurs et se brise aux fausses amitiés ;

Resongeons, resongeons aux tristesses passées,
Pour que le souvenir des peines traversées
Nous donne un peu de cœur en nos âpres sentiers.

La vie humaine.

L'homme accuse la vie et se plaint du malheur,
Sans jamais remonter aux fautes de son cœur ;
De ses destins pourtant il écrit chaque page,
Et lui-même il se fait sa vie à son image :

La vie est un miroir où l'homme encore enfant
Se voit plein d'avenir et riche et triomphant :
Il sourit en voyant sa bouche souriante ;
La vie est douce alors, et gaie et confiante.

Mais quand l'homme a connu les viles passions
Et qu'il sort du limon des prostitutions,
De nouveau se mirant, il croit voir le squelette

De la mort qui s'avance et terrible et muette,
A lui-même il se peint son propre désespoir,
Il accuse le sort et brise le miroir.

Les rives de la Loire.

O manoirs enchantés de nos vieilles Bretagnes,
Forêt pleine de bruits, étrange au voyageur,
Grands marronniers ombreux, ô verte haie en fleurs,
Capricieux sentiers renouant nos campagnes,

Ciel tendre et vaporeux au lointain des montagnes,
Lumière sobre et pure où se mêle un doux pleur,
O l'harmonie aimable, ô la calme couleur,
Chants celtiques si chers aux naïves compagnes :

O Bretagne, et plus loin, Poitou triste et pieux,
Qui regardes ta sœur d'un œil silencieux,
O ma Loire, ô Vendée, ô blancs lys de nos pères,

Je me sens fondre, hélas ! en des larmes bien chères,
Quand je songe le soir au touchant de ces lieux,
Et mon cœur s'y reprend aux plus folles chimères.

La Mort et l'Amour.

La mort, la pâle mort et l'ineffable amour
Naquirent au jardin d'Éden le même jour,
Un bandeau sur les yeux ; et ces deux sœurs jumelles
Partagèrent soudain tout l'univers entre elles.

Chacune a dans la main un dard pour chaque cœur,
Et de toute cuirasse il est bientôt vainqueur ;
La mort est cependant moins dure qu'on ne pense,
Et l'amour n'est si douce, hélas ! qu'en apparence.

L'amour est trop féconde et fait des malheureux,
Mais la mort les délivre, et l'homme désireux
Poursuit l'une, fuit l'autre, et ne les comprend guère

Qu'en leur source, le ciel ; quand lasse de la terre
L'amour donne la mort, et la mort à son tour
Nous donne l'éternel et l'immuable amour.

Une jeune malade.

O beauté vierge et pure, ô gracieux sourire,
Doux profil orgueilleux, ô blonds cheveux flottants,
Regard mélancolique, et vous tendres accents
Mollement mariés aux accords de la lyre !

Gorge chaste et profonde où le désir soupire,
Jeune haleine embaumée aux parfums enivrants,
Fleur aux frêles appas que le riant printemps
Effeuille, et qui se meurt aux baisers du zéphyre.

O grâces du matin, ô délices de mai,
Mourez sous le rayon amoureux et charmé,
Dans la fraîche rosée et la molle verdure ;

Mourez avant l'orage et son souffle de feu,
Avant le soir, avant l'hiver et sa froidure ;
Mourez en souriant à l'air pur, au ciel bleu.

Les faiblesses du siècle.

L'homme aujourd'hui prétend que son Jéhovah doit
Prévenir son caprice et servir sa folie,
Qu'il n'a qu'à s'endormir en sa mélancolie
Pour que tous les plaisirs lui reviennent de droit.

Perdu dans sa faiblesse et son orgueil, il croit
Que tout devra sourire à son âme ravie,
Que la peine jamais ne troublera sa vie ;
Il faut que Raphaël le mène par le doigt.

Oui, dans ce vain désir qui jamais ne repose,
Nous croyons qu'il suffit de rêver le bonheur
Et de tendre la lèvre à chaque amour éclose ;

Nous pleurons si l'épine accompagne la fleur,
Nous nous plaignons toujours, sybarites du cœur,
Et nous voulons mourir pour un seul pli de rose.

La conquête des cieux.

En vain tu foudroyas, Seigneur, dans ta colère
Les géants qui voulaient escalader ton ciel,
Et tu décapitas l'orgueilleuse Babel,
Et Ninive et Memphis, et Solyme si chère ;

En vain tu fais déchoir jusque dans la poussière
L'astre du conquérant qui se dit immortel,
Et tu revêts là-haut le vieux doute éternel,
Ainsi qu'un voile épais qui te cache à la terre ;

Protée insaisissable, ô tes déceptions
Et ta foudre non plus ne vaincra pas nos âmes :
L'homme lance au combat toutes les nations,

Il arme contre toi les enfants et les femmes,
Il escaladera tes firmaments de flammes
Sur l'échelle de sang des générations.

Le bonheur.

Pourquoi, mon pauvre cœur, te plaindre en ta misère ?
N'ai-je pas, si je veux, une vigne au côteau,
Mon ombrage au vallon, ma maison au hameau
Commode, et qui s'égaie à la douce lumière ?

N'ai je pas des loisirs pour la muse légère,
Les amours, les cieux bleus, le doux chant du ruisseau,
La rêverie au lac, et vers le renouveau
L'aube au rose réveil souriant à la terre ?

Pourquoi te perdre encore en d'insensés désirs,
Mon cœur, mon pauvre cœur ? que les tièdes zéphyrs
Endorment dans l'oubli cette plainte frivole ;

Qu'ai-je plus désiré ? vivons, vivons, mon cœur,
Vivons ; car cependant le temps léger s'envole ;
Ah ! puisque nous l'avons, embrassons le bonheur.

La liberté.

Liberté, liberté ! femme belle et magique,
O glorieux amour des austères Romains,
Le monde rajeuni t'adora quand tu vins
Ramener en nos champs la grandeur héroïque.

Amoureux des vertus et de la force antique,
Les peuples ont cherché tes embrassements saints
Et la fécondité virile de tes seins,
Mère aux puissants contours, guerrière et pacifique.

Mais trop faibles pour toi, ma grande liberté,
Ils se sont épuisés sur tes hanches Toscanes,
Vainement ranimés par ton âpre beauté :

Ils te laissent donc là ces débauchés profanes,
Pour la corruption et la servilité,
Maîtresses sans humeur, faciles courtisanes.

La convalescence.

Maintenant que du mal les fiévreuses haleines
M'ont délaissé, je suis dispos et tout pareil
A la fleur qu'en août, l'aube au léger réveil
Relève sur sa tige à ses clartés sereines.

Un sang jeune et plus vif circule dans mes veines,
Ma lèvre est souriante et mon front plus vermeil,
Et je me sens renaître aux douceurs du soleil,
Au zéphyr ondoyant sur les épis des plaines.

O volupté d'errer à pas lents dans les bois,
Heureux comme l'enfant pour la première fois,
Et de voir reverdir et croître tout son être !

Volupté ! mais étrange, où se mêle un soupir :
Puisqu'il est si charmant et si doux de renaître,
Ah ! pourquoi donc est-il si triste de mourir ?

A l'ignorance.

Belle ignorance, aux blonds cheveux flottants,
Aux grands yeux clairs où le ciel pur respire,
Bouche charmante et d'un rose sourire
Tout parfumé des grâces du printemps !

Le cœur humain envieilli par le temps
Et la science, au doute se déchire ;
Il ne croit plus aux espoirs de la lyre,
Aux saints amours suaves et chantants.

Reviens-nous donc, naïve enchanteresse,
Déesse aimable, et ta vierge sagesse
Rajeunira nos cœurs endoloris.

Viens ranimer les désirs défleuris,
Chaste ignorance, au miel de ta simplesse,
A ta voix douce, à ton léger souris.

La jeune France.

Quand le chaos viendra disperser de ce monde
Les éléments divers fatigués par le temps,
Et que l'étoile d'or aux rayons éclatants
Tombera sans espoir dans une nuit profonde;

Quand la rose et le chêne où tant de vie abonde
Mêleront pour jamais leurs débris odorants,
Le germe obscur, parmi tous ces êtres mourants,
Sauvera son enfance invisible et féconde.

Il dort enveloppé de son obscurité,
Tant qu'un monde nouveau, dans sa fleur de beauté,
S'épanouisse aux yeux enchantés d'autres hommes;

Ainsi, dans ce vil temps de misère où nous sommes,
Amis, laissant passer les vieilles nations,
Dormons jusqu'au matin des révolutions.

L'esprit de système.

Malheur à l'esprit faux entiché de soi-même,
Captif de sa paresse et de sa vanité,
Qui s'endort dans l'amour de sa propre beauté,
Bercé par son génie en un dédain suprême!

Il se consume, hélas! pour un même système,
Roulant comme Sisyphe un rocher enchanté,
Et pense, l'ignorant, qu'il tient la vérité
Et qu'il a résolu l'insoluble problème.

En vain pour le guérir, les neuf muses en chœur,
L'appellent, lui montrant d'un sourire moqueur
Les diverses beautés dont la nature est pleine;

Non, stérile, impuissant, follement désireux,
Il se consume seul, de soi-même amoureux,
Comme le beau Narcisse au bord de la fontaine.

L'heureuse Italie.

Italie, Italie, ô ma belle Italie !
Terre des citronniers, si féconde en amours,
Où les cœurs enchantés de l'éclat des beaux jours
Se bercent mollement en leur tendre folie,

Sous ton aimable ciel, notre mélancolie
Elle-même revêt de gracieux atours ;
Pays de la lumière et du bonheur, toujours
Un rayon d'espérance à tes pleurs se marie.

Endormie aux zéphyrs oublieux, la douleur,
Impuissante à blesser, laisse tomber ses armes
Et mêle ses soupirs aux doux accents du cœur ;

Le chagrin à l'amour prête de nouveaux charmes,
Et l'amoureux de Laure, en chantant sa rigueur,
Laisse voir son sourire au travers de ses larmes.

La sainte canaille.

Qui me délivrera de la sainte canaille ?
Celui qui l'inventa peut garder sa trouvaille.
On ne pourra jamais laver sa noire main
Ni la faire marcher sans broncher son chemin.

Tous les soirs elle va hurler à la barrière
Et boire du vin bleu, tant qu'elle en tombe à terre :
Canaille trois fois sainte, adorant le premier
Qui la laisse pourrir à l'aise en son fumier.

Un lion devient ivre au sortir de sa cage,
Il ressent une joie âpre, fière et sauvage,
A bondir au soleil en pleine liberté ;

Mais lâchez donc le chien à l'abois effronté,
Et l'impudique chien reviendra sans vergogne
Redemander sa laisse et sa part de charogne.

Les peuples mourants.

O Turcs jadis si fiers, qui vous voyez déchoir,
De vos rives du moins la senteur bienheureuse,
Et d'un fécond soleil la lumière amoureuse
Berce vos longs ennuis en un doux nonchaloir.

Vous, Grecs, si votre Olympe, aimable et bel à voir,
A perdu son prestige et sa force orgueilleuse,
De vos Dieux, quoique morts, la grâce merveilleuse
Enchaîne encor les cœurs d'un fabuleux pouvoir.

Nous, hélas ! nous voyons nos rives défleuries,
Nos vieux Dieux qui s'en vont, sans charme et sans féeries,
Et sans gloire venir la pâle ombre du soir ;

Ah ! qu'au moins des beaux arts les gracieux mensonges
Endorment mollement notre mourant espoir,
Et du passé perdu nous rende les doux songes.

Sur ce léger plateau.

Sur ce léger plateau, près de l'humble bocage,
J'aime au soir à rêver mélancoliquement,
Le long des prés fleuris qui vers mon doux village
En tapis velouté s'allongent mollement.

A la pente insensible, et dont la grâce engage,
Je livre les détours de mes songes flottants,
Et le dernier désir qui me vient du jeune âge,
En s'endormant, se mêle à ce déclin charmant.

Soyez, plateau léger, toute mon existence,
Et vous, chaumière encor si douce quand j'y pense,
Que j'enferme ma vie en ce champ gracieux ;

Mais ô restez bien loin, qui voilez des abîmes,
Grands monts, rochers fameux, ô magnifiques cimes,
Horizon à souhait pour le plaisir des yeux.

La vie du poëte.

Étonnée à l'aspect étrange de la vie,
Ma jeunesse incertaine, hélas! et sans flambeau,
Consuma vainement son âge le plus beau
Dans les obscurs détours de la philosophie.

J'écoutai les rumeurs de la foule qui crie,
Et j'embrassai la foi jusque dans son tombeau ;
Cherchant, fol amoureux, quelque monde nouveau,
Des partis j'épousai la stérile furie.

Maintenant, douce abeille, avec un dard léger,
Parmi la verte lande il me plaît voltiger,
Et toute ma science est la vie amoureuse.

Je ne cherche plus rien que le souris du ciel,
Je n'ai plus de regard que pour la fleur heureuse,
Je ne m'occupe plus qu'à faire un peu de miel.

Au soir.

J'aime, étendu parmi les herbes de la rive,
Les regards attachés sur le déclin des cieux,
Ecouter mes pensers, calmes, silencieux
Venant se marier avec l'onde plaintive,

Et maintenant, au soir qui mollement m'arrive,
Sans espoir, refaisant mon roman de mon mieux,
Il me plaît de songer au bonheur gracieux
Que j'aurais dû trouver, et mon cœur s'y ravive.

Puisqu'il n'est plus pour moi de rêves d'avenir,
O rêves du passé, rêves du souvenir,
Endormez, doux charmeurs, ma vie inconsolée.

Sous ce bois où la brise au soir vient soupirer,
O mes amours perdus, ma jeunesse écoulée,
Je sens quelque douceur encore à vous pleurer,

L'Amour et la Mort.
(TRADUIT DE L'ANGLAIS.)

L'Amour se promenait dans un charmant jardin,
S'enivrant du parfum de ses fleurs, quand soudain
Il voit la pâle Mort devant lui sous un saule ;
L'Amour frémit, il pleure et vers les cieux s'envole.

Va-t-en lui dit la Mort ; mais en fuyant, l'Amour :
Je cède, répond-il, ton règne est de ce jour ;
La vie est un grand arbre et la mort est son ombre
Qui rend tout alentour aride, pauvre et sombre.

La splendide et sereine et douce éternité
T'enfanta, fruit maudit de sa fécondité ;
Ses rayons ont créé la vie aimable et belle,

Et puis toi, pâle Mort comme sa sœur jumelle,
Mais avec l'arbre un jour l'ombre disparaîtra :
Alors sur l'univers l'Amour seul régnera.

Paris.

O Paris, notre orgueil et nos belles amours,
Vous semez les trésors sur vos places publiques,
Votre couronne d'or aux reflets poétiques
De quelque beau fleuron s'enrichit tous les jours.

Vous pourriez en chacun de vos nobles faubourgs
Mettre une des cités célèbre aux temps antiques,
Et Salomon devrait épuiser ses cantiques
Belle prostituée, à chanter vos atours.

Mais entassez encor les sculptures splendides,
Appelez du désert toutes les pyramides,
Chargez votre beau front d'or et de diamant.

Hélas ! sous votre ciel tout pâlit, tout s'efface,
Il vous faudrait, Paris, pour dorer votre face
Les amoureux rayons du soleil d'Orient.

L'Enfant.

L'enfant est joyeux, quand le beau soleil
Dore de ses rais la terre jolie,
L'enfant est joyeux, alors que la pluie
Verse son trésor aux perles pareil;

Il aime le fruit acide ou vermeil,
Il aime la fleur fraîche épanouie,
Mais il aime encor la feuille flétrie,
Le triste couchant, l'aube au doux réveil;

Il trouve partout d'heureuses guirlandes,
Dans la prée en fleur et parmi les landes,
Et l'hiver lui rit comme le printemps;

Voulons-nous ôter le mal de la terre,
Ah! redevenons de simples enfants,
Pour avoir au cœur la grâce légère.

Le nouveau Monde.

Sur le sein embaumé de la plaine liquide,
Ainsi qu'un Alcyon mollement endormi,
Balancée au zéphir, Vénus s'en vint à Gnide
Eclore au doux soleil de ce rivage ami;

Elle laissa tomber de sa tresse limpide
Les perles, dénoua sa ceinture à demi,
Et sa lèvre exhala, rose encore timide,
Des parfums printanniers dont la terre a frémi:

Cette blonde Vénus, c'est l'amour virginale,
C'est le monde nouveau, c'est la vie idéale
Dont le germe s'agite en l'orage des flots,

Et qui n'attend plus rien qu'un rayon de lumière
Et qu'un sol vierge aussi, pour prendre son repos,
Eclore et redonner son Eden à la terre.

La langue Française.

Le français, ce n'est pas la harpe ionienne
Qu'Homère épand aux vents, alors qu'il chante Hector,
Ni le grave latin à la voix de Mentor
Donnant à l'univers la sagesse payenne;

Ce n'est pas l'espagnol qui sonne comme l'or,
Ni du riche allemand la splendeur souveraine,
L'italien qui chante ainsi qu'une Syrène
Ou le noble breton au poétique essor.

Le français, c'est surtout un calme et large fleuve
Et qui roule à pleins bords, où tout peuple s'abreuve;
Plus on le voit et plus il nous plaît chaque jour :

Il emplit l'univers de sa beauté féconde,
Il attire vers lui les fleuves d'alentour
Et les plus orgueilleux se perdent dans son onde.

Regret.

Quand le froid de l'automne attiédira votre âge,
Peut être en resongeant au printemps envolé,
Vous repentirez-vous, et d'un cœur désolé
Vous vous accuserez d'une humeur trop sauvage.

Qu'il m'aimait, direz-vous, son mal fut mon ouvrage;
Quelques pleurs mouilleront votre œil inconsolé,
Mais les roses d'avril et le zéphir ailé
Sont loin, et l'hiver dit : c'est le temps d'être sage.

Et vous viendrez vers moi, me disant : mon ami,
Je sens naître l'amour en mon cœur endormi,
Me pardonnerez-vous d'avoir été cruelle ?

Et moi, pressant ce cœur, hélas! inanimé :
Vivons de souvenir, s'il se peut, ô ma belle;
Mais vous, pleurez surtout qui n'avez pas aimé.

Rêverie.

Ce soir-ci, je rêvais combien il serait doux
De vivre dans Paris d'une modeste aisance,
Et d'avoir une femme aimable en sa décence
Qui sache vous aimer et penser comme vous;

De jouir doucement en mariant ses goûts,
N'avoir à deux qu'un cœur et qu'une intelligence,
Se délecter dans l'art, les lettres, la science
Et cacher son bonheur aux regards des jaloux.

On s'oublierait ainsi dans l'aimable rien faire,
Dans la chaste amitié ce vrai ciel sur la terre
A ne choisir de tout que le miel gracieux.

Ces rêves si charmants et doux, couleur de roses
Ce soir-ci, me venaient en voyant vos beaux yeux :
Au fond de deux yeux noirs, il y a tant de choses.

Julien l'Empereur.

O noble Julien, l'indigne calomnie
Qui chez nous vibre encore en impuissants échos,
Voudrait déshonorer tes glorieux travaux,
Et détourner nos cœurs de ton mâle génie ;

Epris du pur amour de l'antique harmonie
Et des Dieux qui faisaient l'universel repos,
Tu succombas pour eux, mariant en héros
La force Italienne aux fleurs de l'Ionie.

Tu contins, ô César, grâce à ta fermeté
Les barbares, jaloux du Quirite indompté,
Et les Nazaréens, plus barbares peut-être ;

Et dans le noir chaos tomba le genre humain,
Dès là qu'il ne t'eut plus pour gardien et pour maître,
O toi, le dernier Grec et le dernier Romain.

Souvenir.

Ah! je garde en mon cœur le tendre souvenir
De mon amour pour vous, madame et chère belle;
Vos beaux yeux sans pitié pour ma plainte éternelle
Et vos dédains plus doux semblent me revenir.

Comme un vierge bouton entr'ouvert au désir
Rose fermée encor, qu'on croit qui se décèle,
Ainsi vous demeurez, ô charmante et cruelle,
Toujours vierge à mon âme et belle d'avenir.

Que d'hivers ont passé cependant sur les roses,
Et que sont devenus tant de grâces décloses
De parfums emportés aux vents aventureux?

Mais votre beauté sainte, ô douce créature,
Sans cesse rajeunie en mon sein amoureux
Luit d'un éclat plus tendre et d'une odeur plus pure.

Albion.

Comme un vaisseau battu par l'amère tempête
Et que les flots vainqueurs pressent de toutes parts,
Tombe, et se relevant domine les hasards,
Portant sa flamme encore et ses couleurs de fête;

L'œil étonné le suit si grand dans sa défaite,
Ballotté, devançant les vents et les regards,
Perdu dans l'onde aride et dans les cieux blafards
Et faisant face à tout d'une grâce parfaite.

Sur tes flots révoltés, ainsi, noble Albion,
Tu tiens toujours plus haut ton sanglant pavillon,
A la fois dans le ciel et dans la mer profonde :

Plus belle des dangers qui viennent t'assaillir,
Tu restes calme et fière, et dédaignes le monde
Qui s'agite en tes fers et veut t'anéantir.

Le jardin des Oliviers.

O Christ, que tu versas de précieuses larmes
Au mont des Oliviers, dans ton suprême adieu,
Quand la vie et la mort se disputant ton vœu
Vinrent jeter ton cœur en d'étranges alarmes ;

Car la mort était nue et sévère et sans armes
Pale, froide, immortelle, archange du saint lieu,
Et la riante vie amoureuse d'un Dieu,
Pour te vaincre étalait sa jeunesse et ses charmes.

Ah ! la vie, ô mortel, C'est Calypso qui prend
Les bruns cheveux d'Ulysse en son bras caressant,
Et qui veut l'enchaîner à son obscur rivage :

O chrétien, dédaigneux des roses du chemin
Mais embrassant la mort, avance heureux et sage
Vers l'éternelle Ithaque où Dieu te tend la main.

Lafayette.

Que d'autres à genoux adorent le succès,
Citoyen chevalier, j'admire ta grande âme,
Toi que la vertu pure anima de sa flamme,
Marquis menant le peuple au chemin du progrès.

Tu restas désarmé, mais ferme à tout jamais
Devant le crime heureux et le parjure infâme ;
Servant la liberté comme servaient leur dame
Aux héroïques temps les chevaliers Français.

Lafayette, ton nom qui remplit les deux mondes,
En France attend encor les couronnes fécondes,
Qu'un peuple libre doit à sa douce beauté :

Salut, noble héros, que bénira l'histoire,
Plus grand dans ta défaite encor qu'en la victoire,
Triomphant et tombant avec la liberté.

L'empire Romain.

Que de vains conquérants ont traversé le monde,
Mais on a vu tomber bientôt ces faux Césars,
On a vu s'effacer la trace de leurs chars
Ainsi que le sillon d'une barque sur l'onde.

Mais comme une charrue et plus forte et profonde,
Rome, ton règne a fait germer de toutes parts
La terre comme un champ fertile, et ton dieu Mars
Dans l'unité vivante enfanta le vieux monde.

Fixant les nations avec ton droit vainqueur,
Tu fus de l'univers et la tête et le cœur,
Et tu jetas à tous la pourpre de ta gloire ;

Toi seule as su régner ; si bien, ô peuple roi,
Que lorsque tu tombas lassé par la victoire,
Le monde épouvanté crut finir avec toi.

César.

Ce que j'admire en toi, ce n'est pas, ô César
D'avoir vaincu le monde en tes guerres cruelles,
Ni d'avoir attelé, malgré leurs cris rebelles,
Les louveteaux Romains à l'essieu de ton char ;

Non, ce n'est pas d'avoir enchaîné le hasard,
Grandi l'Europe, écrit des lignes éternelles,
D'avoir su conquérir le sourire des belles,
Joui de tout, aimé le pouvoir comme un art.

O César, tu fus grand, plus grand que ta fortune,
Complet, au camp, à Rome, aux jeux, à la tribune
Un César ; mais en toi ce que surtout j'admire

C'est ton cœur de lion, ô demi dieu vainqueur,
Généreux, confiant, satisfait de l'empire,
C'est ton calme suprême et ta grande douceur.

Le Cheval.

Qui pourrait égaler ta grâce et ta noblesse,
Intrépide cheval, soit qu'en des prés fleuris,
Plus léger que le vent, tu disputes le prix
Que les regards des rois donnent à la vitesse ;

Que tu suives au bois Diane chasseresse, .
Ou quand caracolant dans les rangs ennemis,
De la soif des combats et du sang tu frémis,
Toujours ardent et sûr à la main qui te presse.

Qui donc t'a fait si grand sous ton frein que tu mords,
Qui t'a fait doux et fier entre tous les plus forts,
Qui donc a fait si beau ton servage héroïque ?

Salut, symbole heureux, harmonique beauté
Qui joins la passion suprême au calme antique,
A l'ordre radieux la sage liberté.

Les yeux bleus.

J'aime les grands yeux noirs de la Sicilienne ;
Le velouté regard de la Grecque beauté,
Ou ton œil plein de feux, ineffable syrène,
Gracieuse Andalouse et qu'on a tant chanté ;

Mais, ô lueur discrète, aimable et plus sereine,
Limpide et clair regard baigné de volupté,
J'aime par-dessus tout, blonde Parisienne,
J'aime le mol azur de ton œil enchanté.

C'est un phare plus doux, c'est une eau plus rêveuse
Plus profonde, plus pure et plus mystérieuse ;
Ah ! c'est un bleu du ciel plus tendre et plus charmant :

Heureux qui peut se perdre en sa vague harmonie,
Et se laissant bercer en ce doux firmament,
Rêver les voluptés d'une amour infinie.

Le portrait de Chérubini.

Ingres, que j'aime à voir, sur ta sévère toile
Chérubini pensif et le front dans sa main,
Vieux, mais brûlant encor pour le beau surhumain,
Cherchant la mélodie, et sous un léger voile

La muse à ses côtés, comme une blanche étoile,
L'inspire d'un souris gracieux et serein,
Et prêtant le luth d'or à son rythme incertain,
Semble chanter le ciel que son regard dévoile.

L'homme ainsi, triste et vieux, d'un travail tourmenté
En ce monde incertain recherche la beauté,
Et sculpte avec effort la matière rebelle;

Mais sa muse au front pur, aimable et radieux,
Eternellement jeune, et suavement belle
Sourit, les yeux perdus dans l'infini des cieux.

Les vieilles Cathédrales.

J'aime à te voir vers Dieu, mélancolique ogive,
Monter comme une voix amoureuse et plaintive;
Ta colonnette svelte et sans racine au sol
Perce la nue et semble au ciel finir son vol.
Oh! j'ai toujours aimé les vieilles cathédrales,
Et courbé malgré moi le genou sur leurs dalles:
Nous sommes si petits en présence de Dieu
Dont le souffle invisible emplit tout le saint lieu!
Emportez, emportez, vieilles nefs sur vos ailes
Nos cœurs plus épurés aux voûtes éternelles;
L'homme, sous vos arceaux calmes, silencieux,
Se ressouvient encor qu'il fut jeune et pieux.
Immobiles beautés, ô pierres inflexibles,
Vous semblez accuser nos âmes insensibles,

Et lorsque l'orgue saint nous laissant morts et froids,
Par vos colonnes pleure avec sa grande voix,
Cette antique forêt et de marbre et de pierre
Sous le vent du Seigneur palpite tout entière.

IMPRESSIONS POÉTIQUES.

—

LIVRE PREMIER.

—

André Chénier.

Le plus pur des cygnes de nos rives, le poète
charmant, le poète aimé des tendres cœurs, n'a
pas même un tombeau où reposent ses cendres,
et l'oubli dormant le berce sur un sol ignoré.

Lui qui ne voulait qu'une tombe verte au coin
d'un bois solitaire, et quelques amis qui vien-
draient l'y pleurer, combien, dans la triste couche où l'a jeté l'orage des révolutions, il doit regretter de ne pas dormir sur le sein de la Grèce
sa mère, sous le souffle embaumé des forêts de sa
patrie!

Ah! du moins, si le sort cruel qui l'a moissonné si jeune ne nous a rien laissé de sa dépouille mortelle, son âme tout entière ne respire-
t-elle pas dans ses chants échappés à la destruction; ne revit-il pas lui-même dans notre cœur
amoureux de ses vers?

Qui n'a soupiré aux accents de cette voix si
pure, plus légère que le souffle du zéphyre, et qui
nous apporte les parfums de l'Orient! L'Orient

fut son berceau, et la mer où naquit Vénus le balança tout enfant comme un nid d'alcyon, sous les fameux minarets d'or.

Les abeilles de l'Hymète sont venu cueillir le miel sur les roses de ses lèvres, et les souvenirs poétiques de sa patrie ont fait tressaillir son jeune sein, ainsi qu'un jeune chêne aux forêts de Dodone frémit au souffle d'Appollon.

Ah! que ne pouvons-nous, ingénieux rhapsodes, recoudre les lambeaux de ses charmantes poésies! Du moins les divinations de la sympathie nous rendent le poète et son œuvre, et nous montrent quelle eût été sa gloire si la destinée lui eût accordé les jours de Pindare et d'Anacréon.

La Muse souriait à ses premiers balbutiements, la Muse antique à laquelle il rendait sa tunique blanche et qu'il dérobait aux prostitutions de nos jours. L'amour inspira ses plus doux chants, et Vénus et le chœur des Grâces semblaient redescendre de l'Olympe aux sons mesurés de cette lyre dérobée à leurs poètes chéris.

Mais le cœur de ce Grec voluptueux fut pris d'une ardente passion pour la liberté; après deux mille ans, semblable au génie de la Grèce qui sort de son tombeau, il retrouva les fiers accents de Thèbes et de Lacédémone, et abandonnant les roses de sa couche pour les luttes du Forum, il arma l'iambe colérique contre le crime, et combattit la tyrannie, de quelque nom qu'elle s'appelât.

Lorsqu'une jeune fille, amoureuse des meurtres sacrés des temps antiques, voulut délivrer sa patrie par le poignard, ses chants, inaccessibles à la crainte, n'applaudirent-ils pas à son dévoûment, et ne montèrent-ils pas au ciel avec l'âme de cette héroïque beauté?

Il est mort à la fleur de l'âge; mais qui pourrait verser des larmes sur son tombeau? il faudrait plutôt le couronner de guirlandes de fleurs : il a passé en aimant; il a aimé toutes les choses saintes et belles : la gloire, la patrie, l'art, la liberté et les femmes gracieuses qui lui rappelaient les nymphes de la Grèce.

Il a aimé jusqu'au dernier moment. Comme le dernier soupir d'une lyre harmonieuse, comme une fleur qui jette un dernier parfum avant de se flétrir, comme le cygne mourant d'une voix plus plaintive chante la volupté, il pleura dans ses vers les plus mélodieux le sort cruel de la jeune compagne de sa captivité.

Mourir si jeune encore, quand tout vous sourit, le ciel bleu, la terre verdoyante et les tendres amours; ah! du moins cette belle vierge ne périt pas avec lui, elle fut épargnée; sans doute des accents si purs touchèrent l'ange de la pitié.

Mais lui monta d'un front serein sur l'échafaud, semblable à ces victimes innocentes, dévouées aux dieux antiques, qui mouraient pour la patrie. Il jeta un dernier regard vers l'Orient, son berceau, et ensuite sur le soleil couchant qui, après un beau jour, expirait dans des teintes enflammées et sanglantes, touchant symbole de sa vie; et la lèvre souriante, agitée encore pour une dernière harmonie, il tomba pour la liberté, comme un amant pour sa maîtresse.

Ah! qui jamais nous rendra sa voix mélodieuse, les rêves charmants de cette fée orientale, qui assouplissait notre idiome rebelle aux molles cadences de ses chants? Quand la muse grecque reviendra-t-elle encore emprunter la lyre informe des Gaules, pour rendre l'ineffable musique de ses pensées?

Les trois Grâces.

Il y a trois grâces qui mènent l'homme par la main dans le sentier de la vie : la Foi, l'Espérance et la Charité.

La Foi, cette pudique compagne de son jeune âge innocent et docile encore au Seigneur qui vient de le créer, tient ses regards sans cesse élevés vers le ciel, et brûlant d'une douce lueur comme les lampes des vierges sages ; elle l'abandonne dès qu'il s'arrête aux roses du chemin et aux molles odeurs de la terre.

L'amour, non plus l'amour céleste, mais la sœur exilée de la foi, son ombre ici-bas, s'empare alors de lui. Ange déchu, rayon tombé du soleil éternel, mais lumière encore, elle éclaire de son charme toutes les créatures, la femme surtout, cet idéal du ciel, jusqu'à ce que l'homme, ayant dit adieu à toutes les illusions, ait compris que rien ne peut remplir le vide de son cœur.

Alors l'Espérance qui regrette ses deux sœurs, l'Espérance aux yeux bleus, vague, désolée et cherchant son Dieu sur la terre dépouillée, ou dans l'azur désert du ciel, l'anime encore de sa voix si suave, et il attend longtemps quelque chose qu'il sait bien pourtant ne devoir pas venir.

Mais il faut lui dire adieu aussi avec l'âge qui tombe ; la vie n'a plus alors pour l'homme de mystère ; elle est comme le cours du soleil, dont chaque mouvement revient au moment prévu ; elle roule dans le même cercle, calme, inflexible, inexorable. Alors l'homme sans foi, sans amour et sans espérance, n'a plus d'autre Dieu que le moi, et les plus sages sont ceux qui savent mourir.

Les Fils de la Vierge.

(BALLADE.)

Joyeux fils de la Vierge, qui nous venez du paradis, et voltigez dans l'azur des cieux, oh! dites-moi, qu'êtes-vous, fils légers si délicats et si charmants? Avec vous notre pensée flotte dans les airs, et s'attache capricieusement à la cime des grands arbres, aux haies en fleurs, et à toute la nature qui verdoie en cet automne gracieux.

Est-il vrai, ô fils d'argent! que vous êtes l'œuvre de la vierge Marie, et que du haut des sphères célestes elle vous laisse envoler de ses mains divines? Ah! vous avez quelque chose de trop aérien pour notre monde; sans doute vous nous venez des mondes supérieurs, ou bien vous êtes ce qu'il y a de plus subtil et de plus délicat sur la terre qui monte vers les cieux.

Oh! dites-moi, êtes-vous le doux lien qui retient les étoiles d'or dans le firmament, ou quelques flocons échappés des nuages d'argent dans le ciel bleu de l'été? Êtes-vous le voile des vierges devant l'éclat du Très-Haut, ou la neige épanouie et envolée du buisson en fleurs? Êtes-vous le duvet des cygnes qui nagent dans l'azur des cieux, ou le vêtement des lys éclos dans les champs du firmament?

A vous voir ainsi flotter amoureusement dans les airs, et vous jouer sur les rayons du soleil, on croirait qu'une âme secrète vous guide dans vos caprices charmants. Oh! demeurez longtemps, vous qui annoncez les plus beaux jours de l'année! Emportez avec vous, dans votre vol léger parmi les plaines de l'azur, nos pensées les plus délicates et nos rêves les plus amoureux.

Oui, vous êtes vraiment le liu candide de Marie, et vous entourez d'un réseau d'argent la vierge du vieil orme : voici décembre qui va venir, et, tissu merveilleux, vous êtes envoyé du ciel pour préserver dans son humble crèche, du froid de l'hiver, les membres rosés de l'enfant Jésus. Enfermez-le sous votre gaze divine, et qu'aux bras de sa mère il nous sourie toujours plein de joie et d'amour.

L'Amour.

O jeunes gens, livrez vos cœurs à l'amour ; il vous donnera plus de jouissances que tout l'or du monde. Tout l'or du monde est inutile à celui qui ne peut plus aimer.

Lorsque Dieu créa l'univers, les éléments ne formaient qu'un chaos monstrueux ; mais Dieu y ayant mis l'amour, tout se maria dans l'ordre et la beauté, et le créateur se dit à lui-même que les choses étaient bien.

Il est deux amours : l'un qui tombe et se flétrit avec le printemps et les fleurs de la terre, l'autre plus élevé qui éclot dans le ciel, et s'épanouit avec une grâce immortelle, semblable aux étoiles, ces fleurs du firmament ! O Seigneur, pardonne aux cœurs amoureux ; fais déchoir l'étoile du conquérant, mais garde en ton ciel les étoiles de l'amour.

Après l'amour, que reste-t-il du cœur de l'homme? un fantôme, une ombre. Tout son être n'at-il pas passé aux objets qu'il adorait, il n'est plus qu'un souvenir. Son cœur est semblable à la rose : au moment de se flétrir, elle s'est évanouie tout entière dans les parfums qu'ont emporté les zéphirs, et dans les tendres couleurs qu'ont admirées de beaux yeux ; la rose est envolée au ciel. Ainsi le cœur de l'homme est comme une lampe où brûle la flamme de l'amour ; quand la flamme s'éteint, le cœur est vide ; il n'en reste plus qu'un souvenir insaisissable : ô souvenir, inutile et charmant souvenir !

Mais n'est-ce pas insensé d'aimer ? celui qui aime veut compléter son être, il veut s'unir à une autre moitié de lui-même ; comme il se donne à elle, il veut la posséder intimement ; mais, hélas ! ou il trouve une moitié rebelle, ou s'il trouve selon son cœur, il souffre encore d'une union précaire et imparfaite qui ne peut satisfaire son désir. Ainsi il a donné son être, et il n'a rien reçu en échange ; il croyait doubler sa vie, et il n'a fait que l'aliéner tout entière : l'amour est un contrat frauduleux où l'on peut se dépouiller, mais où l'on ne peut acquérir ; le cœur s'y perd et ne s'y retrouve plus. Peut-il posséder l'âme comme il possède le corps, cette âme insaisissable qu'il voudrait ravir, et qui fuit sous ses embrassements. L'homme désire sur la terre tout ce qui lui manque, ce qui diffère de lui ; mais dans un seul objet peut-il retrouver toute la création ? non, le but de ses désirs est épars dans l'infini, et voilà pourquoi il est toujours las et toujours amoureux ; toujours le désir insatiable de l'idéal vient découronner ses illusions. Que ne peut-il se satisfaire en aimant la belle nature, l'art et toutes ces choses dont il est le maître, qu'il possède sans en être possédé ; il peut s'assimiler la matière docile, mais il s'attaque à l'âme indivisible qui lui résiste, l'insensé qu'il est ! mais qui t'évitera, ô amour ?

L'amour, ce pur enfant de l'immortalité, était le génie qui devait faire fleurir à tout jamais le paradis terrestre ; mais à cause de nos crimes il fut blessé comme l'homme par la flèche de la mort; la vile sensualité a abaissé son vol, il n'a qu'une vie incomplète et d'exilé ici-bas, jusqu'à ce que, aussi beau et aussi pur que l'âme délivrée du corps, il rejette cette enveloppe grossière qui le déforme, pour ressusciter avec toute sa gloire dans le firmament.

Amour, toi seul es quelque chose, toi seul as quelque vie en ce monde; et quand tu n'es plus, que reste-t-il à l'homme? rien : l'égoïsme, le contraire de l'amour; l'orgueil, moins que rien.

Ah! qui pourrait se passer même des maux que tu nous causes! l'amour est doux jusqu'en sa colère; ses épines ont leur charme et leur caresse : combien de cœurs vivent de leur douleur, et sentent qu'ils mourraient sans elle, comme le blessé quand on retire le fer de sa blessure!

Qui plus que la beauté est digne de fixer le cœur de l'homme? demandez à ceux qui ont vécu : les richesses sont moins que la science et les arts, les arts sont moins que la nature avec sa grâce éternelle, la nature ne vaut pas l'amitié; l'ami est moins que la femme, mais la femme est plus que Dieu.

Qui dans les jours de sa jeunesse, n'a pas rêvé au milieu d'une vallée riante une petite maison solitaire et champêtre, avec des volets verts, près d'une onde pure et de frais ombrages, où son existence s'écoulerait jusqu'au tombeau dans un heureux oubli, avec l'objet de son affection? Que peut-on désirer de plus? Ah! l'amour est tout, c'est la vie et la mort; c'est la vie dans sa plénitude, nous aspirons alors toute la création; c'est la mort aussi, la mort douce et sereine; notre âme semble déjà se séparer de notre corps, et chercher un autre séjour; c'est la transition vers

le but suprême, c'est le premier pas vers cette
sainte union, où, entraînés par ce mouvement
passionné qui commande à tout l'univers, nous
rentrerons dans le sein immense et bien-aimé de
la nature; l'amour et la mort sont tous deux fé-
conds, tous deux ils enfantent la vie.

Non, Dieu n'avait pas besoin de créer un enfer,
il n'avait qu'à priver les damnés de l'amour : sans
l'amour le ciel est un enfer, avec lui l'enfer lui-
même devient un paradis.

Aimons donc, bien que le temps passe si rapidement et que rien ne soit stable ici-bas, aimons;
les joies de notre jeunesse resteront dans notre
mémoire, comme un portrait appâli, comme une
odeur fugitive qu'on croit encore respirer. Si les
roses doivent mourir, qu'elles meurent au moins
dans l'ivresse des festins et sous les baisers de la
tendresse. Qui peut se vanter de posséder le présent, tout le bonheur de l'homme est dans le mirage fantastique de l'espérance et dans le doux
parfum du souvenir : espérons et souvenons-
nous. Le souvenir est aussi souriant que l'espérance; c'est le frère plus jeune qui répète les
chants mélodieux et affaiblis de sa sœur. Il dis-
pose aussi de la ceinture de Vénus : les ris, les
jeux, les grâces aimables et les tendres émotions
l'accompagnent; le souvenir a les mêmes traits
que l'espérance; s'il est moins vif, il est plus tendre; il lui ressemble comme une larme est la sœur
d'un sourire. O fantômes des jeunes années, ombres charmantes, plus belles à mesure que vous
vous éloignez, c'est vous qui peuplez le foyer solitaire du vieillard; vous êtes sa dernière muse,
vous animez encore son regard éteint; ô doux
fantômes, ne disparaissez pas encore!

Aimons, nous passons si vite; c'est l'amour qui

mesure la vie : tout le reste est vanité ; le temps n'est fait que pour aimer, et l'éternité n'est qu'un amour éternel.

Raphaël.

O Raphaël, une gloire ineffable te suivra dans tous les âges, et ton nom seul suffit à faire épanouir un sourire céleste sur les lèvres aimantes.

Ta grâce insigne a sauvé le monde : l'horreur du Calvaire régnait encore, et la terre n'avait pas revu la lumière joyeuse depuis cette heure funeste ; la mère des sept douleurs pleurait toujours, tenant son fils ensanglanté entre ses bras ; mais toi, tu as essuyé ses larmes, enfant de Phidias, tu as remis la sérénité sur le front de l'antique Isis plongée dans l'affliction. Grand novateur, tu as fondu l'austérité chrétienne et la volupté païenne ; et finissant le deuil éternel de la croix, le premier tu as eu la foi, tu as cru au bonheur ici-bas, tu as donné l'enjouement au fils et la sérénité à la mère, et tu nous as octroyé le sourire du ciel.

Tu as corrigé l'œuvre de Dieu, et fait remonter le cours des temps : elle qui usait ses yeux dans les pleurs, la madone brille maintenant dans sa fleur ; elle rajeunit tous les jours, et elle sourit avec une grâce païenne à la terre ; venant du firmament, d'aussi doux regards suffiraient à en faire un paradis.

Raphaël, ton nom suave est le synonyme de l'amour ; le plus pur des enfants des hommes, le plus jeune et le plus radieux, tu nous apparais avec une virginité et une beauté éternelle, heureux ceux à qui tu as passé la coupe de l'ambroisie céleste, et qui ont bu l'idéal dans tes divins contours! semblable au doux ange Raphaël, tu mènes par des chemins fleuris le poète aux saintes fiançailles, et tu ouvres les yeux à la beauté de Dieu.

Ta beauté n'est pas une grâce oisive, elle est grande et divine; elle est formée et appuyée sur la force : ainsi éclate le regard fier d'Appollon, et son corps est celui d'un Dieu puissant et invincible. Semblable au sublime archange, tu sembles descendu des cieux pour faire rentrer dans l'abîme le monstre impur du laid. Un Dieu cruel a séparé les deux moitiés du genre humain, mais par toi elles sont réunies dans un hymen inaltérable : l'homme et la femme se complètent, la grâce et la force ne sont plus qu'un.

Comme des sœurs qui se ressemblent, tes divines madones ont peuplé le monde et régné sur tous les peuples et sur tous les cœurs. Comme Pétrarque resta fidèle à une seule beauté, ainsi après avoir cherché le divin type, l'ayant trouvé, tu le reproduisis toujours; tu te reposas dans ton suave amour. Le laid seul diffère, le beau a toujours quelque chose de semblable à lui-même; qui pourrait se lasser à voir le bleu du ciel? Et la terre si variée en ses formes fatigue nos regards cependant. Il n'y a qu'un Océan, il n'y a qu'un Dieu et une Vierge; qui en trouvera une autre?

O divin Raphaël, que tu es loin de nous! tu ne nous sembles qu'un symbole perdu; à peine quelques âmes comprennent encore ta mélodie. Où es-tu? les Dieux eux-mêmes s'en vont; mais tes douces images restent encore dans les cœurs, plus immortelles que les Dieux. Le monde des idées lui-même s'évanouit; mais les contours suaves vivent comme une harmonie et un parfum; ah! reviens redonner la beauté à la terre, le laid nous envahit, mais le paradis peut renaître d'un seul regard de tes vierges.

Le Soleil couchant.

O soleil couchant, que je t'adore, que j'aime à rêver en te contemplant! nuages du couchant, ne défaites pas encore vos gracieuses fantaisies, que j'aie le temps d'y rêver une éternité de bonheur; le rêve ne vaut-il pas mieux que la vie, et tous les jours le ciel ne nous est-il pas ouvert pour tous les caprices de notre imagination? voilà le vrai ciel, toujours changeant, toujours aimable et toujours fugitif.

O clarté décroissante et douce, léger crépuscule, je me plonge en toi, comme une âme affligée dans le fleuve de l'oubli; peu à peu tes ombres caressent mes yeux fatigués, ma douleur s'y perd, et je sens sur mon front rafraîchi le baiser de paix et d'amour de la nuit.

Oh! que le soleil est beau dans son agonie, comme il s'évanouit en des teintes de pourpre! il semble verser son sang généreux, et palpiter dans sa mort, pareil aux yeux d'un mourant qui s'animent d'un singulier et vif éclat. Il est semblable aux monarques d'Orient, qui se brûlaient sur un bûcher splendide, avec leur sérail, leurs chars de triomphe, leurs trésors et leurs magnifiques palais; oh! le superbe incendie! est-ce une mort ou une fête?

Et la nuit, comme la pâle mélancolie d'Albert Durer, s'avance lentement, belle, mystérieuse, un sourire fatal sur les lèvres, aux pas d'un sombre coursier, dans les plaines étranges et désertes.

Viens, ô ma douce amie, voir le soleil couchant dans toute sa gloire charmante! Ne pleure pas;

sa mort est encore un triomphe, et son couchant a beaucoup des grâces de l'aurore. Adieu soleil, jour aimable, adieu. Encore un d'écoulé! qu'est-ce que la vie? un jour et un jour.

Rome.

C'est ici qu'il faut se donner le spectacle du néant et apprendre à mourir; mon cœur, taisez vos plaintes inutiles, puisque ce monde éteint ne murmure même pas.

Tout est grand au milieu de ces ruines, la mort elle-même y semble plus grande; mais si redoutable qu'elle soit, la pâle mort, elle a brisé son aile, ô Rome, contre tes murs de granit!

Babylone et Ninive, Memphis et Thèbes sont à jamais couchées dans la tombe, et le pâtre sait à peine distinguer les champs où elles furent; toi seule, ô Rome, tu restes debout, semblable à un guerrier mutilé qui ne peut pas tomber.

Tu es une vivante leçon pour les vanités de l'univers, nos gloires les plus hautes sont forcées de courber le front devant le souvenir de Rome et de César. Le grand nom de César plane dans ces lieux, comme s'il était encore le maître de la ville éternelle. César est l'âme de Rome, et il vit encore, immortel comme elle.

O César, aucune gloire n'a égalé la tienne! et tu étais si bien né pour commander, que ton nom est resté le synonyme de la puissance.

O César, le monde entier te réclame! le peuple comme son chef, l'aristocratie comme son illustration, l'Italie comme son vainqueur, la Grèce savante comme un des siens; l'Orient, car tu fus grand dans l'art d'aimer, et tu formas dans tes savants embrassements la divine Cléopâtre, ce

César de la volupté qui mit à ses pieds les maîtres du monde.

Et la Gaule aussi te réclame; tu as réuni dans une même défaite ses nations éparses; c'est votre plus grand honneur à tous deux, à toi de l'avoir vaincue, à elle de n'avoir été vaincue que par toi. C'est depuis que tu y as formé tes camps et pratiqué tes routes, depuis que tu l'as labourée du tranchant de ton épée, qu'elle a germé une moisson de gloire et de triomphes : salut, ô César, premier roi de la Gaule.

O César, ce n'est pas ta force que j'admire, mais plutôt tes faiblesses d'homme qui rabaissent ta divinité jusqu'à nous. L'univers entier t'a adoré, parce que dans tes vices et dans tes vertus, il s'est reconnu lui-même, le peuple fait roi. Ton histoire est pleine d'un charme irrésistible, ta vie est celle de l'humanité : fils des dieux, comme un simple mortel, tu reconquiers les hauteurs de l'Olympe; c'est par toi que l'on apprend comment l'homme devient dieu. J'aime à voir ta jeune audace, j'aime à suivre tes premiers pas, quand tu ne crains pas d'être le débiteur de Rome entière, sachant bien que tu pourrais lui donner la terre pour ta rançon, ne doutant jamais de ta fortune, et l'imposant comme une foi aux autres.

Tu as rendu à l'univers plus que tu n'en avais reçu; tu n'en avais reçu que l'empire, et tu lui as laissé le monde moderne avec tous ses progrès. Guerrier invincible, tu as fait la paix universelle, tu as mis le calme dans tous les éléments, tu t'es même réconcilié avec la liberté; il n'a pas fallu moins que ta mort, tu es sa plus illustre victime et sa plus grande gloire.

O César, tu ne fus pas enivré, comme le jeune Alexandre, de la conquête de l'univers; j'aime à te voir sur le trône suprême, en proie à une vague mélancolie, ennuyé de la gloire et du monde, comme un Dieu qui n'est pas fait pour régner sur de simples mortels.

O doux maître, répudiant la cruauté antique, tu aimas mieux périr que d'être moins clément, toi qui avais sauvé le monde, il ne te restait plus qu'à mourir pour lui. Tu tombas, croyant à l'amitié, cette étoile consolante de la terre; ta mort fut un acte de foi à son autel. Un Dieu aussi en fut la victime; il est permis à un Dieu de n'y pas croire, un Dieu n'a pas d'amis. Hélas! tu voulais être un homme, tu voulais être aimé! O César très clément, tu as pardonné à tous tes ennemis et même à tes meurtriers; ton ombre n'est pas maintenant hostile à la leur; mais associés à ton nom, et couverts de ton manteau de roi, tu les as emportés dans le ciel de ta gloire.

Oh! qu'avec raison Brutus et Cassius sont assimilés au traître Judas, dans le sombre poëme du Dante; mais, plus doux que le Christ, tu leur as tout pardonné, et ton pâle visage sourit encore à ton fils si cruel.

Ah! si c'est la gloire qu'ils cherchèrent, ils l'ont trouvée; ils partageront ton immortalité: Érostrate osa brûler le temple sacré, mais eux ils ont immolé la divinité elle-même.

O César, que j'aime à te voir, toi si simple dans ta vie, te draper en face du trépas! faisons de même, et sachons mourir. Ce fut un spectacle sublime lorsque, sous les poignards des sénateurs, on te vit chercher une pose décente, beau comme une statue déjà froide, et plus grand encore dans la mort que dans la vie; immobile devant l'avenir, et te sentant devenir dieu.

Tes meurtriers ont pu massacrer ton corps,

mais ton esprit est resté le roi de Rome; ton cadavre a suffi pour vaincre et anéantir tes ennemis; il a donné l'empire à ta famille, aux douze grands Césars de la race divine, qui ont pu tout oser, protégés par le prestige de ton nom, et traiter le monde comme un vil esclave.

O vous tous, grands conquérants, il vous a fallu mourir pour devenir des dieux! C'est quand tu mourus, ô César, que le monde comprit quelle perte il faisait, et que la terre et le marbre insensible lui-même versèrent des larmes. Tu aimais les faibles, tu fus clément jusqu'à la mort, tu égalisais les vainqueurs et les vaincus; comme un Dieu tu nivelais la terre. Tu compris tous les peuples, et tu donnas Rome à l'univers, après avoir donné l'univers à Rome. Ton amour universel s'étendait sur toute la nature, et tu portais l'humanité dans ton cœur. Tu aimais le mal comme le bien, tu savais contenir tous les vices comme toutes les vertus; ô César, dans ta grande âme plus grande que celle de Dieu, il y avait place pour toute la création!

C'est toi qui fus vraiment le sauveur du monde; tu fus doux et clément sur le trône : le Christ n'a été qu'une pâle copie de toi, un César crucifié. Avant lui, par la fusion des peuples, tu avais fait du monde une nation de frères; avant lui, tu avais détruit l'esclavage et prêché de ton trône de conquérant la paix universelle, ô sublime conciliateur! avant lui, tu étais mort pour le peuple, percé d'une main ingrate, et pardonnant à tes meurtriers.

Ah! lorsque tomba ce Christ couronné, l'alliance entre les temps antiques et les siècles nouveaux fut à jamais rompue; le monde, sans guide, flotta au hasard du destin, et le fils de Dieu lui-même n'a pu le sauver ; César lui seul pouvait donner la paix à la terre.

O Rome, veuve de César, tu restes plongée dans un deuil éternel, et tu attends toujours ton époux, car aucun de tes prétendants n'a pu soulever sa royale épée. Toutes les nations t'ont envahie, le monde entier a passé à travers ta couche ; mais rien n'a pu satisfaire tes désirs ; tous ont succombé, et tu es restée fidèle à ton grand empereur, ô Rome, veuve de César !

O Rome, tu as été comme le temple de l'univers ! les adorations des hommes s'adressaient à ton Capitole : synthèse universelle du monde, tu étais le cœur de tous les peuples, et, restée seule au milieu de la ruine de tous les empires, tu suffisais à porter le ciel. O plein ceintre romain, je t'adore toujours ! que d'autres vantent la frêle ogive qui se perd dans les nues ; ô plein ceintre, tu me représentes Rome dans sa force, soutenant le monde avec ses épaules d'Athlas, calme et éternelle, à la fois la terre et le ciel, le dôme splendide où tout vient aboutir, et qui rayonne sur tout l'univers.

Que tu fus grande dans tes conquêtes et tes guerres éternelles, et comme une fois reine on te reconnut faite pour commander. Tu as épuisé les caprices de la puissance et les ressources de l'orgueil, tu as fait périr le monde au service de tes passions, comme un maître fantasque et cruel fait d'un misérable esclave : ô Rome, tu as été aussi étonnante dans tes vices que dans tes vertus ; tu es montée aussi au capitole du crime. Parvenue à l'orgueil du triomphe, tu es tombée comme un homme ivre, dans une fête perpétuelle, à la lueur des terribles incendies des Nérons, et au bruit des inconcevables orgies des Héliogobales, et le monde t'admirait aussi prodigieuse dans les excès que dans la fortune.

Oui, après les Césars de la bravoure, tu as eu les Césars de la luxure, plus incroyables encore; leur cœur, plus vaste que leur empire, était insatiable de voluptés; siècle étrange, décadence plus grande encore que la gloire! Toutes les nations se sont fondues l'une après l'autre dans Rome, le sérail gigantesque des empereurs. Alors la Vénus lascive de l'Orient semblait avoir épousé Mars, la farouche divinité des Quirites, et la volupté sanglante agitait la torche des incendies, du haut du Capitole.

Alors la fatalité implacable régnait; il n'y avait plus que deux peuples dans l'univers, les maîtres et les esclaves; il n'y avait plus que deux religions, celle des vainqueurs et celle des vaincus: l'épicuréisme qui chancelait, ivre et épuisé, la tête couronnée de fleurs; et le stoïcisme, qui se faisait ouvrir les veines en lisant Caton, le stoïcisme, tout ce qui restait de l'antique Rome, la mort.

Tu tombas ainsi, reine de la débauche, dominant encore les peuples dans tes bacchanales éternelles, et les éblouissant par l'énergie de tes passions, comme autrefois par la force de tes armes. O murs éternels, vous n'avez succombé qu'après avoir dévoré tous les peuples. Solitaire au milieu du désert que tu avais fait, comme une forteresse sans défenseurs, tu te défendis encore longtemps avec la seule terreur de ton nom, ô Rome, et dans ta fin sublime, tu sus conquérir jusqu'à un Dieu, le ciel après la terre.

Ainsi que César se drapa dans son manteau, plein de grâce et de noblesse, et frappé par son propre fils, mourut laissant tous ses biens au peuple, ainsi Rome païenne, la reine du monde, se voila la face sans faiblesse, percée au cœur par les nations ses filles, et laissant au monde l'héritage de sa gloire et de sa grandeur. Son seul souvenir n'a-t-il pas suffi à relever la terre de ses ruines, et son cadavre, comme celui de César, n'a-t-il pas seul gagné la victoire, et délivré l'univers esclave?

O monuments immortels, qui ne devient meilleur en vous contemplant! l'âme semble grandir au souffle inspirateur des libertés romaines, et le cœur prendre de votre force et de votre durée. Oh! si le monde manquait d'hommes libres, ces pierres elles-mêmes ne deviendraient-elles pas des hommes? Horizon mélancolique de la campagne de Rome, que je me suis assis souvent au milieu de vos vastes solitudes! je croyais voir planer sur vous les grandes ombres de César et de Brutus, réconciliées par la mort, la puissance amie de la liberté. O ville des tombeaux, tout a passé, la gloire, la pourpre des consuls, les jeux, les triomphes et la renommée du Capitole! Il ne reste plus rien ici que les collines où Rome fut assise, et la vertu seule immortelle, la vertu austère de Caton, que l'on croit encore respirer avec l'air des rives du Tibre!

O cité sainte, ceux qu'il faut bien appeler du nom d'hommes vivent sur tes cendres, comme des hordes de pillards occupant un camp abandonné par de nobles guerriers. Des valets se sont revêtus de ta pourpre et se sont parés de ton nom. O murs immortels, ô ville de granit, vous aviez été bâtie pour l'éternité! Depuis quinze cents ans, les immondes corbeaux qui s'acharnent sur Rome et la rongent jusqu'à la moelle n'ont pu encore dévorer le cadavre géant de la cité éternelle.

Mais tes morts, ô Italie, les Scipion et les Fabius, ne veulent pas céder leur terre; leurs tombeaux te défendent encore, et ces éternels vainqueurs gardent la ville éternelle. Les misérables populations qui s'y pressent ne sont que des gardiennes de cimetières. Rien ne peut plus vivre dans ces murs sacrés, et quand le curieux visite Rome, il s'étonne d'y trouver les morts vivants et les vivants morts; oui, les barbares qui y promènent leur honte sont moins vivants que les sénateurs et les chevaliers de l'antique cité des Quirites. Les morts seuls règnent ici; la vraie ville, les catacombes, ces cariatides de Rome moderne, la portent sur leurs épaules; la mort soutient la vie, comme une mère puissante un faible enfant dans ses bras. Il y a plusieurs étages souterrains de ruines, et chaque jour le flot de terre s'élève, la mort monte comme un océan invincible, pour submerger les misérables qui s'agitent dans les galetas de l'ancienne Rome; encore un instant, elle vous engloutira tout vivants, sacriléges habitants de la ville éternelle, qui posez un pied mal assuré sur cette terre désolée, et vos ruines ne laisseront pas même une trace dans ces grandes ruines. Fiers de leur gloire immortelle, les morts, quoique vaincus, semblent mépriser leurs barbares vainqueurs.

O vieille religion, tu peux te préparer à mourir! toi dont la mort est le seul culte, tu as bien choisi ta capitale. Tu sens déja ta fin, et tu cherches à te draper de ton manteau devant le paganisme détruit, comme César devant la statue de Pompée.

O ville éternelle, fille des dieux, tu as survécu aux Dieux eux-mêmes! tu sembles n'être qu'une hôtellerie de dieux : les dieux passent, et tu restes. O Capitole, le nom seul de César est demeuré sur tes hauteurs ! le Christ lui-même se voit forcé d'abandonner le trône du monde.

La mort a répandu un deuil plein de tristesse autour de Rome ; ne pouvant s'en emparer d'assaut, elle semble faire le siège de la ville éternelle ; Rome apparaît comme la tente de l'éternité au milieu du désert de la mort. Le monde et les peuples qui passent espèrent dans elle pour croire à l'éternité de la terre. Les empires, les nations, les conquérants, tout disparaît ; mais Rome semble avoir une durée éternelle.

O Rome, comment les peuples, qui rayonnent vers toi comme vers un centre, apprendront-ils d'autre chemin que le Capitole ? d'où pourrait leur venir un autre Dieu ? L'âme encore redevient religieuse dans tes murs ; comme autrefois à Jupiter dans le Capitole, dans Saint-Pierre le cœur croit à Dieu. Ce temple lui seul, comme sa demeure, peut nous en donner une image invisible ; seul il peut agrandir la pensée de l'homme sur la divinité.

O Italie, terre de la grâce et de la force, amante toujours jeune, les plus cruels barbares sont devenus doux entre tes bras, et leur langue sauvage s'est changée en l'idiôme de l'amour. Mais, ô Italie, dois-tu rester stérile sous les embrassements de ces peuples dégénérés ? La vieille Cybèle toujours rayonnante, cette mère si féconde, ne peut-elle plus concevoir ? Vois les jeunes peuples qui se pressent à tes portes, satisfais à leurs longs désirs, car ils t'aiment depuis bien des siècles ! Italie au sourire magique, belle et lascive esclave aux fiers emportements, rejette une race abâtardie dans tes caresses, et prépare ton lit à de plus rudes amants.

Toujours les peuples ont aspiré vers toi. Tu es la vie, le bonheur et le repos : tous sont revenus à ta grâce et à ton sourire. Terre vraiment forte, tu surpasses toutes les autres : tu n'as jamais douté, du moins de la volupté ; épanouie comme une rose odorante, tu t'offres, blonde Anadyomène, aux caresses du firmament. Terre remplie de délices, tu n'es pas morte et refroidie comme nos tristes climats. Ton sein réchauffe encore tes enfants, comme un soleil qui n'est pas éteint, et mère nourricière, tu leur prodigues une mamelle féconde.

Contrée au ciel serein, aux horizons précis, amante de la forme, patrie du plaisir, que peuvent contre toi les fers de Mars ? Ils se desserrent d'eux-mêmes en enveloppant tes beaux bras et tes pieds charmants, et tu donnes à tes vainqueurs les chaines de l'amour, des chaines de roses ; tu les emprisonnes dans tes embrassements. Toujours belle, aimable captive, comme une sultane amoureuse, tu règnes encore sur tes maitres, et tu ne veux d'autre empire que celui du plaisir.

O Italie, tu sembles heureuse de t'asseoir avant le reste du monde ; désabusée de la gloire et de la force, tu ne cherches plus que le bonheur, et l'art moins trompeur que la vérité, rêvée par tant d'autres en vain ; tu as le visage calme et serein d'un Dieu plein d'une jeunesse éternelle ; oh ! combien j'aspire à cette quiétude délivrée de tout effort !

Mais pourquoi t'endormir avant la nuit, ô molle Italie ? As-tu rempli ton labeur ? Les hommes qui sont faits pour gouverner doivent-ils rester esclaves ? Ne te berces pas dans ta gloire évanouie, que le pâle visage de ton Janus ne se tourne pas seulement vers le passé, n'a-t-il pas aussi une face pour regarder l'avenir ? Terre de l'action, quand le reste du monde parle, agis; le vieux Saturne ce dieu cruel dévore encore ses enfants, n'est-il pas temps de le détrôner enfin? O louve romaine, louve d'airain, nourris encore de ton lait martial les rudes fils des Quirites, que l'Italie se lève comme un seul homme et l'empire est à elle : O terre fertile en héros souviens-toi de César et de Spartacus.

Les regards du monde sont tournés vers le capitole, comme vers sa seule espérance; molle Venise, cieux bleus, mer limpide, couvez-vous la tempête? Un monde et un Dieu se meurent. O Italie, patrie adoptive des dieux qui les a tous adorés, pauvre Italie que vas-tu faire sans autels? Dois-tu mourir aussi? Mais non, de ton sein fertile il naîtra d'autres dieux; tu es la vierge toujours féconde.

Oui, Rome, si morte que tu sois, c'est en toi que le monde espère pour la guider dans le chemin de l'avenir, et comme pour le Christ, elle attend avec foi ta résurrection.

A une jeune beauté.

La voilà, c'est bien elle à la figure douce et harmonieuse; elle que j'ai rêvée dans les songes d'amour de ma jeunesse, la beauté pâle et ardente au regard qui conquiert les cœurs; guirlande fleurie, frais et riant printemps, encens pur qui s'échappe d'un vase d'or; avec ses noirs cheveux, ses yeux plus noirs encore, et son front calme et blanc comme un beau marbre.

Idole de mon cœur, laisse-moi t'adorer; la pensée de l'amour peut-elle ternir ta divine pureté? Peux-tu t'offenser d'un désir et d'un baiser que l'on t'envoie? Ce n'est qu'un de plus; la brise du soir apporte mille baisers dans les flots de ta brune chevelure. Qui ne soupirerait à ta vue. Dieu t'a taillée en son marbre le plus pur, lui-même il a pris soin de former ces veines délicates, ce front gracieux et cette bouche de roses, il a jeté une lumière chaude et fine sur ton albâtre frémissant.

Hélas! pourquoi les âmes ne peuvent-elles s'unir et sortir de leur enveloppe grossière? Libres et dégagées de tout lien terrestre, qui pourrait les tenir éloignées de l'objet de leurs désirs? O amour, fleur du paradis, n'es-tu fait que pour la douleur de la terre comme la vue d'un ciel insaisissable?

Ah! du moins ce doux visage restera fixé en mon cœur, rien ne pourra l'en arracher. Délices de mon âme, idole sainte, n'est-ce pas aussi une jouissance que de t'adorer? ton souvenir me préservera des viles passions. Je voudrais avoir pour toi l'or pur, les diamants, les fleurs et les couronnas, et pour toi un empire; je voudrais t'offrir la terre et le ciel; ah! le ciel c'est toi-même.

Sage, belle et modeste, aimant les beaux-arts, le cœur ouvert à tous les nobles sentiments, heureux celui qui t'appellera du nom d'épouse; heureux encore celui qui a pu te voir un moment, car ta vue suffit pour rendre l'âme meilleure. O madame, je serais heureux de garder votre souvenir, il suffit pour consoler ma douleur; vous aussi, pensez qu'il y a un cœur de plus qui vous aime, un cœur car mes lèvres resteront froides et respectueuses; ne repoussez pas ce timide amour: vous que les dieux ont faite pour les regards et les désirs des hommes, oh! laissez-vous aimer.

Le monument de Karnac.

Un spectacle étrange se présente aux regards dans les sombres plaines de la Bretagne: on aper-

çoit, rangés symétriquement et formant un triangle, d'énormes blocs de pierre qui laissent le
spectateur indécis de leur origine. La nature par
un jeu bizarre, s'est-elle plue à mettre de l'ordre
dans cette monstrueuse armée qui semble sortir
de son sein, ou bien quels Titans gigantesques
ont pu disposer à leur gré ces massives pyramides ?

Enfants chétifs et dégénérés des vieilles Gaules,
admirons en silence ces monuments de nos pères.
Les vieux Celtes ont voulu laisser un souvenir
d'eux-mêmes : chaque pierre que tu vois, ô passant, te représente un de leurs guerriers ; les
voilà ces hommes plus durs que les rochers de
leurs rivages, rangés encore en bataille, formant
leur triangle invincible. Ils semblent défier le
temps comme ils défiaient la mort, et dans leurs
symboliques tombeaux ils paraissent encore debout, fermes et inattaquables, comme pour apprendre à l'univers que rien n'a pu abaisser le
granit de leurs fronts.

Le Temps.

Qui me dira ce qu'est le temps ? qui jamais
saisira ce Protée qui fuit sans cesse, doux, triste,
aimable, trop rapide ou trop lent ? Avez-vous
écouté pendant les longues heures de la nuit le
mouvement du pendule ? Les anciens ne l'ont
point connu, nous avons noté la marche du
temps, musique monotone et désolante ; n'est-ce
pas l'hymne de la mort ? chaque tintement marque la fin de plusieurs vies.

Ah ! jamais mon âme n'a pu s'harmoniser à ce
mouvement terrible et lent. Qui jamais a suivi son
pas toujours égal, le pas de la mort qui s'approche ? on est toujours en avance ou en retard,

l'âme humaine n'a pu encore se régler sur l'âme inflexible de ce dominateur du monde. O mort viens plus vite, hâte-toi, s'il le faut, mais ne garde pas toujours ce pas uniforme; il y a une vîtesse effroyable dans ta lenteur terrible et un calme désolant dans ta monotone rapidité; tout l'effort de l'homme c'est de s'étourdir pour oublier cette triste et grande vérité.

Le temps est comme l'aiguille du cadran, on ne le voit pas marcher, et puis on est effrayé du chemin qu'il a fait dans son immobilité prétendue : Oh! qu'il est agile, comme il court durant notre sommeil; l'homme en l'embrassant se pait d'illusion comme l'aveugle Ixion étreignant une nue. Ah! je frémis et crois voir déjà l'ombre qui nous cache tant de mystères se dissiper, et l'ange de la mort s'écrier à la grande clarté des cieux : Voici l'éternité.

O temps, quel insensé peut se confier en toi; nous marchons dans ton orbite mais enchaînés à ta course sans que tu le sois à nous. Dieu dira un jour qu'il ne te connait pas, il te rejettera comme l'illusion, et nous, à chaque instant, hélas! nous devenons aussi clairvoyants que Dieu : nous méprisons les minutes comme lui les myriades d'années.

O temps, il n'y a que le néant et toi qui alliez toujours ainsi du même pas. Plus l'être est grand, plus il se détache de toi, Sisyphe roulant ton continuel rocher dans un cercle inflexible. Tu sembles condamné à un labeur inutile, juif errant toujours en route qui n'arrives jamais à l'éternité. L'homme lui-même dédaigne la gloire fausse que tu lui promets; en vain tu étends sur nos têtes ton manteau diapré de mille couleurs pour nous cacher le soleil véritable, fantôme trompeur, toi et le néant, tristes jumeaux, vous périrez ensemble comme un vain mirage qui s'évanouit devant l'éternelle lumière.

Ballade à la Lune.

Qui dira tes chagrins, ô lune mélancolique, lorsque t'égarant seule dans les déserts du ciel, ton front de marbre, chaste et serein, semble laisser tomber sur nous un regard soucieux ? Tu sembles compàtir aux souffrances des pauvres mortels, ô toi à qui nous racontons nos malheurs, ne nous laisseras-tu pas deviner les tiens? mais non tu as la chasteté de la misère, et toujours silencieuse tu souris doucement dans les larmes.

L'homme devrait se consoler au spectacle de ta longue douleur, et de la sainte résignation qui respire dans ton regard humide. Mais dis-moi d'où viennent tes peines? Le mal existe-t-il donc ailleurs que sur la terre ? Les astres eux-mêmes semblent pourtant te regarder avec envie, quand tu parcours légèrement les plaines éthérées, les regards des hommes admirent ta lumière charmante : tu mènes à ton gré le chœur des jours et des nuits.

Magique bergère des cieux, tu conduis le troupeau révolté des ondes qui obéissent à ta voix ; en vain l'Océan hurle comme un lion terrible et veut briser sa chaîne, la parole est inutile, tu n'as besoin que d'un clin-d'œil pour qu'il se couche en rugissant devant toi. Toute la nature semble te chanter un hymne nocturne, et se recueillir pour t'adorer en silence ; les plus belles étoiles forment ton humble cortége, tour invincible des esprits, clé d'or du firmament, rose mystique de la nuit.

Mais aimable reine des beaux soirs, douce et sereine beauté, toujours une ombre de tristesse voile ton front et attendrit tes regards ; qu'as-tu à désirer ou à pleurer, blonde fille du firmament? Comme une veuve toujours couverte d'un voile de deuil, tu parles le soir, mais si bas qu'on ne peut entendre ta plainte. Tu sembles recueillir les soupirs de la terre et taire toi-même ta douleur, semblable à une jeune sœur qui cache ses propres peines lorsque son aînée lui raconte ses souffrances.

Reine de la prière et du mystère, ta douce lueur ressemble à la clarté d'une lampe solitaire et pure qui brûle dans les cieux, et tes yeux quoique baignés de larmes ne tombent jamais sur notre pauvre terre, que remplis d'une amoureuse pitié, ils semblent se souvenir du firmament et nous conseiller l'espérance. Les regards des anges et des hommes admirent ta pâle beauté : tu es pareille à une vierge malade qu'une longue douleur a rendue plus touchante, et dont le visage frêle et toujours jeune n'acquiert que plus de charme dans la souffrance.

Astre aimable des nuits, je t'ai toujours adoré, et bien souvent j'ai cherché à deviner le triste secret que semblent murmurer tes lèvres décolorées. N'es-tu plus la puissante déesse qu'adoraient les payens? Ah! si les prières des pauvres mortels peuvent te consoler, daigne recevoir l'encens d'un cœur pieux.

Es-tu toujours celle qu'adoraient les peuples de la Grèce? Aimes-tu encore ce que tu aimais autrefois? O chaste Diane, emporte-moi dans tes chasses merveilleuses et lointaines. La douce rosée du matin semble le parfum de tes larmes, quand tu dors amoureusement sur les bruyères. Rends-moi les grands bois sombres, les vastes landes et le bord des fontaines solitaires.

Sombre Hécate, divinité des ténèbres, mène-moi dans les réduits étranges où s'agitent les noires sorcières. Je te suivrai jusqu'au portique terrible des enfers et dans les marais fantastiques et trompeurs où se jouent les sylphes et les feux-follets.

O blonde Phœbé, je t'adore, sœur du soleil, fille du puissant Jupiter, ornement de la cour des cieux, pâle fleur éclose dans la nuit et trempée des larmes du firmament. Blonde Phœbé, laisse-moi monter dans ton char paisible qui roule si légèrement dans le vague azur du ciel.

Mais, hélas! qu'est devenu ce temps de ta jeunesse? depuis l'enfance du monde, toi aussi tu as souffert. Où est aujourd'hui la beauté blondissante de l'Isis Egyptienne offrant ses appas merveilleux et sa lèvre pourpre de désirs à son ardent époux, et tordant l'amoureux Osiris dans ses bras. Depuis cet âge de l'amour, le malheur t'a éprouvée, maintenant tu parcours solitaire les vastes plaines de l'air. N'es-tu pas une exilée dans le désert des cieux? Comme une âme isolée, tu vis dans une tristesse éternelle et tu sembles répéter: Hélas! la volupté a perdu l'empire du monde.

Beauté mystérieuse, le plus pur diamant de la couronne céleste, larme d'argent du manteau de la nuit, tu soupires comme nous. Eh quoi! la douleur habite-t-elle aussi dans les cieux? Lune innocente, tu as mieux aimé partager le malheur de la terre ta sœur que de briller loin d'elle parmi les sphères étincelantes. Semblable à un noble cœur, l'infortune n'a fait que te rendre plus tendre, elle n'a pu vaincre ta douceur; tu imposes silence à tes pleurs pour nous consoler, et vaisseau sans tempête dans les flots de l'azur, tu souris de loin aux pauvres matelots.

O lune, lune légère, tes rayons sont faibles, mais doux, ils reposent les yeux fatigués de l'éclat du jour. Que de cœurs soupirent à cette heure, que d'âmes n'ont d'autre confident que ton pâle et beau visage ; les âmes délicates se confient à toi comme à une sœur compâtissante. O soleil de la nuit souffrante et voluptueuse, mélancolique amante, que de fleurs qui redoutent la lumière trop forte du jour, n'éclosent qu'à ta douce clarté et n'envoient qu'alors au ciel leurs chastes parfums, humbles désirs et timides pensées des cœurs vierges.

O pâle lune, sous ton doux empire, le monde se repose des agitations du jour, la paix règne avec toi. Tu partages avec le soleil l'empire de la terre et des cieux, mais plus que lui tu attires les hommages, et le faible et gracieux sourire de la sœur plaît plus que le fier regard de son frère ; tu lui succèdes pure, calme et sans effort. O lune, tu sembles être la protectrice des amours touchantes et mystérieuses ; tu voiles tout à la jalousie et tu éclaires tout à l'amour. Ah ! ne cesse pas de briller pour les tendres cœurs, astre des nuits souviens-toi toujours du bel Endymion.

Hélas ! sans doute ta longue douleur ne doit pas finir avant la nôtre ; tombée avec la terre ta sœur, de l'état de suprême volupté, ensemble vous remonterez dans les cieux. Console-toi pourtant, pâle Phœbé, ce monde se fait vieux. L'univers va se replonger dans le chaos pour en renaître plus heureux et plus jeune, et bientôt tu seras délivrée de l'odieux tyran qui t'enchaîne dans un cours inflexible. O lune, symbole du malheur innocent, sœur de notre misère, reine d'amour de

la douce mélancolie, fille résignée des cieux, berce
dans ton sein mes rêves nonchalants, lorsque je
me promène lentement sur le soir le long des eaux
endormies, et que mon âme s'oublie à te contempler au doux revers des collines.

Un matin du mois de mai.

Oh ! que j'aime la douce verdure des prairies,
que j'aime le vague azur du firmament.

Au matin d'un beau jour de printemps, il est
doux d'entendre l'alouette chanter dans les cieux,
les regards se bercent dans les molles lueurs qui
baignent l'horizon et dans le tendre bleu de la
voûte céleste. Le cœur se sent léger sous ce gai
pavillon, et l'âme s'enivre des rayons du soleil du
matin. Oh ! que j'aime la douce verdure des prairies, que j'aime le vague azur du firmament.

Comme les prés couverts de rosée et les océans
de verdure sont doux à nos sens ; les regards re-
connaissants s'élèvent vers le ciel avec les odeurs
de la terre et tout ce qui a quelque chose de divin,
les chants, cette langue suave de l'âme, et les rian-
tes pensées qui semblent le parfum du cœur. Mais
le corps plein d'une heureuse émotion aime l'herbe
soyeuse et veloutée ; les prés sont en fleurs, la vie
germe. Oh ! que j'aime la douce verdure des prairies, que j'aime le vague azur du firmament.

Je sens en moi comme deux êtres dont la sé-
paration serait la paix. Mon corps désire le repos de la terre : O verdure pleine d'un calme
profond, ô couleur ineffable de l'amour, que j'aimerais me mêler à cette nature luxuriante de vie,
à mourir pour renaître dans le buisson en fleurs
et dans le chêne harmonieux. O repos universel
que je t'adore, mon corps aspire à rentrer au sein
de sa mère et à presser les mamelles fécondes de

la terre. Oh! que j'aime la douce verdure des prairies, que j'aime le vague azur du firmament.

Que j'aime aussi cette couleur bleue, couleur de la foi et des rêves : pays des chimères, région des nuages, mon âme comme un sylphe léger s'envole sur les ailes du désir vers l'infini, mon âme se berce avec amour dans l'idéal ; elle abandonne mon corps et disant adieu à la terre obscure, elle se replonge d'un élan dans le Dieu de lumière d'où elle sort. Oh! que j'aime la douce verdure des prairies, que j'aime le vague azur du firmament.

O ma vie, éteignez-vous donc, car la mort est la véritable vie. La vie d'ici-bas fait deux prisonniers avec une chaîne et cause un combat sans fin ; la vie n'est qu'un moment d'orage qui trouble les plaines sereines de l'éternité. Il me semble déjà sentir le calme ineffable et les douceurs infinies de la mort. Que mon corps repose sous les buissons riants, parmi les soupirs de la brise, au bord d'une onde pure, et vous, mon âme, montez au ciel, sur un rayon de soleil, avec le sourire du printemps, le chant des oiseaux et le parfum des fleurs. Oh! que j'aime la douce verdure des prairies, que j'aime le vague azur du firmament.

Le retour de l'Empereur.

Non, il n'est pas mort, il dormait seulement dans un sommeil enchanté ; reviens, ô mon noble empereur, glorieux César, ô toi qui présentais aux hommes la mort dans une coupe enivrante, n'entends-tu pas tes enfants qui t'appellent? Déshérités de l'injuste fortune, la gloire ne brille plus dans notre ciel nébuleux ; nous aussi, nous avons dormi ranimés seulement par les rêves de ta renommée, mais nous savions bien que tu devais nous revenir.

Viens donc, et que les champs de l'Europe se déroulent devant ton vaste regard. La race des mortels a pullulé, vois comme la moisson est belle, appelle donc le grand faucheur, la mort ; je l'aperçois déjà qui tressaille de joie. Il est temps, les épis sont mûrs et ne demandent qu'à être fauchés, la France palpite à ton nom comme à une musique intérieure, elle chante encore les anciennes batailles. Paris frémit comme une cavale ardente qui n'a pas besoin d'être caressée par la cravache et tout entière la grande cité s'écrie : Allons !

Allons vers l'Orient, vers la patrie du soleil et aux sources de la vie ; à quoi sert l'arc-en-ciel de nos trois couleurs, si la lumière ne le fait pas étinceler ! Nous avons adopté les éclatantes couleurs de ces pays lointains, ce n'est plus l'Europe, c'est le monde que nous voulons conquérir. Vois, ô César, comme les fils sont envieux de s'égaler aux pères, tu retrouveras d'innombrables armées, oh ! reviens, ne nous méprise pas : à force de combattre, nous saurons mourir, à force de mourir nous saurons vaincre.

Viens, nous aimons la mort, et nous vendrons volontiers toutes nos vaines libertés pour un peu de gloire ; le monde attend de toi de nouveaux miracles ; jadis tu t'essayais seulement. Apparais au milieu de tes braves, jeune et radieux Consul. Recommence encore tes immenses batailles, et entreprends enfin ta campagne d'Asie ; là de belles conquêtes te réclament, là tu pourras lancer tes cavaliers éblouissants dans les plaines infinies de la Tartarie orientale, tu pourras abattre des colosses d'empires. A quoi as-tu pu rêver si longtemps si ce n'est à conquérir l'univers ?

Si tes aigles sont fatigués, nous leur prêterons

les ailes de nos chemins de fer, on inventera pour
tes plaisirs des machines plus ingénieuses, et la
guerre et la mort recevront de nouvelles armures.
O grand égorgeur des peuples, tu seras accueilli
comme un Dieu bienfaisant ; elle s'est bien évanouie la plainte ancienne des mères désolées ; les
villes ont trop de citoyens, les mères trop d'enfants.

Viens, le sang fermente et bout dans nos veines,
l'Europe est comme un ciel lourd et sans mouvement qui amasse l'orage ; qui sont ceux qui par-
lent encore des rives du Rhin? Nous voulons conquérir le monde, nous voulons conquérir la terre
et le ciel ; viens, si la terre n'est pas trop petite
pour ton ambition. Aujourd'hui le cœur sans
croyance se fend et se déchire dans une honteuse
inaction. Le soldat croit au moins à la victoire
et à son chef.

Oui, la guerre est pleine d'un charme ineffable ;
le soldat sous l'ordre de son général, s'élance dans
sa course éclatante, sûr comme les astres du ciel
sous la main de Dieu ; rien ne peut l'arrêter. O
Napoléon, tu n'avais qu'à dire un mot : Enlevez
la redoute et faites-vous tuer ; le noble guerrier
courait à la mort pour un morceau de ruban
rouge ; il détachait seulement un médaillon de son
sein, en disant à son camarade : Rends-le à la
beauté qui m'est fidèle. Oh ! qu'il en sommeille
maintenant dans la foule des Massénas enfants de
la victoire et des Murats intrépides, brillants rois
de la cavalerie !

Il est doux d'écouter le bruit de ses éperons et
le galop de son cheval, l'épée est la plus belle
chose du monde, elle défait en un jour les iniquités tortueuses de plusieurs siècles et restaure les
sociétés. Sans le glaive la justice est impuissante.
Même dans ses iniquités l'épée a sa franchise, même

dans sa défaite elle a son honneur, c'est l'épée qui sauvera le monde.

O guerre, viens-tu de Satan ou de Dieu? tu as pour toi l'orgueil et la vertu, le bien et le mal, d'où viens que tu enivres le cœur de l'homme? Il est doux au gladiateur d'étreindre la mort ; oui, quoi qu'on dise, la mort est belle dans la bataille ardente ; à la voir tous les jours on en devient amoureux.

O mon empereur, rentre donc de nouveau dans la carrière ; lève-toi de ta froide couche au cliquetis de nos épées. Nous suivrons partout la course de ton pâle cheval ; viens reprendre une éclatante revanche et rendre la gloire au monde.

Le repos du soir.

Mollement étendu sur le gazon, je cherche encore le soleil à peine disparu, en laissant des teintes rouges qui pâlissent peu à peu. On entend des voix de chiens qui aboient dans le lointain, et troublent seules le silence des champs ; çà et là quelques murs blancs se dessinent dans l'ombre du crépuscule, et du côté opposé la lune, grande et immobile, semble nous regarder. Il est doux par une belle soirée, sur un gazon choisi, au bord d'une onde pure, de se reposer un moment après le travail du jour, et de se laisser aller à quelque vague pensée, en aspirant l'odeur sauvage des foins, et en contemplant là-bas le bois noir qui se perd dans la nuit et dans les étranges lueurs de l'horizon. Ah! restons encore un moment ; chez nous, nous attend le gai repos du soir et le bienfait d'une nuit tranquille. O mon Dieu, je ne te demande ainsi que le court repos d'une paisible vieillesse, pour jeter un dernier regard sur ma vie écoulée, avant la grande nuit de l'éternité !

Albion.

Semblable à l'araignée remplie de ruses, l'avide Albion entoure le monde de ses rêts invisibles et dévore sa proie à son aise. L'abeille elle-même, l'abeille de César, n'a pu déchirer cette toile savante, et y a perdu son aiguillon ; mais peu à peu, dans sa trame gigantesque, la perfide épuise son or ; l'or c'est le sang de l'Angleterre.

O France, patrie des pieux sentiments, protectrice des faibles, ta gloire est bien abaissée devant ta rivale ! tu regardes avec épouvante sa puissance s'étendre tous les jours ; mais il te reste un empire qu'elle ne peut t'enlever, la sympathie de l'univers. Amante des peuples, plutôt que leur reine, tu es la Rome moderne, régnant non plus par la force, mais par l'amour.

Trop souvent pourtant, tu as été la dupe de ta rivale ; tu as prêché la liberté, et elle a fait son profit de toutes les révolutions ; elle a été semblable à un corsaire qui butine dans la tempête ; tu semais la guerre, et elle récoltait la paix ; les peuples n'échappaient à l'oppression des rois que pour tomber sous la tutelle de ses marchands. Tu as toujours tiré pour elle les marrons du feu.

Partout, elle a fait passer la France pour un épouvantail ; c'est en grand l'histoire de la fable : les nations, imbéciles souris, ont été effrayées des éclats et de la royauté inoffensive du coq gaulois, et se sont laissées attirer par l'hypocrite et doucereux regard de l'insulaire puritain. Oui, ton léopard, orgueilleuse Albion, a gardé toute la cautèle de la race féline ; à coup sûr seulement il fond sur sa proie.

Mais enfin l'Europe apprend la vérité à ses dépens, elle ne peut plus supporter la foi punique et l'ambition romaine de cette aristocratie rapace qui divise pour régner ; partout la ligue se forme contre ces adroits voleurs qui ont dérobé le trône du monde.

Comme les Romains firent pour les Grecs, ils semblent ne nous avoir donné la liberté qu'afin de nous mieux dominer par la guerre intestine des partis : peuple sacrilége et menteur, partout il a fait servir la sainte liberté à l'œuvre de l'esclavage.

O France, tu t'affaiblis tous les jours ! Pareille à la Grèce, après ton Alexandre, tu es destinée à décroître ; toi aussi tu as fait ton œuvre, tu n'es plus une nation, tu deviens la patrie du genre humain ; mais avant de tomber, détruis encore ce nid de pirates qui infestent le monde.

C'est une œuvre sainte. Je ne dirai pas comme Scipion qu'il faut conserver Carthage, de peur d'être sans émules ; ah ! si nous pouvions la conserver ou la détruire ! O France, s'il ne te faut pour prospérer que de puissants ennemis, ce n'est pas ce qui te manque !

Le monde n'aura pas encore vu deux si nobles lutteurs. Albion, ma haine n'arrêtera pas ma justice : tu es devenue la première des nations ; il y aura gloire à te vaincre, tu ne tomberas pas sans combattre ; et ce sera un grand spectacle, ô superbe vaisseau, de te voir sombrer dans la tempête, au milieu de ton Océan !

La Samaritaine.

Au bord de la fontaine, ses longs cheveux épars, et semblable à la nymphe des eaux, la belle Samaritaine, éplorée et consumée par le chagrin, semblait se complaire en cette solitude ; elle qui jadis eût recherché à cette heure la joie des festins et les danses lascives, elle ne reconnaissait plus son cœur, et attendait avec anxiété le jeune sage qui venait d'habitude en ces lieux se recueillir dans le silence de la nuit.

L'air était rempli de douceur, et balançait mollement le feuillage des palmiers aux portes de Samarie ; l'atmosphère était chargée de senteurs pénétrantes, et le crépuscule, rapide comme l'heure de l'amour, répandait sur toute la nature son voile pudique et délicat, pendant qu'à l'horizon, les lèvres de feu du ciel donnaient le baiser du soir à la terre.

Elle vit enfin apparaître Jésus, le plus beau des enfants des hommes, dans une attitude lente et mélancolique, cherchant en vain à dérober quelque chose de sa grâce dans les longs plis de son vêtement ; et avant qu'il eût pu lui parler, s'avançant vers lui, elle s'écria :

O Jésus, toi qu'on appelle le plus beau des enfants des hommes, il faut que tu m'écoutes ! je te prierai, moi qui ne suis pas habituée à la prière. Eh quoi ! ne voudras-tu pas me comprendre ? ne sauras-tu pas lire dans mon regard, dans mon sourire, dans le son de ma voix ? Depuis dix ans, tout un peuple m'adore, et maintenant je refuse ses hommages pour te suivre ; ma beauté ne te dit-elle pas assez : Aime-moi, faut-il encore que je m'abaisse à tes pieds ?

Eh bien ! je le ferai : n'ai-je pas tout abandonné pour toi ? n'ai-je pas donné des banquets et des fêtes à tes amis ? n'ai-je pas versé sur ta chevelure tous les parfums de l'Orient ? Tu sais que je t'aime, et tu me dédaignes ; ah ! autrefois, tout mon orgueil se fût révolté ; mais aujourd'hui je ne trouve plus que des larmes ! Est-ce parce que j'ai été une courtisane ? Enfant, après les ardeurs du jour, le lys baigné par la rosée en est-il moins pur et moins beau ? les lèvres usées dans la caresse en sont-elles moins douces ? Ah ! goûte seulement leur miel ! tu ne sais pas ce que tu refuses ; j'ai enivré les rois et les sénateurs de Rome eux-mêmes : viens dans mes bras savourer la volupté. Ne t'appelle-t-on pas le plus beau des enfants des hommes ? et moi l'on me nomme la perle de Samarie ; tu veux être roi, dit-on, commence par prendre la reine de la beauté.

Tu ne me réponds pas, tu restes froid et insensible, qui aimes-tu donc ? quelle sorte de cœur as-tu ? pourquoi vivre ainsi dans la solitude ? Pourtant tes yeux sont si doux, et ta voix pénètre jusqu'à l'âme ! Si tu dois rester toujours cruel, ne sois pas si charmant, je te prie, et ne séduis pas p r ta parole harmonieuse les plus belles filles de Judée. Ton regard a pourtant parfois une beauté sévère, et quelque chose qui n'est pas de l'homme ; parfois je voudrais ne pas t'aimer, mais je t'aime ! tu es si triste et si beau !

O Jésus, la soirée invite à l'amour ! je sens mon sein qui palpite de désir, j'ai tant soupiré après toi, ô mon bien-aimé ! Regarde-moi, ne suis-je pas assez belle ? Les poètes ne chantent-ils pas tous les soirs ma louange ? Des fils de roi se meurent d'amour pour moi qui me consume à tes pieds ! Vois, mes yeux humides de volupté, ma bouche qui se pâme dans l'ardeur de ma passion ; viens, mêlons notre haleine comme font les brises du soir, laisse-moi t'entourer de mes bras nus et t'enivrer de mille baisers ! Ah ! quand retrouveras-tu une nuit pareille à celle-ci ? être deux, c'est le bonheur.

Quoi ! tu me repousses ? qui es-tu donc ? Va, tu n'es qu'un ambitieux vulgaire, incapable de sentir l'amour! La volupté t'aurait élevé jusqu'au ciel au-dessus de tous, l'ambition te perdra. O roi des Juifs, dompteur de nations, ta force est peut-être comme celle de Samson! tu as peur de la perdre sur le sein d'une autre Dalila; nouveau Joseph, ta rare vertu est vraiment digne de faire l'admiration des habitants de Solyme. Toi qui dédaignes le vieux culte de cette barbare cité, connais donc les nouveaux dieux; connais la douce Vénus, la déesse du plaisir, et qui semble respirer dans les parfums, auprès de cette onde pure. On dit aussi que tu veux être regardé comme un Dieu; oui, je crois en toi; la beauté est le premier signe de la divinité; aime donc, les dieux n'ont-ils pas aimé? Jupiter a été le plus amoureux comme le plus grand des dieux. Je vois tes yeux s'adoucir, et tes lèvres prêtes à murmurer de douces paroles. Ah! l'amour est la chose la plus sainte, ne le chasse pas de ton cœur!

Et la jeune Samaritaine, en parlant ainsi, s'agenouilla devant Jésus, et, toute émue, voulut l'emprisonner dans ses beaux bras; mais le Christ la repoussa doucement et lui dit: O femme, tu ne saurais me comprendre! aime: tu l'as dit, l'amour est une chose sainte; mais moi je ne puis t'aimer. Et il la laissa dans les larmes et le désespoir.

Il s'en alla rêver à quelques pas de là, dans les bosquets fleuris qui entouraient Samarie, et il se mit à verser des pleurs. L'air était si doux, les arômes condensés de la Judée l'enivraient; une grâce pleine de langueur régnait dans toute la nature, et il croyait encore qu'arrivait jusqu'à lui la douce voix de la belle Samaritaine, mêlée aux parfums des fleurs; il croyait respirer encore les molles senteurs de sa flottante chevelure.

Jésus, dans sa douleur, se laissa tomber sur la terre; et se tournant vers le ciel, il s'écria :

O mon père, ne me sera-t-il donc jamais permis d'aimer? Suis-je donc condamné ainsi à une vie impassible et éternelle? O divinité, stérile divinité, que ne puis-je rejeter ton accablant fardeau! que ne puis-je être homme, aimer et mourir! Voilà la plus belle des filles de la terre qui soupire après moi, et il faut que je la laisse soupirer! Jeune et désirable créature, que tu l'as bien dit : Être deux, c'est le bonheur! Pour un moment dans tes bras, je donnerais mon inutile éternité!

Trouver une âme égale à la sienne, voir son être s'augmenter dans la passion, souffrir et combattre l'un pour l'autre, marcher avec curiosité vers un avenir inconnu, voilà des biens que je ne sentirai jamais; jamais je ne connaîtrai le progrès et la liberté qui seront un jour les seules idoles des hommes. Pauvre divinité! j'ai l'infini pour moi, mais je n'ai pas la vie; à quoi me sert de ne pas mourir, puisque, pour ainsi dire, je n'existe pas?

Cœur de la femme, cœur charmant! combien il doit être doux d'épancher sa douleur dans un autre être! Mais moi, où est celui qui pourra me comprendre? où est la fin de ma misère? Les mortels sont toujours bercés par l'illusion; mais les temps sont tous les mêmes devant mes yeux pâles et vides; il n'y a pas d'espérance dans mon ciel : en quoi peut-il différer de l'enfer?

O nature, monde changeant et multiple, monde animé, plein de grâce et d'amour, que ne puis-je me mêler à tous tes éléments! Fleurs aimables, oiseaux chantants des airs, étoiles du firmament, que j'envie votre suprême ignorance, que je voudrais vivre de votre vie! Vous passez en un moment, mais au moins vous ne mourez qu'une fois, vous mourez ensemble; et moi, hélas! je meurs à chaque instant! O douleur inexprimable, mille fois pire que la mort, voir tout mourir! Puis-je avoir quelqu'un qui m'aime, puis-je aimer quelque chose?

O mon père, tu m'as envoyé parmi les hommes pour revêtir un moment leur corps périssable! tu as cru que je pourrais résister à la mort, mais tu n'as pas su qu'il me faudrait céder à la vie; oui, cette vie m'enivre, et moi aussi maintenant, mes lèvres sont ardentes, mes yeux s'allument de désirs, mon cœur tressaille si j'entends un chant voluptueux; ah! la partie divine de mon âme, loin d'arrêter l'essor de mes sens, est plus avide encore de partager ces émotions neuves et charmantes! Pourquoi suis-je plus puissant, si ce n'est pour mieux aimer? Hélas! jusqu'ici les filles des hommes, tout en admirant ma beauté, avaient redouté mon regard divin; les cœurs se fermaient à l'amour à mon approche; mais voici que la plus belle des filles de Judée se meurt d'amour pour moi. O Samaritaine, je vais changer mon ciel pour ton ciel! mon Père, je ne veux plus de la divinité, je ne veux qu'une chose : aimer et mourir.

Ainsi parla le Christ, parmi les bocages odorants de Samarie; la volupté semblait nager sur les flots de parfum répandus dans les airs, comme autrefois Vénus sur l'écume des vagues; la fontaine murmurait comme une chanson amoureuse, et les brises de la nuit, à travers les rameaux des arbres, ressemblaient à des soupirs voluptueux.

Oui, Jésus a aimé; ainsi il a été en tout notre frère, dans la joie comme dans la douleur, et voilà pourquoi l'œuvre de la rédemption a laissé le monde comme il était; car le Père inexorable a dit au Fils : Et toi aussi, tu as failli, tu as désiré ce que tu ne devais pas désirer, tu as aussi touché à l'arbre de la science ; l'homme a voulu devenir Dieu, Dieu a voulu devenir homme.

La belle rêveuse.

Que vos yeux sont beaux, Madame ! mais comme ils décèlent une vague inquiétude ; du haut de votre balcon, par cette belle soirée, vous oubliez le temps dans une molle rêverie. Où se tournent vos regards ? vers quel espace et vers quel temps, quel passé ou quel avenir ?

Est-ce Rome que vous regrettez ? la Rome pâle et austère comme vous, avec son horizon mélancolique et dévasté, avec ses grandes ruines ; ah ! vous aussi êtes restée grande sous les ruines de votre cœur !

Sont-ce les Andalousies riches et verdoyantes, les palais mauresques avec les mille dentelures de leurs fantaisies, et le ciel capricieux et doré des Espagnes ?

Ou bien vos regards cherchent-ils encore la Grèce antique et son peuple de dieux, ses arts inimitables, sa beauté et ses fêtes à la beauté ? on vous y eût adorée, Madame.

Se tournent-ils vers la molle Asie qui étale ses charmes au soleil, comme une oisive courtisane, l'Asie aux danses des gracieuses houris, à l'antique sagesse des dieux amis du repos.

Ah ! Madame, que cherchez-vous ainsi, les yeux perdus dans les fantastiques nuages de l'horizon ? quelle cité du soleil, quel palais d'Armide enchanteresse, quelle île verdoyante remplie de chants suaves, Cythère merveilleuse, Oasis de volupté ?

Ah ! dites-le moi ! Vos yeux sont une mélodie qui rappelle à chacun ses souvenirs chéris ; on croit tout y lire comme dans le bleu du firmament ; vos yeux sont la mélodie de votre âme.

Par cette belle et douce soirée, vos yeux semblent s'envoler jusque dans les cieux ; regrettez-vous ce jour qui s'éteint, ce jour qui ne reviendra plus? Voyez, comme le soleil s'enveloppe dans des couleurs charmantes! ah! lui du moins se meurt dans la joie et la volupté!

Peut-être resongez-vous à votre rieuse enfance, à l'aurore ignorante de votre vie si vite écoulée, à votre premier baiser ; ou bien attendez-vous d'un regard amoureux un beau jeune homme candide, le Pétrarque digne d'une telle Laure?

Combien ils doivent être charmants, les désirs qui viennent d'une âme si pure et d'un cœur si jeune, et qui passent à demi-souriants sur votre front calme et vermeil, comme une brise embaumée sur un lac limpide. Sans doute les anges des cieux forment de blancs colliers de perles avec les pensers légers de vos rêves irréalisables.

Ah! qu'ils sont inquiets, qu'ils sont rêveurs vos beaux yeux, Madame! c'est qu'ils cherchent leur idéal ; hélas! le trouverez-vous jamais? Pauvre exilée! vous cherchez le ciel sur la terre; fleur du paradis, il faut un autre soleil pour vous faire épanouir. Mais plus heureux celui qui a vu vos beaux yeux! celui-là il a trouvé son idéal.

Pise.

O Pise, cité sainte, que tu avais raison de penser à tes morts! ô ville pleine de gloire, comme tant d'autres, tu ne t'es pas laissée éblouir par une renommée éphémère et par la fleur de ta jeunesse; tu n'as pas dit : Mon jour ne saurait point finir.

Où est ton antique splendeur et ta richesse? où est le temps que dans tes guerres brillantes tu envoyais des flèches d'argent à tes ennemis? L'ombre des nuits te couvre maintenant, la vie s'est retirée de toi : mais, ô cité sainte, tu as compté avec le trépas, tu lui as payé ta rançon, et tu t'es retranchée contre lui, invincible dans ton campo santo !

La vie n'a qu'un moment, la vie s'évanouit, mais ta mort est immortelle et plus vivante que la vie elle-même. Tu as reçu la mort comme une fiancée aimable qui t'avait préparé la maison du repos, après tant de guerres et de luttes, et la tombe est pour toi un doux berceau où tu dors jusqu'à la résurrection sainte, un berceau immortel sur lequel veillent les anges du firmament.

Il est doux, ô Pise, à l'âme qui a dit adieu à toutes les choses de la terre de s'oublier elle-même auprès du tombeau que tu t'es fait! il est doux de mourir dans tes murs, ô cité de la foi, toi qui as préparé une couche sacrée pour y reposer en paix tes membres fatigués, ville amoureuse du sommeil de la mort !

Oh! que j'aime l'air calme et religieux qu'on respire sous ces voûtes! c'est déjà la paix du ciel. Dors, ô ville sainte, le sommeil vaut mieux aujourd'hui que la vie; la gloire s'est envolée bien loin; dors, ô cité des morts, dans ta splendeur antique, sous la pourpre de tes souvenirs, et gardée par ce paradis éclatant que le grand Orcagna a peint sur tes murailles !

Waterloo.

O Waterloo, Waterloo, tu pèseras dans la balance plus que jadis l'épée de Brennus, au moment du combat qui décidera du sort des peuples !

Waterloo, les fils des vaincus, un jour rediront ton nom en agitant leurs sanglantes épées.

Waterloo, les Français pourraient-ils t'oublier, tant que le sang de leurs pères coulera dans leurs veines ?

Waterloo, semblable à un étendard de sang, dans la bataille ardente, tu brilleras comme la croix au jugement dernier !

Waterloo, nous apprendrons ton nom à nos enfants ; quand on le prononce, notre cœur tressaille comme au bruit des fanfares !

Waterloo, un jour tu ne seras plus une honte, mais un signe de triomphe pour la France ; ton souvenir sera lavé dans le sang et la gloire !

O Waterloo, Waterloo, tes morts se lèvent pâles de leurs tombeaux, et s'écrient : Est-ce que nos fils ne sont pas devenus assez grands pour nous venger ?

Ondine.

Qu'elle était charmante, la jeune Ondine, lorsque, par une tiède soirée d'automne, elle se penchait sur la surface du lac, comme les saules laissant pendre le long du rivage leur pâle chevelure !

Abandonnant ainsi ses blonds cheveux flottants à la brise du soir, elle cherchait à cueillir les petites fleurs bleues qui flottent sur les vagues vertes.

Voici la nymphe des eaux qui l'appelle et lui dit : Oh ! viens voir nos danses légères et nos palais de cristal !

C'est ici que tu trouveras de jeunes compagnes pleines de grâce et des jeux et des fêtes sans nombre : oh ! viens parmi nous, dans nos forêts mystérieuses !

A cette douce voix, Ondine, en souriant, se penche encore plus sur le lac, et aperçoit le gracieux visage de la naïade qui répond par un sourire de plus en plus aimable à son sourire.

Vois, disait-elle, comme l'onde est claire et limpide! tout semble revivre dans sa fraîcheur; les branches des saules s'y baignent amoureusement, et les fleurs jetées par le vent y sont mollement bercées.

Les rayons du soleil semblent dormir sur cette eau si pure, et la nuit la lune se penche du haut des cieux pour y mirer sa pâle beauté.

Et la nymphe semblait entourer Ondine dans des chaînes de fleurs, et lui tendait ses bras caressants, lui parlant avec sa voix d'argent, semblable au petit murmure des ruisseaux.

Les grands arbres ombrageaient l'eau claire, le soleil se glissait à travers les branches, et ses rayons jouaient sur la surface des eaux avec les insectes dorés.

Le crépuscule commençait à jeter ses teintes amoureuses le long du rivage, et créait déjà les pâles fantômes du soir.

Oh! viens, disait la voix, viens écouter nos éternels concerts, et voir nos colliers de perles et de saphirs! viens, je te donnerai cette petite fleur bleue que tu aimes tant.

Ondine se penchait de plus en plus sur le lac, pour mieux écouter cette voix qui semblait près de s'éteindre; les yeux d'azur de la nymphe la fascinaient, elle approchait son visage de ce doux visage comme pour l'embrasser, et craignant de perdre cette sœur charmante que l'ombre du soir commençait à lui dérober.

Où trouver une beauté plus aimable, un plus rose sourire et des contours plus harmonieux? Voilà la paisible retraite où l'attendent ses belles compagnes; le ciel qui pâlit et s'éloigne semble l'appeler dans le flot limpide.

En tendant la main vers la petite fleur bleue,

Ondine glissa le long de l'herbe verte, et les nymphes la recevant dans leurs bras souples, l'emportèrent dans leurs palais mystérieux.

Quelquefois, le soir, l'on croit reconnaître sa douce voix et entendre ses jeux et ses ébats le long de la rive ; et depuis, combien de jeunes amoureux, Ondine, la nouvelle déesse du lac, a attirés à son tour dans les flots !

Otaïti.

Les filles d'Otaïti vivaient tout entières à la volupté ; le plaisir était leur roi, et les grâces les appelaient à leurs danses délicieuses. Un printemps éternel régnait dans leur île, l'amour était leur travail et leur repos ; la nouvelle Cythère s'élevait sur les mers comme la conque de Vénus, ou comme une trirème grecque couronnée de fleurs, échappée au naufrage du monde païen.

Maudit soit le jour où les Européens, ces eunuques du plaisir, ont apporté sur ces bords heureux leur or avare et leurs lois envieuses. La froide contrainte, long martyre des hommes et déshonneur des religions, a dépeuplé cette île charmante ; que sont devenus les jeux et les fêtes ?

O filles d'Otaïti, que j'aurais aimé me mêler à votre innocente joie, à vos mœurs faciles, à ces molles amours qui éclosaient en plein soleil, semblables aux amours des fleurs ! Virginité du nord, ô mensonge, ô religion barbare, qu'as-tu fait ? Tu accuses un peuple d'avoir immolé ton Dieu, et tous les jours tu crucifies la nature, cette mère généreuse qui t'offre sa féconde mamelle !

Que nous font les rêveries et les mystères ? Eh quoi ! veut-on nous sevrer à jamais du pain du corps et du vin de l'intelligence ? voilà le pain et le vin que nous adorons, le pain qui fait les hommes, le vin qui donne les plaisirs.

Le soleil luit pour tous, et invite la terre à la joie et à l'amour; la nature, voilà le vrai temple de Dieu, la volupté est son culte; que les dieux obscurs se disputent dans leurs sombres retraites. Voyez l'Orient, comme la création y apparaît immense! qui pourrait blasphêmer contre la liberté et adorer la mort en présence de cette lumière vivifiante et de la vaste étendue des mers. Là Dieu est adoré, le grand Pan qui sourit à tous, et non le Dieu dur et impassible du désert.

O Vénus, reviens sur la terre, viens prêter tes flancs généreux à tous les dieux et à tous les hommes; puissante Isis, antique nature, si tu restes vierge, comment sera fécondé le monde? Hommes ingrats, adorez la nature qui vous a nourris malgré vos crimes; voilà le jour, que les oiseaux de la nuit disparaissent. O Vierge, aime enfin, et qu'il n'y ait plus d'autre mystère que l'amour.

Non satisfaits du présent, les insensés n'ont-ils pas détruit jusqu'au germe de l'avenir; délivrons le vieux Dieu, sortons le cadavre de la tombe, qu'il devienne l'époux couronné de la terre féconde. Songe d'une nuit d'été, délicieuse Otaïti, un jour le monde entier sera comme tes rivages; livré aux jeux et aux festins, aux danses heureuses et aux loisirs indolents.

Ballade des bruyères.

Que j'aime à m'égarer le soir, parmi les clairières charmantes, au fond des solitudes, dans les grandes et sauvages forêts qui me laissent quelque souvenir des vieilles Gaules; c'est là que les nobles chasseurs aiment à s'enivrer des amers parfums de la brise du soir! le son du cor retentit

seul le long des vallées pittoresques, et les chevaux frémissants se lancent avec ardeur dans les
plaines libres et abandonnées.

J'aime à m'asseoir lorsque le crépuscule étend
son voile sur la nature, et à contempler dans une
molle rêverie, les vastes bruyères dont les grappes purpurines, comme un grand banc de corail,
se déroulent au penchant des collines silencieuses.
O douceur du désert, malheureux est celui qui
n'a point goûté ton charme : peu à peu sous le
noir manteau de la nuit, les lignes du paysage se
dérobent et les vives couleurs de cette plante qui
plait tant à mes yeux pâlissent et s'effacent dans
l'ombre comme le visage d'une beauté qui se
meurt.

Aucun bruit ne se fait entendre dans la nature
que le frémissement des feuilles ; lorsque la lune
se lève à l'horizon pâle et mélancolique et vient
dormir à nos pieds dans les vagues bruyères qui
s'étendent à perte de vue, on se croirait dans ces
vastes landes, aux temps poétiques de nos pères,
et l'on s'attend à voir quelque jeune et charmante
prêtresse des Druydes s'avancer vers le chêne sacré. Oh ! que j'aime m'y asseoir et oublier la vie
présente pour vivre de toutes les vies du passé, et
que j'ai cru souvent dans ces plaines étranges
voir le blanc fantôme d'une fée se mêler aux formes fantastiques des arbres et aux molles vapeurs
qui flottent à l'horizon.

Est-ce vous que je revois, poétiques guerriers
d'Ossian, vous, avec qui j'ai combattu si souvent
dans les rêves de ma jeunesse. Mélancoliques visions, je crois vous revoir encore, assister à votre
touchante histoire et entendre vos plaintes désolées dans le silence de la nuit. La nuit ouvre la
tombe à tous les spectres du passé. Charmants

héros montrez-vous encore à moi, brillants au milieu des sombres ténèbres, ou voilés par une douce tristesse, répétez vos chants de combats ou vos hymnes amoureuses à celui qui fut l'admirateur de vos nobles exploits.

Telle qu'une déesse guerrière, la lune monte sur son char triomphant et paisible ; son regard est à la fois tranquille et menaçant comme il convient à la dominatrice des cieux. Avec une vitesse prodigieuse, pareils à des cavaliers entraînés par toute la fougue de leurs chevaux, les sombres nuages défilent devant elle dans les plaines de l'air. Elle est semblable à un général immobile qui passe en revue ses soldats ; à suivre ainsi leurs épais bataillons, on croirait voir, comme au temps de César, des armées s'agiter dans les champs du firmament.

Bel astre des nuits, lune gracieuse, tu as vu se succéder nos faibles générations ; douée d'une éternelle jeunesse, les spectacles les plus divers se sont déroulés sous tes yeux. Hélas ! faibles mortels, pourquoi sommes-nous si éphémères, pourquoi le trépas nous prive-t-il sitôt de ta lumière aimable ? Au lieu d'un siècle froid et désenchanté, j'aurais aimé cet âge riant où le monde enfant croyait à toutes les féeries et courait à toutes les aventures, où les adorations des hommes s'adressaient à un astre si charmant.

Sylphes légers, spectres de la nuit, vous êtes les plus anciens des dieux et vous vivrez encore lorsque l'on ne saura plus le nom des orgueilleuses divinités de la Judée et de Rome. Le crépuscule rouvre votre temple, le cœur de l'homme ressent une crainte vague, et vous seuls régnez dans le silence. Lorsque les autres religions sont comme des morts qu'on essaye en vain d'évoquer de la tombe, vous avez encore vos miracles, sujets étonnants des conteurs de la veillée.

Sylphes légers, spectres de la nuit, soyez-moi favorables, aimables divinités ; mon âme s'abandonne à votre douce puissance, emportez avec vous tous mes rêves les plus chers. Il me semble entendre le frolement léger de vos ailes marié aux soupirs de la brise embaumée : Et vous gracieux feux follets, cygnes d'or qui semblez flotter sur la brume des lacs, laissez dans les méandres de la nuit solitaire, mon cœur s'égarer amoureusement avec vous.

Le beau idéal.

Qu'êtes-vous, ô beauté passagère, pour éblouir nos yeux et charmer notre cœur ? comme une syrène trompeuse dans le cristal de ses eaux, vous disparaissez pour celui qui veut vous saisir. O chair tu palpites, mais tu n'es rien et tu fuis loin de nous ; à peine peux-tu rester un moment dans nos bras. Ah ! tes seins ne sont pas de marbre, et ton front n'a pas reçu le rayon immortel du génie ; tu défailles sous nos lèvres, et tu meurs comme les roses d'un jour sous nos baisers.

Où sont aujourd'hui les filles de Corinthe, et les beaux enfants de l'Arcadie qui dansaient au bord des eaux fraîches sur les vertes collines de la Grèce ? Ah ! rien n'en reste, pas même le souvenir ; mais les beaux marbres demeurent inaltérables.

Qu'est devenu la belle Fornarina qui épuisa de ses baisers Raphaël amoureux, où est maintenant sa chevelure dorée, son col si blanc et ses regards charmants ? Mais la madone sourit dans son cadre immortel. O frêles beautés, nous vous voyons perdre votre jeunesse, et nous nous sentons mourir avec vous, mais vous, ô beautés de l'art, vous nous rendez nos désirs et notre âme de quinze ans, comme vous, nous devenons immortels et nous montons dans votre ciel; les amours de l'intelligence ne sauraient point vieillir.

O Cléopâtre, Antinoüs, et toi Julie fille de César, et vous belle Joconde, dont le sourire rajeunit tous les jours, mes yeux remplis de délices ne peuvent se lasser de vous contempler.

Tout le reste disparaît : laissez-moi vous adorer, axiomes de la grâce sculptés dans un marbre immortel; vous êtes plus vrais et plus éternels que Dieu lui-même.

Ainsi quand tout périrait, quand rien n'aurait jamais existé, le cercle et le triangle, formes nécessaires, types éternels et impalpables, conserveraient leur figure et leurs propriétés jusque dans le néant; ainsi Vénus, ô beauté souveraine que nous a laissée la Grèce, poëme de la forme humaine dans sa plus admirable proportion et sa plus vraie mesure, tu sembles une création du beau idéal indépendante et libre. Sublime glorification des puissances de la nature, les mondes animés meurent d'amour pour toi, et du fond de leur chaos, les atômes des mondes qui germent, aspirent tous au rythme suprême de tes harmonieux contours.

IMPRESSIONS POÉTIQUES.

—

LIVRE SECOND.

—

A Emma.

Que vous êtes belle, Emma, mais d'une beauté
non encore accomplie ; un je ne sais quoi vous
manque pour rendre votre charme irrésistible :
soyez femme et vous serez la reine des belles.

Que la pudeur et le désir colorent ce pâle visage et animent ce marbre insensible ; qu'un sang
plus vif circule dans ces veines bleuâtres et fines
qui serpentent légèrement sur vos tempes.

Beaux cheveux bruns, qui tombez languissam-
ment, que le désir vous roule en boucles capricieuses, comme un bois odorant se courbe sous la
brise du midi. O chevelure trop belle et trop décente, laissez-vous aller à un désordre voluptueux.

Et vous, regards si brillants, mouillez-vous
d'une larme et emportez les cœurs par un tendre
sourire. Ah ! vos yeux sont comme la turquoise
étincelants et métalliques ; qu'ils soient plutôt

doux comme les ne m'oubliez pas, vagues et rêveurs comme la pensée, et voilés par les pleurs
de la tendresse comme l'odorante violette sous les
larmes de la rosée du matin.

Bouche de corail, épanouissez-vous sous un
baiser comme un bouton au gracieux zéphir. Que
sur votre joue en fleur, les roses pâles de la volupté se marient aux roses rouges de la jeunesse.
Jeune sein si désirable, palpitez à une nouvelle
pensée comme une mer doucement émue, et que
le souffle de l'amour, comme un orage passager,
agite vos délicieuses petites vagues.

Et vous pieds mignons, oisifs aujourd'hui quand
vous animerez-vous de la démarche discrète et fur-
tive d'un rendez-vous. Bras si charmants et d'un
galbe si pur, vous n'avez donc jamais été attachés au col du bien-aimé, ainsi que la vigne pend
amoureusement à l'ormeau. O mains que j'adore,
blanchissez-vous et amollissez-vous dans la caresse, et vous ô cœur, jeune cœur devenez plus
tendre.

Emma, qu'une douce nonchalance allanguisse
tous vos mouvements, et rende plus lâche le
nœud de votre ceinture. Sachez que vous êtes
belle et pourquoi vous êtes belle. Aimez, aimez si
vous voulez être plus belle encore. Que sereine
et pudique, mais inaccomplie, la Grâce devienne
la charmante Vénus, Hélène un peu appâlie, ravissante et toute voluptueuse au sortir des bras
nus du beau Pâris.

L'homme fastique.

D'où vient-il, et où est-il allé? personne ne le
sait; comme le soleil, il est sorti radieux des flots
pour y disparaître, cet enfant de l'abyme; aucun
mortel n'a pu suivre ses pas; aucun de ceux qu'il

traînait à sa suite n'accompagnera sa gloire dans son orbite aventureux : seul il règne sur le siècle; le soleil est un roi solitaire.

Le trône était vide, il s'y est assis. Il a vu le coursier des combats qui mordait son frein et disait : allons, il l'a pris pour lui et l'a lassé dans cent batailles.

Il a porté un toast à la victoire et à la conquête du monde, et tous ses convives l'ont salué roi au cliquetis de leurs épées, et il a parcouru les quatre vents de l'Univers sur son char victorieux.

Mais depuis, comme Mazeppa, dévouée aux dieux infernaux, sa gloire a été liée sur le cheval sanglant et indompté des nations. Du Nord au Midi dans une course insensée, elle a été offerte en proie aux vautours et aux avides corbeaux. Son manteau d'empereur a été déchiré, ses abeilles ont perdu leur aiguillon et ses aigles dépouillés de leurs plumes ont disparu.

Mais cet enfant du sort régnait toujours dans le cœur des peuples adorateurs du destin. Son nom les fascinait encore et la grandeur de son infortune : il se releva roi, pour un jour.

Hélas! comme un Dieu condamné à la vie, il a vu la perte de sa gloire; il a été semblable au soleil qui éclaire lui-même son déclin. Son désastre surpassa encore son génie et sa grandeur, semblable à l'ombre que projetait au loin son corps, sur le vaste désert des flots.

Sa tombe fut aussi poétique que son berceau; son destin a été pareil au navire qu'élèvent et qu'engloutissent les vagues. Plein des magnifiques tristesses de la mer et de l'éloignement, s'il ne régnait plus sur les hommes, il semblait le

Dieu de l'Océan infini ; avant de quitter la terre il était déjà un habitant des cieux.

Il n'a pas toujours été grand, mais la splendeur de sa fortune ajoute des traits à sa beauté ; qui voit les taches des astres ? L'éclat de ses actions efface tout ; à mesure qu'il s'éloigne, sa gloire devient de plus en plus pure pour les peuples, qui l'adorent, et les souillures de son règne s'effaceront dans la pourpre de son manteau.

O France, ô ma patrie, tu ne peux plus perdre ton nom ; comme jadis il arriva pour Rome, tes vainqueurs seraient vaincus par ta gloire, et garderaient tes arcs, tes colonnes et tes couleurs comme un trophée, car ton César dépassant Charlemagne, semble par-dessus les âges, tendre la main au grand César.

Mais qui donc se hasarderait encore au combat, qui voudra encore jouer au conquérant ? Reste-t-il une place dans l'histoire pour les envahisseurs, qui essayeraient de toucher à l'arche des batailles, si l'homme fastique lui-même a été foudroyé ? Ah ! le dieu Mars ne règne plus, il n'a laissé à personne l'héritage de sa redoutable épée ; la gloire est morte en léguant le monde à la liberté.

La paresse.

O loisir ! ô paresse ! combien vous êtes aimables et délicieuses ; que d'autres se perdent dans les dangereux parages de la politique ; pourquoi pressons-nous le cours de la vie ? Qu'il soit comme un insensible ruisseau qui voudrait remonter son courant, et séjourne avec amour sur ses belles rives couvertes de fleurs, les abandonnant à regret. Sachons jouir de chaque jour, nous allons pour ne plus revenir.

O paresse, qui prolonges les instants, au lieu de courir après l'avenir, je t'aime avec tes bras délicats mollement ployés, et tes mouvements nonchalants et gracieux comme ceux des cygnes. Semblable à ces oiseaux purs et orgueilleux, bercés sur une onde amie, tu ne te fatigues pas sur la terre, tu ne voles pas même avec les ailes des anges, mais tu te laisses porter au courant de la vie.

Que j'aime tes tresses pendantes à l'aventure, tes regards vaporeux, qui semblent dormir sur quelque objet charmant qu'ils caressent, tandis que tu es couchée immobile et pleine de séduction dans les bosquets fleuris. Ah! reviendrons-nous jamais le long de ces rives aimables, où au gré de leurs désirs, les amants promenaient sur un sable léger, parmi les belles fleurs, les belles nonchalantes?

O loisirs fortunés des Champs-Elysées, nymphes souriantes aux doux pas harmonieux, et vous faunes aux fronts vermeils couronnés de pampre, aimables dieux des aimables payens. Et toi aussi, reviendras-tu jamais? ô blonde Cythérée, descendras-tu comme autrefois du ciel avec ton ris délicieux? ô Vénus! ô Vénus! ô déesse adorée!

Reviens, reine des cœurs, offrir tes attraits merveilleux aux regards et aux baisers des mortels, et dompte l'humeur farouche de Mars, quand tu le tiendras enchaîné dans tes bras. Retiens-le, ô Vénus, dans l'invincible réseau de tes beaux bras de marbre; enivre-le de la volupté au lieu de la gloire, qui hésiterait après les avoir connu toutes les deux?

Mes amis, ramenons notre vie dans les sentiers heureux des amours, égarons nos rêveries parmi les tendres bocages et chantons encore de douces chansons à l'honneur des beautés amoureuses. Nulle ambition ne saurait nous toucher, nous n'aimons que le repos. Peut-on désirer rien de plus qu'une couche parfumée de roses, en attendant le cercueil de la mort.

Entre deux éternités de néant, la vie de l'homme est un songe fugitif; il s'agite un moment pour la volupté dans la nuit éternelle et il se rendort pour jamais : heureux celui qui ne fait qu'un rêve aimable. Semblable au sage d'Horace, sans nous inquiéter des folies des hommes, regardons avec une ivresse mêlée de mélancolie, nos jours s'écouler. Il n'y a qu'une science que Dieu daigne nous enseigner lui-même : apprenons à jouir.

Il est encore de doux chants, des couleurs harmonieuses, des fleurs odorantes. Que la gaité règne; l'amour, l'amitié et la jeunesse, ses sœurs, pourront encore embellir la terre. O Wateau, peintre du plaisir, qui ne sourirait avec amour à ton départ pour l'île de Cythère! qui n'a pleuré de ne pouvoir couler ses jours en ces îles fortunées et dorées du bonheur!

Légères hirondelles, qui revenez chaque année avec le printemps et les fleurs, oh! ramenez-nous cet âge adorable où les femmes fleurissaient et régnaient sur le monde, où, dans leur empire charmant, la Pompadour et la Parabère créaient de leur doux regard un paradis d'amour. Qui nous rendra la danse gracieuse du léger menuet, les bosquets remplis de tendres murmures, les marquises au rose sourire, les arbres bleus, pleins de mystères charmants, les faciles bergères, et tout l'enivrement de ce court voyage pour les îles de Paphos?

Où donc sont-ils les petits amours roses et espiègles, et les grands rois qui obéissaient à leur regard, et dont le cœur, comme un but précieux, était percé de mille flèches dorées? Ah! gracieux enfants, avez-vous emporté avec vous les ris et les jeux? Alors la fleur de l'amour, la plus belle des fleurs, naissait et mourait dans la même journée pour renaître le lendemain; aujourd'hui ce n'est qu'une épine plus vivace, mais la rose n'a ni air ni lumière pour s'épanouir.

O nos pères, peut-on vous reprocher de nous avoir ôté le ciel? vous nous aviez fait un paradis de la terre. Hélas! notre siècle deux fois impie n'a su garder ni le ciel chimérique des chrétiens, ni le ciel païen du plaisir! O volupté, douce fille du firmament, attire-nous; syrène harmonieuse, grâce divine, ramène-nous aux pieds de la beauté; tu es l'ange qui féconde le monde. Ne chantons plus les combats farouches, mais laissons chanter le printemps en nos cœurs; le plaisir nous mène en des sentiers plus fleuris que la gloire.

Chantons pour nos belles; les chansons couleront comme le miel de notre bouche. Viens, ô douce paresse trop oubliée! reine patiente, tu verras revenir à ton aimable empire tous les héros fatigués de leurs inutiles travaux. Amour, ô céleste colombe, véritable Saint-Esprit, descends sur la terre, répands la douce paix du ciel! Les esprits orgueilleux savent, mais ils n'aiment pas; à quoi sert à la colombe de voler si vite dans les plaines du firmament, si ce n'est pour aller vers son bien-aimé?

Heureuse oisiveté, mère de tous les aimables vices, divine poésie de l'âme, règne parmi nous! amène-nous le chœur des muses et des grâces. Les beaux-arts et les belles chansons sont les enfants du loisir et de la volupté. O volupté, nouveau Messie, vrai Dieu, après tant de faux dieux, douce

Anadyomène, nous ne pouvons vivre sans toi !
reviens de l'empirée, belle Vénus, fais refleurir la
terre, et souris au monde qui t'adore, et malgré
tous les faux prophètes, n'a jamais pu adorer
d'autre Dieu que toi.

O Wateau, en contemplant tes gracieuses peintures, l'âme recrée les jours délicieux de l'âge
d'or ! Comme tes tableaux brillent des couleurs
de l'arc-en-ciel ! Sous ton riche pinceau les bosquets ouverts aux amours se nuancent d'un bleu
aérien ; on dirait que tu as su faire descendre les
champs du ciel sur la terre. Qui jamais nous rendra tes paysages si remplis d'air et si dorés de soleil, et tes arbres bleus et charmants, et toutes
ces aimables fantaisies, lieu de délices, paradis
d'autant plus ravissant qu'il est plus impossible.

Qui oserait médire de la paresse ? n'est-elle pas
l'apanage et la vertu des dieux ? Il faut un génie
divin pour la bien savourer. Dites-moi, combien
le Très-Haut a-t-il employé de jours dans son
éternité ? Nous, faits à son image, ne créons que
pour notre plaisir, et contemplons le monde dans
un insouciant repos ; les plus belles choses de la
vie sont les plus calmes ; c'est le marbre qui est
l'image de la beauté. Pourquoi ce qui est bien
changerait-il ? le mal seul s'agite pour n'être plus
ce qu'il est. Quand l'amour a trouvé son but, il
s'y fixe et s'endort dans son bonheur ; et livrée
à une extase infinie, la pâle statue de la mort est
immobile devant Dieu pendant toute l'éternité.

Un jour viendra où ce qui semble une fiction
sera une réalité : l'humanité enchaînée par des
chaînes de fleurs, se livrera à l'ivresse du repos.
Aimer sera la plus grande occupation ; eh quoi !
l'homme avait devant lui le mal et le bien, le plaisir et la douleur, et il n'a pas su choisir. Heu-

reuse volupté! que ton aimable empire prête un printemps éternel à nos cœurs charmés, que ton sourire nous enchante, que l'amour régénère le monde : le mal disparaîtra avec la haine de l'univers.

Les feuilles d'automne.

Que les douces feuilles d'automne voltigent sur ma tombe; j'aime leur bruit léger quand le passant les foule aux pieds; j'aime à les voir rouler sous le vent, comme une âme en peine détachée de l'arbre de la vie. Qu'elles viennent reposer sur ma tombe, et mêler leur ruine et leur repos au mien.

Que les oiseaux répètent ici leurs chants printaniers et y construisent leurs nids joyeux, et que la danse y soit conduite comme sur une pelouse plus verdoyante. Que les amours m'éveillent au bruit de leurs baisers : je ne veux pas dormir dans le triste et froid cimetière, mais aux endroits du gai plaisir; qu'on rie auprès de mon tombeau au lieu d'y pleurer; les morts n'ont-ils pas aimé?

Hélas! tout passe; mais l'amour toujours jeune et souriant, quand les morts vont si vite, fait voler dans les airs son char paisible, attelé de deux colombes, et jette des fleurs sur les tombes avec son sourire inaltérable. Ainsi la neige recouvre la terre dépouillée, ainsi le printemps gracieux répand les roses de sa couronne sur l'empire du froid hiver; la tombe nourrit un mois de mai perpétuel.

Doux esprits du passé, revenez sourire aux mortels! n'est-ce pas votre âme qui donne plus de parfum aux fleurs, plus de légèreté à l'air? n'est-ce pas parce que vous êtes mêlés à toutes les choses, que souvent nous nous sentons pleurer tout-à-coup et sans savoir pourquoi, en respirant une rose, en contemplant un coucher de soleil, ou une étoile scintillante dans les cieux?

Voltaire.

Comme un roi victorieux, Voltaire entraîne tout son siècle après lui au char de sa gloire; il arrive ainsi à la postérité avec un cortège d'amis triomphants et d'ennemis enchaînés. Son nom seul suffit à remplir l'âge le plus étonnant de l'humanité : il a exterminé à jamais les têtes sans cesse renaissantes de l'hydre des superstitions; nouvel Erostrate, il a brûlé le temple des dieux; il a été plus puissant que Jehovah en détruisant Jérusalem; et de l'édifice du Christ, quelques efforts que l'on fasse, on ne remettra jamais pierre sur pierre.

Avez-vous vu, si quelque accident trouble la surface de l'eau, comme le cercle agité s'étend de proche en proche jusqu'à une distance immense? Ainsi, sur le visage de Voltaire, les rides produites par le rire se succèdent jusqu'à l'infini : c'est un rire vraiment homérique, qui ne s'arrête pas, un rire qui se moque des hommes, des enfers et des dieux, et tourne en dérision jusqu'au néant lui-même, la seule chose qui lui reste.

Le rire a été plus redoutable chez lui que chez les autres les larmes de la colère. D'un cœur invincible il s'avançait au milieu des ruines de plus en plus désolantes, semblable au lion qui se plaît dans le désert. Il a marché ainsi toute sa vie par une terre vide et sous un ciel dépeuplé : austère conquérant des sphères infinies, Titan gigantesque qui portais la destruction partout, jusque dans le firmament, le rire sur les lèvres et le néant dans le cœur, ton image ne ressemble-t-elle pas au crâne dépouillé de la mort qui rit toujours?

La Grèce.

Salut, terre des Hellènes, contrée ravissante, patrie des dieux et de la beauté! combien tu apparais charmante au regard amoureux du voyageur! Une lumière suave te baigne de toutes parts, la mer, comme une ceinture flottante, s'attache mollement à tes flancs, et l'écume, cette blanche fleur des vagues, vient échouer sur tes rivages; l'azur lacté du firmament étend un dais sans plis au-dessus de toi, et la pourpre et l'or se disputent les plaines de l'air.

C'est ici que la nature respire dans toute sa grâce, et qu'habitent les dieux descendus du ciel; les regards se bercent dans les lignes exquises de l'horizon, et comprennent enfin l'harmonie divine. O calme parfait du paysage, lumière suave, beauté tranquille et sereine, tu possèdes toute mon âme, et tu parles à tout mon être comme une mélodie mesurée!

O terre des Hellènes, j'étais fait pour tes fêtes et tes plaisirs. O Grèce, doux climat, songe d'une nuit d'été, idéal de ma vie, rêve éternel de ma jeunesse, ah! qui n'a pleuré de tendresse au souvenir de tes arts merveilleux, de ces théâtres splendides où s'asseyaient des cités entières, et de tes vastes jeux olympiques! qui n'a désiré te voir, ô terre de la volupté! Ton premier regard fixe à jamais le cœur de l'homme : semblable à ta déesse Vénus, ô divin archipel de la beauté, tu sembles né de l'écume des flots; c'est la nature, Anadyomène ravissante, souriant au soleil et s'offrant aux embrassements du ciel; c'est une corbeille de fleurs qui flotte amoureusement sur une onde limpide.

O Grèce, anneau d'or entre l'Asie voluptueuse et la savante Europe, dans un corps plein de grâce et assoupli aux mollesses de l'Orient, tu gardes l'âme audacieuse et agitée des fils de Japhet. Oh ! que je t'adore, nature si bien équilibrée ! il me semble vivre au sein de ta gloire, et non dans notre pauvre monde. Divin Platon, enivre-moi de tes célestes harmonies ; apprends-moi ce que c'est que la grâce plus belle encore que la beauté : revivez, ô vous toutes molles divinités, nature amie des plus beaux des hommes. Salut, contrée chérie des dieux, ô monde païen, perdu à jamais, ciel descendu sur la terre !

Que je voudrais revivre parmi ces Grecs, les plus accomplis des mortels, sous ce ciel si limpide et si transparent, qu'il laissait voir la divinité, et sur les rivages de Sunium, d'où la mélodieuse pensée des sages s'élevait jusque dans les mondes supérieurs, sur les ailes de l'idéal. A peine pouvons-nous saisir ce passé radieux comme un rêve lointain.

Je t'invoque, ô force antique ! O Prométhée, tu sus être fort contre Dieu-même ! tu souffris sans te plaindre ; et de ton lit de douleur, tu chantas les espérances de l'avenir. Que nous sommes faibles et misérables devant toi ! nous n'avons pas même su conserver ton héritage : sommes-nous bien tes fils, Père de la lumière, nous qui tremblons devant les dieux ? L'humanité, comme Hercule, a d'abord étouffé les serpents de son berceau ; mais n'ira-t-elle donc jamais plus loin ?

Beauté grecque, ô jeunesse du monde, qui nous rendra ton charme irrésistible, qui saura effacer un triste divorce et rétablir l'hyménée antique ?

Ignoreras-tu toujours, ô nouvelle Europe, que la grâce et la force ne sont qu'une même chose, beauté suprême, harmonie intime des forces actives et passives de la nature? Toi seul l'as compris, ô Poussin! et bien souvent je m'oublie à contempler les lignes heureuses de tes peintures qui me rendent un monde perdu. Barbares modernes, vous avez beau verser le soleil sur vos toiles grossières, il n'en éclaire que les pauvretés.

Et vous, qui pourra vous rappeler, harmonie de la langue des Hellènes, antique poésie de la Grèce, Homère qui as créé tout un monde, le ciel à la fois et la terre, Pindare, poésie aux ailes d'or, ivresse de tout un peuple, et toi, divin Platon, qui t'envolais par-dela les étoiles jusqu'au septième ciel, et nous racontais la musique des sphères célestes? Ah! nos langues sauvages qui veulent vous imiter sont comme des enfants ignorants qui bégaient un air perdu.

Comme à vous pourtant, le plaisir s'offre à nous de toutes parts; oh! que de joies nous pourrions avoir, plus que nous n'en pourrions savourer! les beaux-arts, l'amour, les tendresses du cœur, les charmes de la poésie, les délices des sens et de l'amitié. Mais, hélas!. les dieux n'ont point formé notre âme pour la volupté; nous ne sommes sensibles qu'aux maux; serions-nous donc nés pour la douleur? les Grecs ne cherchaient que le bien et le beau.

Mes yeux s'arrêtent avec délices sur les côteaux de la Grèce où dansait le chœur des nymphes et des grâces. Ah! les dieux ne sont pas morts, les dieux vivent encore dans tout leur charme et dans toute leur beauté; mais pourquoi quitteraient-ils le séjour enchanté de l'Olympe pour nos tristes climats et nos âmes froides? Sommes-nous donc dignes d'avoir des dieux? O blond Phœbus, tu éclaires toujours de ton ondoyante chevelure la terre parfumée des Hellènes! et vous, Vénus aux pieds de marbre, quel voyageur n'emporte en son cœur la flèche irrésistible de vos regards? Vous menez encore les chœurs du printemps sur les vertes collines de l'Acarnanie. Phœbé règne encore dans les cieux nocturnes, et Jupiter fait entendre quelquefois ses accents sur le sommet des monts Acrorauniens. O fable charmante, la plus vraie des religions, au milieu de la belle plaine de Sparte, j'aime à songer à ton antique sagesse; et dans ces lieux pleins du souvenir gracieux de Pâris et d'Hélène, j'admire la force et la beauté païennes et leurs glorieuses guerres; Mars, vainqueur de Vénus, et vaincu par elle. Le monde a dit son énigme; il se résout en deux villes : Athènes qui a su vivre, et Rome qui a su mourir.

C'est toi surtout que j'admire, ô jeune héros, type immortel de la Grèce, Alexandre, fils de Jupiter! Je crois te voir encore avec ta belle figure de demi-dieu, la tête un peu penchée sur l'épaule gauche, courant sur un cheval indompté à la conquête du monde, répandant partout la civilisation, et mourant couronné de gloire au milieu des peuples subjugués par la vaillance et l'admiration. Ainsi la Grèce est morte dans l'ivresse et la volupté, reine épuisée du monde qu'elle avait formé et à qui elle avait donné son âme, mourant pour l'univers, comme le Christ, non sur une croix infâme, mais sur un lit de roses.

O Parthénon, antique séjour des dieux, combien j'aime à te contempler! tes colonnes sont encore debout quand les hommes sont depuis si longtemps couchés dans le cercueil. Blanches colonnes sveltes et harmonieuses, je crois voir des cariatides portant le fronton glorieux et léger, ou les muses offrant une couronne aux dieux; ou n'est-ce pas plutôt Vénus et le chœur des grâces qui soutiennent dans l'air serein des corbeilles de fleurs? Que j'aime à les voir ainsi, nues, belles et entrelacées autour du temple radieux! comme elles élèvent avec légèreté leur précieux fardeau! Sur la frise, les blanches théories de Phidias se déroulent encore dans l'azur du ciel.

Le temps lui-même a respecté cette merveille des âges antiques; le temple est saint : sur les degrés, tout semble encore vivre. O modèle du beau, air céleste de la Grèce, air baigné de lumière, des héros, de nouveaux demi-dieux comme ceux d'Athènes et de Sparte, ne devraient-ils pas renaître à ta vue? De ces pierres, comme de celles de Deucalion, ne devrait-il pas se former de nouveaux hommes pour la Grèce épuisée?

O poëme de marbre, lignes suaves et courbes du Parthénon, art calme et plein d'une pure mélodie, œuvre du divin Phidias, vrai type du beau, ainsi que Thèbes n'as-tu pas été bâti au son de la lyre? que dis-je? n'est-ce pas la lyre antique elle-même dans toute son harmonie et son rythme mesuré? Oh! comme mes yeux s'emplissent de volupté en contemplant ces lignes pures et harmonieuses, découpées dans un ciel sans tache! Les dieux, les dieux eux-mêmes devraient revenir habiter dans ce divin temple, qui porte si légèrement sur son fronton grec, comme une couronne d'or, le ciel aimable de l'Olympe païen.

O Pallas, Pallas, seule divinité sans faiblesse, reine vraiment céleste, déesse de la paix, de l'harmonie et de la proportion, ton âme vit encore tout entière dans ces pierres sacrées, et jamais ni les dieux ni les hommes ne t'offriront un plus pur hommage. Olympe païen, qui pourrait vous refuser sa foi, divinités charmantes? Si vous n'avez pas créé la nature, n'avez-vous pas produit quelque chose de plus parfait? les merveilles de l'art grec. Qui ne tomberait à genoux devant vos marbres sacrés? Ah! c'est tout un peuple qu'il faut adorer ici, un peuple qui nous a montré le vrai chemin du ciel, l'homme devenu Dieu.

Adieu, terre des Hellènes, éternel enchantement du cœur, contrée où la nature respire, où les dieux vivent encore! adieu, vous surtout, plaine de l'Acropolis, art sublime de simplicité, qui se contient dans sa beauté comme un Dieu maître de lui-même, air baigné de lumière, paysage limité par un horizon choisi. Terre des Hellènes, je crois te comprendre aujourd'hui : toute la sagesse antique réside dans le rythme suprême des contours de la belle Vénus. Jadis tu as eu ta gloire que rien n'éclipsera jamais, ô Grèce! aujourd'hui encore tous les regards du ciel s'abaissent pour voir ta beauté; mais après tant d'héroïques travaux, mise au rang des dieux, tu sembles immobile et calme comme Hercule dans son repos sublime.

Abdel-Kader.

Depuis quinze ans, un seul cavalier défie toutes les forces de la France; ceux qui ont triomphé du monde ne peuvent dompter Abd-el-Kader.

Fils de l'Europe, à vous les villes dorées, les vallées fleuries, les rivages fertiles des Méditerranées : n'est-ce point assez pour vous? pourquoi voulez-vous conquérir les flammes du Simoun et le sable mouvant des solitudes?

Tous les cœurs sincères ne sont-ils pas avec ce héros qui défend sa patrie, sa religion et les pauvres et pastorales tribus de la Mauritanie contre d'injustes étrangers apportant chez lui les massacres, la science athée et l'opulente misère de la vieille Europe?

Ah! vieille Europe, respecte davantage ces restes des glorieux Arabes! N'es-tu pas pire que ces barbares que tu méprises? Quand ta fortune aura passé comme la leur, et le moment fatal approche, trouveras-tu pour défendre les tombeaux de tes pères des héros qui se souviennent de la lance des croisades, comme ils se souviennent de l'épée de Mahomet?

Eh quoi, l'Afrique va-t-elle passer aussi sous le joug décevant de la civilisation? Cette terre vierge sera-t-elle souillée par la domination de l'homme, être odieux, qui a inventé l'esclavage et le seul qui ait besoin de serfs? ces contrées lointaines n'auront plus de poétiques mystères, et le vulgaire citadin pourra traverser l'aride océan de Sahara.

L'Afrique était le parc des nobles animaux ; que vont-ils devenir, ces aînés de l'homme qui peuplèrent avant lui la terre? Partout il les a dépossédés ; plus cruel qu'aucun d'eux, il n'a rien laissé subsister de leur race. Ne restera-t-il donc plus un seul lion, noble roi du désert, qui par la majesté de sa face, puisse apprendre aux habitants dégénérés des villes, ce que c'est que le regard d'un être libre?

O véritable lion de l'Afrique, le soleil de l'équateur défend avec toi son royaume. La fièvre, sœur de tes rivages, combat contre d'avides étrangers, et tu peux défier toutes les armées de l'Europe, car le vent des sables prête des ailes à ton coursier et le désert est ta citadelle!

Le crépuscule.

Que j'aime la douce lueur du crépuscule ; alors, un calme suprême s'empare de mon âme, les molles visions et les formes amoureuses viennent caresser mes yeux. Les parfums montent mieux vers le ciel, et tous les bruits légers de la nature se réveillent pour chanter leur invisible concert ; je crois voir ma beauté qui va venir.

Regardez là-bas comme tout se fond et s'harmonie : le soleil, hôte discret, s'est retiré de l'horizon, ses rayons ressemblent à un baiser et à un adieu ; et au loin, la ligne du ciel et de la terre se fond dans l'unité ; toutes les choses deviennent ce qu'il plaît aux yeux, comme une mélodie prête mille pensées à nos rêves ; le crépuscule est rempli d'une musique suave : la laideur et le mal semblent avoir disparu de la terre. L'ange de la pureté seul, étend dans les airs ses ailes silencieuses. La verdure et le bleu du ciel ne forment plus qu'une seule couleur, l'espérance et le souvenir ne sont qu'un, l'âme et le corps sont émus par les mêmes sens.

Le ciel et la terre semblent renouer leur hymen d'autrefois, et se livrent les baisers de leurs lèvres amoureuses ; la pudique nature s'abandonne aux voluptés dans le mystère des premières heures de la nuit ; les senteurs augmentent, semblables à l'haleine embaumée d'une bouche qui se pâme de plaisir. La terre semble tressaillir comme un sein doucement ému, et les étoiles s'allument dans le firmament, comme le désir au fond d'une prunelle amoureuse. O crépuscule de l'amour, ô doux charme de la nature ! Vois, les lèvres de feu du ciel donnent le baiser du soir à la terre.

Viens, ô ma beauté, respirer dans ce calme inaltérable, que ne dérange même pas la brise du soir, le bonheur universel. Tout le raconte, depuis le murmure de l'herbe des prés, jusqu'aux suprêmes harmonies des sphères célestes. Viens, la volupté est sainte, la nuit est son temple, et deux cœurs brûlant du même amour forment le plus pur encens qui puisse monter au trône de la divinité.

Viens, mêlons-nous à l'harmonie de la nature, que nos lèvres se confondent, et que nos cœurs aussi chantent un hymne d'amour à la nuit : la nuit, c'est l'état naturel des cieux, c'est le repos suprême du paradis. Les cieux se dévoilent alors plus grands à nos yeux qui ne sont plus éblouis par un seul soleil. En présence de l'infini visible, nous croyons entendre les hautes harmonies des sphères dans le silence de la nuit, et la musique de leur course rythmique. Nos regards sans barrière élèvent leur essor dans l'immensité, notre âme ranimée semble remonter vers Dieu son foyer. Alors, brille la lumière intérieure de l'âme universelle, et il n'y a plus qu'un Dieu dans le monde, un Dieu éclairant tout l'univers d'une lumière égale ; et qui, si haut qu'il siège parmi les étoiles, semble communiquer avec nous.

La Danse des Morts.

Holbein, peintre sublime, que tu fus un profond penseur, quand tu résumas le monde antique et le monde moderne dans la danse des morts ; tu as posé ainsi de la manière la plus nette, l'énigme du sphynx, le problème de la destinée humaine. Oh ! comme ils rient, comme ils s'agitent, comme ils chantent, comme ils courent gaîment à l'abîme ; pauvres hommes ! et quelque chose d'eux à chaque instant est la proie de la fatale déesse ; les fleurs se fanent dans leurs mains,

leurs lèvres deviennent blèmes, leurs membres li-
vides, et la mort se cache elle-mème sous la pourpre de leurs manteaux. Oh! la vie n'est qu'une
carrière à la mort ; et pourtant, ô Holbein, tu les
as faits riants, et s'agitant jusqu'au terme fatal.

Homme, si tu réfléchis, tu verras que tu meurs
à chaque instant de ta vie : la mort joue avec toi,
comme avec une proie trop facile, elle t'enlève peu
à pen le plus réel de ton existence, et au dernier moment, tu n'as plus rien à lui donner qu'un vain
soupir. Qu'êtes-vous devenus, sourire et illusions
du jeune àge, fleurs de notre printemps, force,
courage, activité, espérances et mèmes souvenirs ?
Hélas ! parents, amis, maîtresses, tout a passé :
notre àme et notre corps lui-même ne sont-ils pas
descendus avec eux dans la tombe? Chaque pas que
nous faisons est vers la mort ; dès que nous respi-
rons, nous souffrons mille morts plus réelles avant
la dernière : les roses qui couronnent le front de
l'adolescence, ne meurent-elles pas elles-mêmes
pour céder la place aux œillets plus appàlis de la
jeunesse?

Mais quoi, si les fleurs et le printemps s'en
vont, faut-il pour cela qu'ils cessent d'être riants?
la fleur sera-t-elle sans parfum et sans éclat parce
qu'elle doit se flétrir? O belle, donnez-moi votre
main si douce ; laissez-moi respirer votre haleine
si suave, que les roses de votre joue, si elles doivent mourir, meurent sous les baisers, et que la
coupe de l'ivresse, puisqu'elle contient si peu, soit
bue avec délices jusqu'à la dernière goutte. Epicure, ô vrai sage, tu as dit la vérité en un mot : il
faut savoir jouir. Allons donc joyeusement à la
danse des morts, laissons les stériles regrets ; il
sera toujours temps de mourir, ne mourons pas
avant l'heure, chantons notre chanson et fleuris-

sons en notre printemps, l'hiver pourvoira à sa peine. Que la mort me passe son verre, je veux boire à sa santé ; elle n'est pas inutile, cette pâle prostituée, à nos jeux et à nos fêtes ; elle est là pour nous dire de jouir plus vîte, et que le temps nous presse. Merci, ô mort, tu n'auras pour tes froids embrassements que les restes d'un corps épuisé par toutes les voluptés de la terre.

Jusques-là, les chrétiens se plongeant dans un deuil éternel, avaient fait de la terre un vaste tombeau : pour corriger les amertumes de la mort, ils n'avaient trouvé d'autres moyens que d'en faire la reine du monde ; leur existence n'était qu'un long sacrifice au trépas ; parce qu'il vient après la vie, ils en avaient fait la vie elle-même, et ils l'adoraient comme un Dieu fatal, avec crainte et tremblement. Ils n'avaient pas compris, ces pauvres rêveurs, qu'on doit aller à la mort comme à une fête, comme à la fin des peines et des plaisirs, comme au dernier et plus sérieux amour, à l'entrée radieuse des êtres exilés dans le sein de la nature universelle, à ce but où tout aspire. Que tu fus sage et profond, ô vieil Holbein, quand tu rendis à la renaissance l'antique volupté des païens ; et que nos pères, la mort dans le sein, sûrent mener de nouveau les cœurs de la douce Vénus.

L'Asie.

Que j'aimerais les douceurs de la vie orientale ; oh ! qui n'a rêvé cette vie molle de l'Inde, ces baisers ardents de femmes, cette amoureuse clarté, ce bonheur de se sentir vivre ? Quand le soleil de juin dort à la cime des arbres, et que l'été nous berce en des songes merveilleux, qui n'a senti son cœur épris d'un vague désir et son âme s'envoler sur un rayon du soleil ?

Qui ne voudrait remonter jusqu'à sa source la plus pure, le cours de l'astre du jour, ce fleuve de lumière? c'est revenir à la jeunesse, à la fontaine de Jouvence des plaisirs. O peuples qui tombez tristement à l'occident, l'orient vous appelle; c'est-là seulement que s'épanouit la rose de la volupté.

Fraîcheur délicieuse, senteurs exquises, doux plaisirs; ah! aimer, c'est vivre. Que reste-t-il de plus de celui qui a travaillé pour une gloire trompeuse, ou de celui qui a passé sa vie à jouir? Un nom, c'est peu quand on est sous terre : ô vanité! Sybaris a le sien, et Capoue aussi. Rome, la superbe Rome, qu'a-t-elle davantage?

Oh! maintenant, sous ce ciel pluvieux, par cette légère échappée de soleil, mon cœur soupire après les rives Asiatiques, comme l'exilé soupire après sa patrie; comme vers son doux paradis, mon cœur s'envole en ces climats délicieux.

Le poison lui-même y est doux, et le corps s'endort mollement dans les bras du trépas, sous les baisers de l'aspic de Cléopâtre. O bains parfumés, larges feuilles des arbres, ardente nature, femmes pleines de désirs! là, l'homme n'a d'énergie que pour jouir.

Les habitants du Nord se croient grands et s'enivrent du cliquetis de leurs épées, mais il n'y a qu'une conquête au monde, la conquête du soleil et de la volupté. A quoi sert la gloire sur une terre sans ciel? Ah! dans le midi, ce n'est pas un sang glacé, ce sont les rayons de l'astre Dieu du monde qui circulent dans les veines; l'homme y est vraiment le fils des dieux.

La nécessité est la mère de l'industrie; mais qu'a-t-on besoin de palais sous un dais d'azur éternelle et dans ces plaines merveilleuses? la terre y est riche, sans travail ; la pauvreté y est moins misérable que notre opulence. Le ciel ruisselant d'or est plein de songes fleuris, les esclaves sont plus heureux que nos princes.

O molles voluptés, ô délices ! éternel enivrement de la nature ! les sens de l'homme ne peuvent suffire à vos douces émotions, fortunés enfants de l'Asie ! et croit-on que, parce qu'ils savent jouir, ils ne savent pas mourir ; ah ! pareils à Sardanapale, ils montent en souriant sur le bûcher, comme sur un lit de roses.

Les peuples sauvages ont toujours troublé les peuples libres et voluptueux : ils sont braves ; belle bravoure ! Pour eux, la mort est meilleure que la vie, et leur froide religion ne leur apprend qu'à mourir. Eh quoi ! ils savent mourir ; est-ce une chose si difficile ? Hélas ! tous les hommes ne meurent-ils pas ? ceux de Sparte, comme ceux de Sybaris !

O volupté, toi aussi, ceins le glaive pour défendre les enfants contre les agressions des barbares et sauve les parfums de leur chevelure. O Vénus, protège Pâris qui t'adore, et qui sort pâle et affaibli de la couche de la trop belle Hélène.

Mais non, ô volupté, ne ceins pas le glaive, laisse seulement tomber ta robe flottante, et montre tes seins nus ; ouvre tes bras pour y recevoir tes ennemis vaincus. Ton seul sourire changera le feu farouche de leurs regards en un feu plus doux.

O Vénus, dompte en tes embrassements la furie de Mars, et désarme sa colère ; que la terre enivrée des parfums du printemps, soit enchaînée sous des chaînes de fleurs. O reine heureuse de l'Asie, règne sur le monde entier.

L'Échafaud.

Qu'est-ce que le courage de l'homme qui combat en champ clos? il se défend, il s'anime, et la recherche du péril est pour lui pleine de délices. Le trépas est presque aussi facile pour celui qui meurt en son lit : l'homme perd la vue de toutes choses, et l'agonie est un brouillard qui lui dérobe la mort.

Mais l'échafaud est bien autrement terrible : aussi, regardez comme la foule y court pour voir de quel front l'homme y monte, qu'il soit victime de la vertu ou du crime. O duel redoutable, ô fatal moment, ô fiançailles de la mort pâle et souvent belle, mais si froide en ses embrassements ! c'est-là qu'il faut l'aborder face à face, au lieu de la combattre, offrir la lèvre à sa lèvre livide, et contempler d'un cœur ferme la couche sanglante où nous attendent les étreintes de squelette de cette pâle prostituée ; qui ne tremblerait rien qu'à cette funeste pensée?

Le peuple se presse pour voir passer le malheureux qui a déjà la mort dans le cœur, il cherche avidement ses yeux hagards, sa bouche pâle et son agonie morale bien plus effrayante que la défaillance physique. Il contemple d'une âme émue cet homme déjà sur le seuil d'un autre monde étrange et redoutable, où lui-même il doit tomber ; il voudrait lire l'énigme introuvable sur ces traits dont la vie s'en va, et il espère que dans le moment indivisible entre la mort et l'éternité, celui qui n'est déjà plus un corps et pas encore un esprit, pourra lui révéler le grand mystère de la création.

Octobre.

O mois d'octobre, pourquoi êtes-vous si charmant ? hélas ! pourquoi notre déclin est-il aussi coloré parfois que le printemps, comme pour nous faire regretter davantage la perte de nos désirs ? O soir de la jeunesse, qui me donnera des larmes pour te pleurer.

Ma bien-aimée m'a offert une petite rose pâle ; ô dernière fleur de l'année, pauvre petite fleur d'octobre, le soleil est fini, et ne t'a donné ni parfums ni couleur ; ô pâle rose, tu me plais davantage dans ton malheur.

O derniers beaux jours, ô fugitif octobre, ô doux soleil, ô soirs encore attiédis ! je ne demande pas les grâces du printemps. Hélas ! voilà le froid, l'éternel hiver ; où sont aujourd'hui les orages tumultueux de l'été et leurs fatigues ? Ah ! maintenant à mon déclin, je regrette jusqu'aux douleurs de la vie écoulée, jusqu'aux peines de la passion.

Mais non, soyons fort, ô mon âme, chaque saison doit avoir son tour : vois comme l'automne est calme. Pareille à celui qui a rentré d'heureuses moissons, et regarde d'un front serein venir décembre, la terre semble s'apprêter à dormir sous son manteau de neige. O mon cœur, apprends à vieillir et à mourir.

La réalité.

O réalité, humble et douce réalité, modeste champ, petit foyer domestique, oh ! combien je t'aime maintenant, j'ai dit adieu à tous mes vains désirs. Autrefois, j'aimais l'idéal, je ne rêvais que le ciel, mais comme je comprends aujourd'hui le doux et poétique esprit de la réalité, ce fluide, cette flamme, cette âme de notre âme, cette habitude de la volupté qui courait de la Fornarina à Raphaël, et le transportait dans le firmament.

O Faust, que tu avais raison de préférer la pure haleine de Marguerite, à tous ces mondes éblouissants qu'éveillait ta puissante imagination ; ce n'était que la cendre auprès de la fleur, un vêtement vide, une vaine matière sans son âme immortelle. O Faust, ta tête brûlante créait des statues et des fantômes ; mais, qu'était ton cœur ? tu n'étais toi-même qu'une froide statue qu'éveilla Marguerite.

Qu'êtes-vous, ô passé immense, ô mondes de l'avenir, ô fantômes vagues d'un sens impuissant, auprès de celle qui nous a charmés de son sourire, et qui a pénétré en nous par toutes les portes des sens et de l'âme ? Ah ! descendez des nuages sur la terre ; un sein ému, c'est la poésie de Dieu ; combien elle efface celle des hommes. La moindre rose avec son parfum éphémère, vaut mieux que toutes les froides immortelles.

Que me font les vains contours de la Cléopâtre et d'Aspasie, et la Vénus antique ? ces pâles statues ne sont que des courtisannes qui ne sauraient point rendre de baisers. O marbres froids, qu'êtes-vous auprès de ce sein qui palpite ? O mon cœur, tu retiens son image, ses yeux, sa voix, sa douce voix et son âme charmante.

Comme Vénus, elle n'est pas née de l'écume des flots, mais sa beauté est née et a grandi en mon propre cœur, elle s'est faite des larmes de mes yeux et des soupirs de mon sein. Elle n'a point des paupières de marbre, mais c'est son âme que j'aime dans ses regards, c'est son âme qui est mon âme, et je mourrai du frémissement de ses lèvres.

Elle ne mène pas le chœur changeant des grâces

et des muses, mais elle est elle-même toutes les grâces ; elle n'a pas été animée par la passion du sculpteur amoureux, mais sa beauté est fille de mon désir ; elle m'a donné la vie véritable et mon cœur lui a donné une beauté céleste.

O réalité, joie du foyer, paisible amour, tu nous enseignes tout. L'homme se rend malheureux à chercher l'idéal qui fuit devant lui comme un nuage. Idéal, idéal, l'amour peut seul te trouver, l'amour prête ses ailes à la pensée de l'homme. Le regard de la femme nous emporte jusque dans l'infini des cieux.

La vieillesse.

Que la vieillesse est une triste chose ! comme dans la sublime épopée de Dante, le portique de l'enfer est plus terrible que l'enfer lui-même, ainsi la vieillesse est pire que la mort : c'est ici qu'il n'y a plus d'espérance. Nous voyons tout nous abandonner, ce n'est pas notre corps seulement, notre âme aussi semble nous quitter pour nous laisser seuls avec le néant. Hélas ! il faut mourir tôt ou tard ; chaque pas que nous faisons, chaque impression nouvelle, hâte notre mort, et la vie semble n'être qu'un long suicide. Qu'il est dur de quitter ce qu'on aime ! la nature est si belle, le printemps si gracieux, la terre semble redevenir plus jeune comme pour insulter à notre defaillance, et nous, nous retournons au néant d'où nous sommes venus. Dieu s'est ri de nous, et l'existence est une telle déception que l'homme est obligé de s'écrier : ah ! que ne suis-je pas né !

Les quelques jours qui lui restent, l'homme pourrait-il les voir couler d'un cœur tranquille quand, de tous côtés son frère pleure dans la souffrance, et qu'il n'a plus même de consolation dans le ciel, la science ayant anéanti la foi comme le grand jour fait disparaitre la faible lumière d'un flambeau nocturne. Hélas ! après tant de désastres, après que la foi est morte, que reste-t-il à faire à l'homme, si ce n'est de savoir mourir, comme les vieux Romains sur leurs chaises curules après que les barbares eurent envahi la ville éternelle. Le monde sans boussole oscille vers l'avenir, il hésite entre l'âge moderne et l'âge antique, entre Épicure et le Christ ; de ces grandes ruines qui se vont faire, heureux qui saura fondre comme un précieux métal de Corinthe, la foi, les sens et la raison, et galvaniser encore cet univers qui s'en va.

Pour nous, dépouillés de toute croyance, nous blasphémons sur la tombe des prophètes qui nous ont trompés. O Christ qui te prétends ressuscité, nous t'avons attendu dix-huit cents ans, et tu n'as pas même encore soulevé la pierre de ton sépulcre, tu n'as pu détacher tes bras sanglants de ton gibet d'ignominie. O Christ, les juifs avaient-ils donc raison, qui se raillaient de ta vaine royauté? En vain on a jeté tes cendres stériles aux quatre vents de l'univers, l'homme est toujours esclave. Ah ! donne-nous les pleurs de la femme pour pleurer sur ton immortel et inutile Calvaire.

Le siècle tout entier comme un seul Christ est sacrifié en holocauste de l'avenir; heureux le Siméon qui verra cette vie nouvelle : mais nous, hélas ! nous ne pouvons avoir de foi et d'espérance que pour les autres ; tout est pour nous sans charme : la science laisse le cœur vide, la religion n'est qu'une ombre, la voix de la gloire est épuisée, la jeunesse s'éloigne de nous et nous dit : Tu n'est rien. Oh ! l'homme a bientôt assez de la vie ;

qu'a-t-il à faire encore quand il a cueilli une fleur, aimé une femme, et rêvé un Dieu?

La jeune Fille solitaire.

Pauvre solitaire assise sous les saules, au bord d'une onde pure, je regarde d'un œil désolé le bleu du firmament et la verte parure des campagnes.

N'y aura-t-il pas un cœur pour comprendre le mien? oh! que je serais heureuse sur la mousse, pressant un sein sur mon sein et mêlant mon haleine à une autre haleine.

Maintenant peut-être dans une humble chaumière ou dans le désert des cités, une âme dit aussi : où est ma bien-aimée? perdrais-je les baisers de mon cœur dans le vide des cieux.

Les oiseaux savent voler vers le printemps, les fleurs volent sur l'aile du zéphire vers leurs amours, le cœur de l'homme seul est enchaîné et soupire.

Est-ce dans le ciel seulement que je te connaîtrai, ô mon bien-aimé, délices de ma pensée, âme de mon âme, baiser de mes lèvres?

Oh! alors mourons donc d'amour, mourons vite, pour que nos cœurs brisant cette frêle enveloppe, s'élancent l'un vers l'autre dans les plaines sereines de l'infini,

Où sous l'œil du Seigneur et par une douce lumière, il est d'éternelles joies et des chants suaves.

Mourons, ô mon bien-aimé, mourons; ah! plutôt, si tu le peux, dans ce monde aveugle viens chercher celle qui t'aimerait toujours.

Viens, roi de mon désir, l'air est tiède, le printemps a revêtu toute sa beauté; viens dans mes bras nus cueillir le miel de mes lèvres.

La brièveté de la vie.

Oh, que la vie est courte! elle s'en va comme un ruisseau qui s'écoule, et doit bientôt se perdre; eh bien! que le ruisseau soit frais et limpide et qu'il baise les fleurs de ses rives. O mourez donc plaintes et soupirs, mourez comme la brise du soir et le vent de l'orage; mourez, amours, ô ma douleur mourez comme je me meurs moi-même.

Oui, tout passe, tout s'en va, et la joie et la peine; faut-il donc nous affecter de quelque chose? toi-même tu ne peux résister au temps, ô frêle souvenir, toi la ruine des ruines. La consolation de l'homme semble être de chanter sa douleur; n'est-ce pas trop de volupté, de pleurer ainsi sur notre misère et d'étaler nos blessures, de faire pleurer sur nous les anges et les nymphes, et le ciel et la terre? que sommes-nous de plus qu'un grain de sable?

Ah! l'homme est si peu de chose, il n'est grand que par sa misère; pour ainsi dire, il n'existe pas. Il s'en va du passé à l'avenir; semblable à Janus il vit tout entier à l'espérance et au regret. Qui que tu sois, ô Prométhée, tu as pétri l'homme avec tes larmes.

Quelle amère tristesse de voir un vain rêve seulement dans le temps et dans l'espace, tout s'effeuiller et se déflorer sous nos baisers, et la nature s'évanouir à peine épanouie. La vie est si courte, ce festin où pend l'épée de Damoclès peut-il être agréable?

Mais pourquoi cette tristesse quand les roses ont tant de parfums et quand le printemps a tant de jeunesse? il est doux de vivre, de respirer et de voir la clarté du soleil, il est doux de vivre même en souffrant; souffrir n'est-il pas un bien pour les chastes âmes : la brise en gémissant nous embaume de son haleine.

Mais ô jeunesse, qui eût dit que tu passerais si vite? où est le temps que j'allais cueillir les douces violettes dans les bois, et que je contemplais avec amour les beaux couchants du soleil? Mon Dieu, rendez-moi les maintenant; sur le banc des molles rêveries, quelques rayons m'arrivent encore, quelques fleurs jolies, et je suis comme le voyageur qui sourit quand vient le soir.

O Temps, vieillard inexorable, si tu ne peux nous donner la vie, donne-nous du moins les pavots du sommeil et de la mort pour oublier la douleur. Que le sang de la grappe endorme nos peines et ravive nos souvenirs joyeux.

Ainsi le temps entraîne les uns, comme Mazeppa dans une fuite effrayante; les autres, il les berce dans un sommeil trompeur et les endort comme la belle au bois dormant. Les saints méprisaient le temps comme un songe qui fuit devant l'éternité; ah! qu'ils avaient raison : tout change, hélas! tout est faux et si vide! mais nous, nous méprisons le ciel, et nous ne croyons plus même à l'éternité. Que peut-elle être si ce n'est le temps et le temps?

Livrons-nous au sort d'un sourire résigné; les beaux avrils sont pleins d'amours, vidons la coupe de la jeunesse; décembre a encore son matin, bien que moins gai, et la nuit du tombeau sa lumière douce et tranquille, lumière pareille à la veilleuse qui dort au chevêt des mourants.

Après le sommeil vient le songe, le songe est le frère de la vie, comme le sommeil est le frère de la mort; nous aurons un paradis de rêves, et les douces amours de notre jeunesse vivront encore et nous berceront doucement dans la tombe; ah! le songe vaudra toujours bien la réalité.

La Chimère.

O chimère, délicieuse syrène, mon cœur soupire après ta beauté merveilleuse ; trop heureux celui qui peut mourir en étreignant son idéal. Où es-tu, Vénus changeante des flots, avec tes palais de cristal et tes mirages éblouissants? ah! ne fuis pas ainsi ; notre vie ne vaut pas le plaisir d'expirer dans tes bras charmants.

Hélas! après tous les Dieux, elle est donc morte aussi, la douce Chimère, aux yeux d'un vert étrange, à la voix chantante, au col gracieusement allongé, et aux formes ondulées et fuyantes de serpent?

Où sont maintenant les jardins des Hespérides remplis de fruits d'or, où sont les dragons effrayants, les Athlantides aux légendes séculaires et les sylphes, démons aimables de nos ayeux? Où est la miraculeuse licorne reine du désert, les tous petits pygmées, la pierre noire de la vieille Cybèle, les sphynx qui ont dormi tant de siècles sur les sables d'Egypte : le phénix est-il mort aussi, lui qui devait toujours renaître de ses cendres?

Et vous, Saint-Cristophe aimable géant, douce bergère Geneviève, Merlin l'enchanteur, joyeuses noces de Cana, rois mages couverts d'or, manne candide du désert, pieux voyages de Tobie, pourquoi les enfants eux-mêmes ne croient-ils plus en vous?

O fée du Paradis, où est votre baguette; Chimère, douce Chimère, où as-tu pu te réfugier? hélas! les cieux sont vides, la terre roule sous la main du hasard qui depuis l'éternité s'amuse à jouer aux boules avec les astres du firmament. La terre est connue aujourd'hui comme le torse d'un modèle qui a posé depuis de longues années dans tous les ateliers.

Eh quoi ! l'homme n'adorera plus tes mystères attrayants et tes charmes secrets ? la raison banale trône maintenant dans ses temples ; il dresse des autels à cette froide prostituée qui offre des appas sans voiles au regard du vulgaire.

Chaste ignorance, reviens parmi nous, ramène-nous la gracieuse Chimère, cette reine du crépuscule douteux, cette blonde fille de l'aurore qui pouvait se cacher dans sa flottante chevelure, et nous endormait du miel de ses baisers pendant que nous étions couchés aux soirs de juin à l'ombre des grands bois.

Nos cœurs se raniment pour sa recherche. Dans quels nuages est-elle, dans quels flots bleus ? Orient, ne l'avez-vous pas vu passer avec sa robe diaphane, son sourire étrange et sa voix qui enlace les cœurs ? où est-elle la Déesse pudique ? que deviendra l'homme sans amour et sans idéal ?

L'Espagne.

Belle Espagne, toi notre sœur si orgueilleuse autrefois, les yeux de la France se mouillent de larmes, chaque fois qu'elle tourne le regard de ton côté et qu'elle voit ta triste destinée. Où est aujourd'hui ton or, ton nouveau monde, ton Charles-Quint et son empire universel ? ah ! ta superbe a été trop humiliée. Où est l'invincible Armada ? tes ennemis font la loi chez toi et tes enfants eux-mêmes meurtrissent tes beaux seins.

Maintenant te voilà semblable à une pauvre brebis que des ravisseurs ont dépouillée de sa riche toison, et laissée sanglante sur le champ, et elle ne sait où aller. Malheureuse Espagne ! tu regardes

se lever au nord de nouvelles étoiles, et tu dis :
Mon temps est passé. Contrée poétique, que viens-
tu faire en nos âges de prose? Ah! les tours d'argent de la Castille sont tombées peu à peu sous
les coups répétés des siècles.

Mais, comme une vieille lionne des déserts, qui
a vu périr la gloire de son époux, captive elle-
même, regarde le temps passer dans un calme et
morne désespoir, ainsi tu sembles t'être réfugiée
contre l'infortune dans l'invincible forteresse de
ton cœur. Eh quoi! verdoyantes vallées des Andalousies, collines charmantes couvertes de vigno-
bles, indomptables Sierras, ciel toujours serein,
vous resterez muets, et vous n'unirez pas votre
voix à la voix des nations modernes?

Espagne, oh! reste ce que tu as été, ou deviens
ce que tu dois être; sache vouloir. Jusqu'ici tu
n'as su ni résister à l'esclavage, ni obéir à la liberté; tu as des hommes, mais tu n'as pas de nation; ah! si tu étais unie! Le monde se souvient
que tes enfants ont toujours été grands et fiers;
ils ont su vaincre Rome ancienne, ainsi que les
Césars modernes, et de tes ports sont sortis ces
hardis capitaines qui ont subjugué tant de peuples.

L'hypocrite religion n'a pu ruiner la franchise
de l'âme espagnole : un sang orgueilleux coule
dans leurs veines. Ils ont su réunir l'audace scan-
dinave et l'heureuse insouciance mauresque, l'ambition profonde et les richesses de l'art, le fer du
nord et l'or du midi. Leurs armes sont formées
d'un métal trop généreux pour jamais se rouiller.
Depuis Numance jusqu'à Saragosse, on les a toujours retrouvés les mêmes, debout sur la brèche;
ah! une telle nation ne peut pas mourir!

La mort.

Que l'on t'a bien nommée, ô fleur de la jeunesse ! ô légère senteur, douce ivresse, rose charmante, vous vous évanouissez en un moment, et vous laissez le cœur vide. Qu'est-ce que la vie, qu'est-ce que la mort ? on cherche à le savoir, on cherche à l'ignorer : hélas ! depuis le temps que, semblables à deux sœurs jumelles, elles nous apparaissent tous les jours, on est encore incertain, et personne ne sait si la mort est la vie, si la vie est la mort.

Mais qu'importe une vie plus ou moins longue ? n'est-ce pas être mort que de voir tout disparaître : amis, parents, fleurs du mois de mai et jusqu'au souvenir des affections et des joies ? Ceux qui vivent longtemps n'ont que la douleur de mourir plusieurs fois. Après quelques années, sommes-nous dans le même monde ? Qu'importe que nous quittions cette terre, si cette terre nous quitte ? Ah ! ne sommes-nous pas plus morts que ceux qui sont ensemble dans le tombeau, nos amis qui ont emporté notre jeunesse ?

Oh ! la mort et la vie, le repos et le mouvement ! l'amertume de la vie fait désirer la mort, et le vide de la mort fait qu'on se rattache à la vie, mais je te salue, ô bon repos de la mort, toi seul es véritablement un repos, toi seul n'aspires à rien, tu es le parfait équilibre. Non, et j'écoute ces paroles sans crainte ; rien de moi n'existera après ma mort, non, mais que m'importe ? je serai tout entier dans le vent du soir, dans le parfum des fleurs, je dormirai ; n'est-ce rien que de dormir ?

O mort, tu as perdu ton aiguillon, tu n'as plus d'épouvante pour moi. Qui est-ce qui t'appelle la suprême douleur? non , tu es la fin des douleurs, le repos sublime des Dieux, le ciel de la terre ; laisse-moi t'embrasser et baiser avec amour ton front pâle. O mort, ta couche n'est pas une couche vulgaire, ton amour ne s'éteint pas en un moment ; ta couche est pleine de douceur, et ton embrassement est immortel ; l'homme soupire après toi toute sa vie, et ne se lasse point de coller ses lèvres sur tes lèvres blèmes pendant toute l'éternité.

Salut, ô mon amante, que ton repos est doux ! Je donne à ceux qui les rêvent, les vies immortelles des sphères célestes, et le mouvement et le tourbillon sans fin ; donnez-moi seulement la couche silencieuse de la mort : ô Seigneur, je veux dormir ; chaque jour, au sortir des bruits du monde, j'admire avec amour les vieux tombeaux où les chevaliers de pierre dorment étendus depuis des siècles : ainsi le monde se fait vieux ; lassé de tout , il veut dormir. Il a respiré la douce haleine de la mort, il est plein d'amour pour elle : en est-elle moins belle cette maîtresse divine, parce qu'elle est chaste, voilée, et un peu pâle? ô charmes inconnus, vous attirez nos cœurs par la grâce du mystère.

Ah! que la vie soit un songe ou une réalité, l'homme en est fatigué ; le mystère de la mort a touché son âme, il se penche sur elle comme sur un abîme, et se sent entraîné par une attraction irrésistible. Oui, la mort est bien plus belle que la vie ; c'est un palais dont la vie n'est que le vestibule ; la mort est le grand réveil, on ne se souvient même plus de la vie ; se souvient-elle , la fleur, qu'elle a été un vil germe, et le papillon de la chenille?

Fils de la terre, pauvres voyageurs, dormez au

cimetière; voyageurs haletants, la mort vous donne le repos, vous ne l'auriez jamais su prendre.

Combien de vivants dont le visage est jeune et vermeil, portent déjà la mort dans l'âme! leur cœur à moitié pétrifié n'a plus d'amour que pour la mort; la mort est dans la vie et lui ronge le foie, comme le vautour à Prométhée; combien ne peuvent supporter leurs douleurs ou leurs remords! combien ont désespéré de leurs crimes ou de leurs vertus!

O mort, tu es douce et bonne! la vie repousse bien des hommes; mais toi, ô généreuse, tu les reçois tous dans ta couche paisible, et tu leur donnes une pierre pour reposer leurs têtes.

C'est là qu'ils apprennent le vrai et reconnaissent la vanité de leurs orgueilleux désirs; c'est là surtout, ô Faust, que tu verras qu'un livre n'est rien, et que tu aurais encore mieux fait d'apprendre à aimer. O vain désert des idées, avez-vous au moins plus de réalité que nos corps? hélas! non; où vont les désirs de notre âme? La gloire de la pensée, cette gloire qu'on croirait immortelle, s'évanouit elle-même: comment arriverait-elle aux âges futurs? Dans le champ dévasté des idées, les mauvaises étouffent les bonnes et les font périr ainsi que les orties les fleurs.

O vieux don Juan, te voilà maintenant la proie de la mort; hélas! tu as cherché ton amour toute ta vie, et n'as aimé personne! Amour et science qu'êtes-vous? corps et âme vous n'êtes que vanité. A quoi sert de passer sa vie à deviner l'énigme de la vie? l'énigme de la vie c'est la mort; hommes, vous la saurez assez tôt. Oui, ô mort, tu es la vérité suprême! qu'as-tu qui puisse nous épouvanter? Un Dieu t'a terrassée, il t'a ôté ton poison et ton aiguillon : c'est en passant par toi que l'homme devient Dieu.

Mais que sais-je de la mort ? Venez avec moi dans un cimetière : c'est là qu'elle vous parlera de plus près ; c'est là qu'on croit saisir le mouvement de ses lèvres décolorées ; là, les tombes isolées ressemblent aux restes d'une ville détruite et ruinée ; ah ! c'est bien la plus lamentable des ruines ! où sont les amours, la jeunesse, la gloire ? Là les ennemis dorment côte à côte, et le riche ne tient pas plus de place que le pauvre.

O verdure luxuriante, ombrages frais, senteurs exquises, à quoi servez-vous ? Ah ! du moins, voyez, la mort est moins triste et moins inféconde que la vie ; par un beau temps, là tout est calme, et rien ne se plaint, que les vivants qui demandent aux morts un peu de leur repos.

Tombe charmante d'un enfant, tu as conservé la candeur de son âme et quelque chose de sa frêle existence : ses joujoux à moitié brisés sont encore près de lui, touchant symbole : ah ! la mort lui a-t-elle permis de continuer ses jeux, lui a-t-elle donné la raison de l'âge mûr ?

Sous ce soleil éclatant, cet asile des morts est moins triste par moments : l'on y oublie où l'on est ; la vie n'a point cédé son empire, elle s'y épanouit plus belle qu'ailleurs ; elle se nourrit de la mort même, et triomphe jusque dans sa défaite. Ame des morts, est-ce vous qui respirez dans le parfum de ces belles fleurs et de ces grands arbres, et qui essayez de monter au ciel ?

Mais remarquez les contours de ce crâne, ne vous effrayez pas : voilà l'homme, voilà la vie dans toute sa vérité, la vérité nue, dépouillée de son vain vêtement. Voyez la place de ces yeux éternellement ouverts comme pour un spectacle

étrange, voyez cette bouche contractée par un effroyable rictus ; ô rire de la mort, rire terrible,
rire éternel ! oui, la mort rit toujours, la mort rit
de la vie et de ses espérances, comme l'esclave et
le condamné réveillés d'un songe trompeur.

Fils de la terre, va engraisser la terre, et ne te
plains plus : ta mort est un bien, ton cadavre servira à tes neveux ; va, tu n'auras pas été inutile
au monde.

O mort, pourquoi es-tu si cruelle ? le plaisir n'a
qu'un moment, et tu viens à toutes les heures, tu
nous pousses sans cesse vers la tombe.

Eh quoi ! vous vous plaignez ; mais n'est-elle
pas plus sage que vous ? Si elle vient avant le temps,
dans la jeunesse, quand nous sommes encore
amoureux de tout, heureux ceux qui meurent jeunes, ils n'ont eu que du bonheur ! son baiser est
plus doux aux fronts couronnés de roses ; et vous,
ô vieillards ingrats, pourquoi vous lamenter d'a-
voir tout vu périr avant vous ? vous ne vivez qu'au
milieu des morts, vieillards ingrats ; la mort vous
a tout pris, la mort vous est douce et facile, vous
ne regretterez point la vie.

Oui, c'est un doux repos ; l'homme a alors sa
place au soleil, il jouit du calme, et sa nuit n'a
plus d'insomnie. Il ne cherche pas des biens pé-
rissables, et pour ainsi dire des vers à dévorer,
mais il laisse ses dépouilles aux vers des tombeaux,
comme un roi généreux distribuant son royaume
à ses courtisans. Ce n'est plus un pauvre affamé
qui détruit la nature ; alors il la sert et nourrit le
printemps.

Pourtant, ô mort, ne viens pas trop vite, je ne
veux pas mourir encore. O nuit du tombeau,
laisse-moi jeter un regard sur la verte nature : je
ne te demande qu'un jour, mais qu'il soit beau ;

ne me fais point dormir avant l'heure, afin que
je dorme mieux.

O mort, ton mystère est étrange! je te cherche
et je te fuis, je t'adore et je te crains; je ne sais
si tu es mon amie ou mon ennemie; tu déranges
toutes mes pensées, et tu ravis la paix à mon âme.
Ne m'as-tu pas apparue souvent, semblable à l'a-
mour, féconde comme elle et enfantant la vie?

Mais, ô mort, si tu avais quelque chose de l'a-
mour, nous aurais-tu enlevé sitôt la jeune et charmante Emma, et causé tant de regrets inutiles?
Vois, tu n'as pu faner encore les roses de ses joues;
n'est-ce pas là désobéir même à tes propres lois?

O mort, et toi son frère, ô temps, dieux jumeaux armés d'une faux invincible, couple infatigable, fauchez ensemble, ô bons faucheurs, fauchez le grain mûr et avec ordre; ô mort, suis le
temps, il est plus prudent que toi; laisse les épis
encore verts, la vie ne croît que pour la mort; tu
n'en auras que des moissons plus belles.

Sois bénie alors, ô mort, et pose-nous dans ta
couche comme un enfant qui a besoin de repos;
nous laisserons tout sans regret.

Ah! qu'aurons-nous à regretter? qu'est-ce que
la science? a-t-elle changé la face de la terre?
qu'en emportons-nous? et qu'est-ce que l'amour?
peut-être les pensées d'amour sont-elles les parfums de la brise, et les âmes amoureuses revivent-
elles dans les senteurs des fleurs.

Hélas! tout périt; où êtes-vous, capitales du
monde, aujourd'hui les reines du désert? Thèbes,
Memphis, Babylone, le voyageur vous cherche en
vain. Pyramides, tentes immobiles de la mort,
vous seules restez debout : les hommes, les empires, les villes ont passé; vous passerez, vie des
plantes, et vous aussi, sourdes générations des

pierres qui cachez dans les entrailles de la terre votre mystérieux enfantement. O pyramides, temple de la mort, vous êtes vides : la mort n'est pas même un cadavre ! Seule éternelle, ô mort, tu vois tout périr : les hommes, tous les êtres qui peuplent la terre, les plantes si fécondes, les rochers eux-mêmes et jusqu'aux étoiles du firmament, un jour tout s'évanouira ; un jour tu régneras seule ayant triomphé des vies révoltées, cette hydre fertile aux têtes sans cesse renaissantes, que sur ton cheval pâle tu poursuis depuis si longtemps.

Oui, la vie n'est qu'un rêve d'un moment dans le sommeil éternel du néant : la mort est l'état naturel du monde, la vie est une maladie.

O mort, que tu es puissante ! est-ce bien toi que l'on appelle la mort ? Tu es plus vivante que nous, et conquérant terrible, tu cours ainsi le monde sur ton pâle coursier pour réveiller les dormeurs. Tu nous ranimes et nous fais sortir du tombeau, tu fais sortir les âmes des corps. Ainsi que l'enfant au ventre de sa mère, l'homme est sur la terre ; il n'éclot que par la mort à la lumière céleste.

O mort, carrefour du monde, nous arrivons à toi par toutes les voies, par la joie comme par la douleur, par le désir et la crainte. Chaque pas, chaque instant de notre vie nous y mène ; la vie la plus longue n'est qu'une plus longue mort. Comme entraînés dans un précipice, jeunes d'abord, nous sentons à peine le mouvement ; mais ensuite, dans la vieillesse, nous tombons de plus en plus vite, et nous sommes effrayés sans pouvoir nous arrêter.

O mort, sois la bien venue ; j'ai combattu la vie pendant bien des années, je combattrai bien la mort un jour; viens, et sois mon alliée contre la vie qui m'accable.

La mort se disait égale à Dieu, et seule éternelle, et la vie se plaignait de la mort sa victorieuse; mais Dieu a vaincu la mort et l'a forcée d'enfanter une autre vie plus belle.

Oh! mourez donc comme le soleil; il vêt son plus riche manteau et se pare de son plus doux sourire, il meurt dans sa gloire; que dis-je? il ne meurt pas; au moment où nos yeux le pleurent, il renaît avec plus d'éclat.

Qui, du haut des monts, n'a admiré le lever et le coucher du soleil? qui est le plus beau? c'est la vie et la mort; elles se ressemblent et sont accompagnées des mêmes pleurs. C'est comme une larme, sœur d'un sourire; le berceau et la tombe nous ramènent également à Dieu : ainsi tout est à la fois la vie et la mort.

Mais, s'il est quelque chose qui l'emporte, c'est la mort. La mort est la pensée, la conception de la vie; c'est le plan de l'esprit qui passe ensuite dans le monde de l'action; elle est comme la mère de la vie, elle la porte dans ses entrailles; celle-ci est son œuvre; l'idéal vaut toujours mieux que la réalité : ainsi Dieu l'emporte sur le monde, ainsi la mort sur la vie; mais qui dira ce qui est la vie ou la mort?

Sancta simplicitas.

O mensonge, hideuse souillure de la terre, combien je te hais! Si l'esprit de Dieu, si l'âme des anges peuvent sortir de leur sérénité, c'est pour maudire la basse hypocrisie. C'est le mensonge qui a créé l'enfer : il est si noir que toutes les lumières du firmament ne luisent sur lui que pour rendre plus visibles ses ténèbres et sa laideur.

Ah! que les cœurs ne sont-ils tous ouverts au grand jour, il n'y aurait plus de mal au monde; les cœurs purs seulement vivraient, les autres mourraient de confusion. O mensonge, en vain tu te caches; hideux reptile, l'enfer pour toi sera de voir les profondeurs mystérieuses et infâmes de ton cœur.

Que l'arc-en-ciel du sourire est une chose suave! c'est la paix du monde, comme l'arc-en-ciel des cieux : qui a pu le profaner? qui a pu changer le signe de Dieu, et nous donner le sourire faux d'une bouche parjure?

O beauté, ô grâce, eh quoi! n'es-tu toi-même qu'un frêle artifice? toi si pure, si candide! Beaux traits, corps charmant, êtes-vous l'enveloppe d'un ange damné? Ah! comment le permets-tu, ô mon Dieu? nos sens, hélas! sont trop faibles pour voir la laideur de ce masque, le faux de cette voix si fraîche.

O sancta simplicitas, quand règneras-tu sur la terre, avec les cœurs candides et la blanche nudité de l'âme naïve et sentimentale? O sainte simplicité, toi la terre et le ciel à la fois, le doux sourire plein de voluptés vierges, et le regard amoureux s'élevant comme un désir vers les régions du firmament!

Les amours célestes.

Dites-moi, que devient le parfum des roses effeuillées, que deviennent les pensées perdues de nos amours? Oh! nos rêves sont-ils effacés par la fuite du temps? non, ils peuplent un monde inconnu. À quoi nous servirait à nous-mêmes d'être immortels, si les désirs de nos cœurs, si nos plus tendres sentiments, si tout ce qui fait en quelque sorte l'âme de notre âme devait périr? Ils feront un jour notre paradis, et nous y retrouverons toutes les créations de notre cœur.

Dieu a voulu que l'homme créât à son image : après l'avoir fait d'une seule de ses pensées, il lui a donné un esprit semblable au sien, afin qu'il mît au jour aussi, dans un ordre subordonné, les œuvres de sa création, et il a livré l'infini des cieux pour espace aux mondes de sa fantaisie. Eh quoi ! l'homme transforme la terre avec l'aide grossier de son corps, et son âme immortelle serait impuissante à opérer dans le monde des idées. O pensées de l'homme, un ange vous reçoit dans un calice d'or, comme des perles précieuses, et vous fait éclore dans l'immensité du firmament : c'est vous qui peuplez l'univers de ces sphères brillantes qui éblouissent nos yeux.

De même que Dieu, dans la simplicité de ses moyens, s'est servi d'un seul germe pour tous les corps, de même il n'a créé qu'une pensée, la pensée de l'homme pour être la génératrice de toutes les autres pensées ; et ainsi nous parcourons l'éternité de désirs en désirs toujours inassouvis, et trouvant pour leur répondre un infini toujours plus infini. Dieu nous prend pour ses ministres, et se repose sur nous du soin d'achever son œuvre. O rêves, ô caprices, ô fantaisies étranges, tendres et aimables des cœurs, c'est ainsi que, germes obscurs sur cette terre, vous vous épanouirez dans les champs de l'éternité. Oui, nous-mêmes nous créons nos futures destinées.

Lors, ma toute belle, vous que j'ai tant aimée et que je n'ai pu posséder ici-bas, vous serez serve de mon amour dans des lieux bien plus attrayants, dans ce gracieux Eden que j'ai tant de fois créé avec vous, Eden tout rempli de vos charmes, inspiré par vos beaux yeux, et devant lequel pàlissent toutes les splendeurs de la terre. O joie, ô douceurs ineffables, songe d'une nuit d'été, vous n'étiez donc pas un mirage trompeur? Non, Dieu ne nous a donné les ardeurs de la passion que pour augmenter les délices de l'amour, et la terre si misérable, que pour nous rendre le ciel plus doux.

Aspirons donc de tous nos moyens au beau suprême, corrigeons l'œuvre du Créateur; Dieu a voulu lutter avec nous, comme l'ange avec Jacob; il nous a préparé une victoire facile, et ne nous a offert le monde réel que comme une ébauche, comme le chemin vers le monde idéal. Ah! vivons donc dans les rèves et les songes : les rèves sont plus durables et plus vrais que ce qui nous entoure. Nous devrions avoir seulement de douces pensées, pour ne créer comme Dieu que le bon. Le malheur lui-mème ne sert qu'à notre félicité à venir. Combien de pauvres âmes déshéritées de l'or de la terre, auront semé dans les cieux les perles de leurs désirs. Bienheureux les pauvres, car ils auront les royaumes du firmament. Oui, c'est la haine qui a créé l'enfer, l'amour a créé le paradis.

La fin du monde.

Chose étrange! l'homme vit à la fois comme s'il était immortel et comme s'il devait rentrer au néant. Tous les jours il se voit mourir; mais, dans sa vanité, il voudrait croire à l'éternité de sa race et de la terre, son séjour. La leçon du déluge a été inutile pour lui, et pourtant les feux du ciel sont suspendus sur sa tète, et un jour viendra où il disparaîtra comme un insecte dans la tempète. Que le sage se rit du vain orgueil des grandes cités! O fourmis, élevez vos pyramides et vos fourmilières! le pied du passant renversera tous vos empires, et il n'y aura plus personne pour savoir que vous avez été.

Les terres trembleront à la voix d'en haut, le firmament brillera de signes menaçants, les mers se soulèveront et elles poursuivront l'homme, malgré les ailes de ses chemins de fer. Elles s'abîmeront sous lui, le dominateur de l'Océan, et elles l'enseveliront avec ses flottes, prenant ainsi une éclatante revanche, et lui donnant pour tombeau l'empire qui faisait sa puissance. Et les feux du ciel, dans la nuit obscure, ne luiront plus que comme des incendies qui répandent plutôt une secrète horreur que la lumière, et rendent seulement plus visibles les ténèbres.

Mais, comme autrefois les ondes, l'homme cherchera les plaines de l'air pour échapper à ce nouveau déluge. Suspendu dans ses villes aériennes, entre le ciel et l'enfer, fuyant l'un et ne pouvant atteindre l'autre, il flottera dans les royaumes du firmament, attendant qu'un nouveau monde germe, et que, comme autrefois l'Amérique à l'Atlantide, un autre continent succède à l'ancien; car, hélas! le froid de la mort saisit ce vieil univers; sevrée des embrassements du ciel, la terre dépérit dans la douleur. L'homme presse en vain ses mamelles épuisées de ses lèvres arides. Qui n'a senti la vieillesse du monde? la vie s'en va et la mort nous gagne.

Ainsi, dans ce renouvellement de la matière, l'île aérienne, fuyant cet effroyable cataclysme, se balancera quelque temps, ballottée entre le ciel et l'abîme, en proie à toutes les terreurs, et fuyant la terre sur les ailes de l'orage, tant qu'enfin ce frêle vaisseau se perde dans les feux du firmament. Et qu'importeront les pleurs de l'homme? Homme, qu'es-tu pour te plaindre? Les soupirs de ton âme et les cris de ton cœur ne sont pas plus avenus que les grains de sable du désert. Le monde se mire mieux dans une goutte d'eau que dans ton âme orgueilleuse, et tu cries : O malheur! Encore un moment, et le chaos reviendra, le chaos, ce premier roi du monde, qui a toujours régné dans la faiblesse de ton esprit..

Est-ce la mélancolie qui planera ainsi entre la terre et les cieux? non, ce sera la mort, voilant peut-être pour jamais la vie, la mort aux ailes immenses, noire, fixe, irrésistible, se balançant au-dessus de la terre, comme un corbeau sur un cadavre. Voyez-le, cet ange lugubre, flottant dans les plaines de l'air, cachant la lumière des cieux et couvrant les continents entiers de son ombre gigantesque : comme les nuages de la tempête, sa robe noire, qui s'étend jusque dans les profondeurs de l'horizon, imite les plis d'une couleuvre aux écailles mordorées, et se revêt des sinistres éclairs de l'incendie; son froid regard de serpent fascine l'univers tremblant, et elle se penche au-dessus de lui comme pour se repaître en l'agonie de sa proie.

Que deviendront alors et la gloire des conquérants et le faste orgueilleux des cités? et les mille noms auxquels la renommée bruyante a promis l'éternité? L'or et la poussière seront mêlés dans le même tombeau, avec Thèbes, Babylone, Memphis et Rome, et la longue suite des immortels Césars. La misère de l'homme elle-même ne laissera pas plus de traces que sa vanité, et il n'aura pas même le faste consolant des ruines. O génie de l'homme, il est bien nécessaire de t'adorer! ô mort, ô terreur, ô néant effroyable!

Ah! s'il est quelque chose qui puisse toucher le

front sévère du destin, c'est le spectacle de deux
cœurs liés à jamais. Le sourire qui s'épanouit entre deux baisers peut désarmer jusqu'au froid regard de la mort. Ah! comme autrefois sans doute,
la colère de Dieu s'arrêtera devant l'union de la
grâce et de la beauté. Comment séparer deux jeunes cœurs que la mort unit aussi bien que la vie?
C'est l'amour qui a réglé le chaos, l'amour seul
peut sauver un vieux monde et en créer un nouveau.

Madona.

O Madona, beauté divine et sans tache, laisse-
toi aimer en ce doux mois de mai! laisse enfin
éclore le beau lys odorant de ta virginité! que le
souffle de l'amour fasse épanouir le bouton de tes
lèvres!

Fille du ciel, que crains-tu? un seul de tes regards suffit pour tout épurer : l'homme, par ton
amour, deviendra chaste et fort, et ta grande
beauté saura nous emporter dans l'infini des
cieux.

Vieillie d'abord par la souffrance, devenue plus
jeune à mesure que le ciel se rassérénait, mère
sainte, vierge candide, aujourd'hui belle enfant,
tu ressembles à un bouton du printemps. Pour
demeurer insensible, n'as-tu donc rien gardé de
la Fornarina et de la Vénus antique, tes heureux
modèles?

O fils de l'homme, et toi, ose, ose comme Prométhée, ravir le feu céleste. L'homme s'est sevré
longtemps de toute jouissance, ô Madona; mais
aujourd'hui pur esprit, chaste et fort il te désire,
ton beau fiancé soupire après toi; il est digne de
toi, belle et sainte nature!

Madona, le Très-Haut n'a-t-il pas été pour ton

cœur comme s'il n'existait pas? Ah! puisqu'il n'est pas de Dieu, sois à l'homme; aime, tu n'as pas encore aimé : est-ce qu'on peut aimer un Dieu? L'homme seul porte un cœur qui tressaille sous sa gauche mamelle.

Te faut-il une divinité? prends l'homme. Il est devenu le seul Dieu de l'univers; il s'est fait le roi de la terre, et il a dépeuplé les cieux de tous leurs vains fantômes.

O Madona, nouvelle mère bénie du monde régénéré, viens vers nous pleine de grâce, le sourire des cieux est avec toi. N'enfante plus dans les pleurs, mais dans la joie; enfante l'homme du nouveau monde, non plus le crucifié, mais le Christ vainqueur des terreurs du tombeau et de la désastreuse superstition.

Qu'il ne soit plus triste, errant et fugitif, mais radieux, né pour l'amour et le plaisir; que la couronne d'épines se change en couronnes de fleurs, que le Messie règne sur la terre comme au ciel, dans la paix et dans la volupté.

Depuis dix-huit cents ans nous pleurons, ô belle fiancée; ouvre-nous enfin ton sein adorable, sois une Vénus pudique, une chaste Hébé! O vierge rajeunie, femme sans faiblesse et sans souillure, un seul de tes regards amoureux, douce promesse de bonheur, fera reverdir la terre!

O Vierge Marie, Vénus purifiée, avec ta grâce plus charmante encore que la beauté, tes divins contours et ta jeunesse éternelle doivent-ils rester inutiles sous les rayons du soleil? Ah! quand tu serais plus froide que le marbre, tous les désirs de la terre, qui voudraient soulever la gaze emprisonnant ces formes délicieuses, parviendraient à animer ce beau sein.

Epanouis-toi, fleur charmante, sous nos tièdes

regards! beaux yeux où brille un coin de l'azur du firmament, col gracieux, cheveux d'une onde si pure, front rempli d'une heureuse douceur, ah! combien vous seriez charmants sous les baisers!

Vois, Madona, le printemps te souffle l'amour! sois jeune avec la nature; ô Vierge, que ta beauté ne soit pas stérile! deviens mère, et reviens à l'amour avec ton fils ressuscité en ce doux mois de mai par les ardeurs du soleil.

Oh! si tu ne souris à nos vœux languissants, nous retournerons à l'impudique déesse de Paphos. Ah! le monde languit d'amour, et toi aussi, Vierge, n'as-tu jamais senti tes lèvres de rose s'ouvrir comme pour un baiser? Vois, tout va mourir sur la terre, si tu n'es féconde de nouveau.

Laisse là tes larmes; ton Christ, ton fils n'est-il pas ressuscité? Laisse le deuil de la croix et du malheur, laisse le froid hiver. Enfante de nouveau, beauté conservatrice, reine des cœurs. Si tu laissais périr maintenant le monde, à quoi te servirait de l'avoir sauvé autrefois?

Mais non, ton sein palpite, tes yeux s'animent d'une douce flamme, tes lèvres s'abandonnent au plaisir. O Madona, accepte notre amour, et épure-le à l'amour universel de ton cœur de mère! O douce nature, ô Vierge, aime enfin! le monde, si longtemps triste, va refleurir sous tes embrassements.

Mirabeau.

O Mirabeau, prince de la parole, ta voix, comme celle d'Orphée, conduisait les nations, détruisait et élevait des murailles et des mondes, et semblable à la trompette de Jéricho, elle a suffi à faire écrouler les donjons de la Bastille! O grand tribun, quel conquérant a jamais accompli avec son épée ce que faisait ta voix puissante!

Toi, le Christophe Colomb de la liberté, pourquoi, hélas! es-tu tombé en vue de la terre promise, nous abandonnant au milieu de l'orage. Ah! le genre humain privé de ton secours a failli périr dans cette catastrophe! Le monde effrayé a reculé, jusqu'à ce que vienne un pilote hardi qui ramène au combat les nouvelles générations, oublieuses du naufrage, et désireuses de l'avenir.

O grand païen, tout dans toi était un sujet d'étonnement! tu avais les vertus et les vices d'un demi-dieu. O toi dont l'image domine le siècle, comme un magnifique portique, quel beau spectacle c'était que le déchaînement de tes fougueuses passions! Ton cerveau bouillonnant enfanta la liberté, ainsi qu'on voit naître la fécondité dans la tempête; ainsi encore Minerve, tout armée, sortit du cerveau de Jupiter. Tu en mourus, mais la mère de César est morte en l'enfantant: ô liberté, à toi seule tu vaux tous les Césars du monde. Ecrasant tout à ses pieds, la liberté, comme Jehovah au milieu de la foudre et des éclairs, a donné au monde ses saintes lois, du haut de la montagne.

Que je t'admire, ô Mirabeau, lorsque, sur le point de rendre ta grande âme, tu voulus encore contempler le ciel rayonnant, et que d'un front serein, tu t'évanouis au sein de la gloire et jetant un dernier regard d'amour sur la libre nature, ta seule idole. Ah! si quelque souillure t'a touché un instant, tout s'efface dans la reconnaissance des peuples; ton génie a subi impunément le contact de la fange: statue immortelle, la corruption de l'argile n'atteint pas jusqu'à ton cœur d'airain et à ta bouche d'or; les excès des Dieux de l'Olympe sont encore des vertus; tes pieds touchaient à la terre, mais ton front s'élevait dans les cieux, et tu étais assez haut pour dédaigner la vulgaire probité.

L'espérance.

Tant qu'un rayon d'espérance brille encore en nous, si faible qu'il soit, c'est la vie, c'est l'avenir, c'est l'humble graine qui peut devenir une immense forêt; mais dès que la dernière lueur est éteinte, nous voilà sans étoile et sans aurore dans le désert de la nuit; le cœur existe-t-il encore lorsque rien n'en éclaire la vaste solitude et le chaos? Hélas! pourquoi faut-il que tout se meure entre l'espérance et la vie, comme les plus belles fleurs, si pleines de promesses entre le printemps et l'automne!

Si fugitive qu'elle soit, l'Espérance vaut toujours mieux que la réalité; elle seule peut remplir le cœur de l'homme. Qui n'a admiré les merveilleuses rosaces de nos vieilles églises? comme elles brillent de nuances variées et font les délices des yeux! Pendant plusieurs siècles, les peuples malheureux se sont consolés des calamités qui les accablaient, en regardant le ciel à travers ce fantastique mirage. Comme le soleil au milieu de l'arc-en-ciel de paix, Dieu et son paradis imaginaire leur apparaissaient à travers ces mille couleurs étincelantes! O charmantes rosaces de nos cathédrales, vous étiez les plus belles fleurs de l'Espérance dans leur plus magnifique épanouissement!

L'Espérance, ce germe de la vie, a adopté la verte couleur du printemps, comme le signe de la joie et de la jeunesse, et la terre entière a revêtu sa livrée, comme pour montrer qu'elle aspire au ciel. Salut, ô Espérance, c'est toi qui mènes le monde dans le chemin de l'avenir! la première, tu laisses les religions mortes et inutiles; comme la colombe de l'arche, l'Espérance sort la première de la prison de la foi.

Ma belle.

Qu'êtes-vous, ô ma belle, pour que je vous adore ainsi? Quoi! un peu de chair me fait oublier le reste de l'univers; ô ma belle, et c'est avec raison, car n'êtes-vous pas pour moi tout un monde?

Non, le ciel n'est pas si beau que vos yeux bleus quand la joie y éclate; et si une larme y roule, quelle mer a plus de profondeur mystérieuse? qui ne voudrait s'envoler dans le ciel de votre regard, qui ne craindrait de faire naufrage dans les écueils cachés de vos beaux yeux?

Y a-t-il des bosquets en fleurs dont les senteurs soient plus douces que celles de vos cheveux soyeux, lorsque le vent les balance mollement? la main s'y égare avec délices, et les lèvres y perdent leurs baisers, semblables à des couples amoureux dans les bocages touffus.

Ah! je retrouve ici toutes les merveilles de la nature encore embellie; que j'aime les riches topazes et les tendres ne m'oubliez pas de vos beaux yeux, le corail de vos lèvres voluptueuses, et les roses qui se jouent à l'entour de votre bouche et de cette fossette charmante qu'imprima le doigt de l'amour.

Oh! laisse-moi m'égarer à loisir dans ce secret et doux vallon, parmi les roses et les lys; la création a-t-elle jamais rien produit de semblable à ces fruits aimables et savoureux qui semblent inviter la main à les cueillir? O volupté ! tes fruits sont les plus doux de la terre !

Mais mes paupières se ferment, ma voix s'arrête, toutes les délices du monde ne sont rien auprès de ce qu'on ne saurait exprimer. O source des douceurs ineffables, toutes les richesses de la terre ensemble ne valent pas le délire que vous inspirez !

O ma bien-aimée ! tous les sens sont ravis auprès de toi ! Ta peau suave, plus douce que le nacre transparent et poli, appelle le baiser, ta douce et fraîche haleine ressemble à l'haleine embaumée du matin, et l'on ne peut se rassasier du miel de tes lèvres. Ta voix suave nous enchante, et les yeux sont enivrés de la grâce de tes formes. Ta beauté n'est-elle pas infinie? sous mille aspects divers, elle semble toujours nouvelle à chaque nouveau regard, et il faut renoncer à posséder tout entière la grâce de vos contours.

Madame, vous ressemblez à un riant printemps que la création a embelli de tous les dons de l'arc-en-ciel; quelle nuance aimable, quelle ligne amoureuse ne se retrouve pas en vous! les embrassements de la vigne dans vos bras souples et arrondis, l'or et l'ambre dans les reflets doucement éclairés de votre col, les perles en votre bouche, et la neige en votre sein palpitant. L'art est vaincu comme la nature. Où trouver rien d'égal à vos blanches mains et à vos pieds délicats?

Votre voix surtout pénètre jusqu'au fond du cœur et semble l'enlacer, pareille aux enroulements du serpent. Qui pourrait résister à cette voix harmonieuse? sortant d'une si belle bouche, elle semble le résultat de ces formes divines; aussi claire que le chant de l'alouette dans le ciel, elle semble emporter avec elle votre âme vers Dieu.

Mais qu'est-ce que la voix? qu'est-ce que la beauté du corps elle-même auprès de ta belle âme? Si tes traits mortels me font oublier la terre, la grâce ineffable de ta pensée ferait oublier le ciel aux anges eux-mêmes. O mon doux paradis! ton âme est bien l'image de Dieu, je t'aime mieux, car ses rayons doivent éblouir et brûler, les tiens m'enivrent. Ton âme, dans ton corps, est une peinture suave dans un cadre merveilleux; il semble que le Créateur y ait tracé lui-même un abrégé plus charmant des miraculeuses beautés de la terre et des cieux.

La Mer.

O mer! que j'aime à te contempler! monde infini, variété harmonieuse, monument ordonné, tu possèdes mon âme; ton horizon bleu repose à la fois les yeux et le cœur. Que je suis resté longtemps oubliant tout devant ta beauté, et comme le soleil ou les étoiles à leur déclin, mes désirs aspiraient à se plonger dans tes profondeurs infinies.

La voix de l'homme peut chanter les joies de la terre, les fleurs et les saisons diverses, elle peut même s'élancer jusque dans les cieux, mais, ô mer! la poésie des mortels lasse son essor sur l'immensité de tes plaines, elle se reconnaît impuissante; l'âme se tait en présence de Dieu.

La mer est une grande école: il est beau de la voir se soulever et lutter contre le ciel; le ciel finit toujours par sourire comme dans les combats de Jacob contre l'Ange. Reconnaissant sa faiblesse, la mer obéit au ciel comme le corps obéit à l'âme; elle le réfléchit toujours et ne fait qu'un avec lui. Si le ciel se trouble, la mer se soulève, elle est poussée en tous sens comme par l'esprit de Dieu ; elle s'agite dans la limite qui lui a été fixée, tant qu'enfin elle meurt de lassitude dans le combat. Si le ciel redevient serein, la mer reste encore longtemps bouleversée et noire, comme le visage d'un guerrier conserve un air de férocité après la bataille.

Et l'homme aussi peut lutter avec la mer ; Dieu ! qu'un navire est magnifique dans la tempête ! il ressemble à un cavalier intrépide qui éperonne et dompte un coursier indocile et couvert d'écume. Laissez-moi me bercer sur les ailes de la foudre, savourer les âpres voluptés de la tourmente et dire à l'orage : Tu es mon frère.

O mon pauvre cœur, tu te sens fort contre la colère des éléments ! une indicible jouissance te fait aimer la lutte. Tu aimes à combattre l'orage, hélas ! quand tout est calme autour de toi, trop souvent alors l'orage règne dans toi-même en vainqueur, et je suis tenté de m'écrier : Seigneur, ah ! rendez-moi la foudre et la tempête !

Qu'il est doux pourtant de se voir sur le bord de la mer vaporeuse, de la mer blonde et pleine d'amour, d'où la jeune Anadyomène semble encore sortir de l'écume des vagues. O Naples, ton golfe aimé m'a bien souvent vu dans ses rivages, j'abandonnais les rêves de mon cœur à tes flots insensibles comme à une mer sans naufrage. Peu à peu mille images confuses flottaient devant mes yeux, je sentais mon âme s'évanouir et se mêler à tes vagues immenses, et tout mon être se confondre avec toi, et je m'endormais croyant mourir en l'amour universel de ton infinie beauté.

O mer ! tu es plus douce à l'homme que la terre ; là il se sent roi et conquérant, il se sent orgueilleux de lui-même, et libre, loin des hommes, sur la vaste étendue des eaux. Rien ne borne ses regards dans l'horizon infini, et ses pensées de tous côtés ne rencontrent que le ciel ou la mer son miroir : la terre est une dure marâtre, froide et insensible pour l'homme ; mais toi, ô mer, tu as une vie, ton cœur palpite, tes mamelles sont inépuisables, tu nous berces sur tes vagues charmantes. Le cœur s'épure au sein de tes flots qui, mieux que la terre, obéissent au mouvement de Dieu et à la voix des astres.

Transparente et mystérieuse à la fois, l'homme, en plongeant dans tes profondeurs y voit encore le ciel, et toi-même ne descends-tu pas des nuages, ne remontes-tu pas au Créateur tous les jours sur les rayons du soleil? purifiée par la flamme, pleine du sel de la sagesse, n'es-tu pas le plus beau des éléments, l'élément régénérateur destiné à renouveler la terre impure? Que j'aime à te voir ainsi, ô mer divine, unie au ciel comme le corps à l'âme, obéissant à son souffle ; le ciel te domine, se réfléchit en toi et te donne toute sa beauté.

O beauté infinie, image de Dieu, océan toujours divers et toujours nouveau, plus je te contemple, et plus mon âme s'éprend d'amour pour toi ; je crois voir tout en toi, ton spectacle me suffit et forme mon univers ; ainsi que Dieu tu es toujours le même et renfermant tout. Tes vagues semblent tantôt des forêts merveilleuses ou de hautes montagnes ; les vapeurs de tes mirages créent des cités fantastiques et de nouveaux continents ; quelquefois tu es comme une plaine immense couverte de moissons dorées où le soleil ondule, ou bien le ciel se réfléchit dans ton vaste miroir ; vallons ombreux, légères collines, bois verdoyants, crêtes couvertes de neige, tout s'y peint des couleurs de l'arc-en-ciel. Océan, vieux père du monde, te plais-tu ainsi à ébaucher des mondes? tu es un chaos harmonieux.

Océan, Océan, je reste à voir tes flots se presser sur tes rivages comme les peuples et les générations des hommes; Océan, sait-on où est ta limité? Tu es vague comme l'infini.

Comme les fleurs s'évanouissent dans l'air, ainsi les continents qui ont fleuri un moment tombent en ton sein immense; divine matrice de la nature, tu les engloutis tour à tour et tu crées un nouveau monde.

L'esprit du Seigneur flotte d'un pôle à l'autre, ainsi ton flux se balance dans l'éternité, symbole des forces de la matière, mystérieux, profond, sublime !

Variété et unité, chaos et Dieu, tu menaces toujours, tu es à la fois terrible et doux. Et ton sein reste calme, même quand l'orage gronde à ta surface, semblable au cœur d'un homme brave.

Océan, que j'aime à me perdre en ton immensité infinie; ta quiétude agite mille pensées en moi, et tes orages appaisent les passions de mon cœur. Océan, tu renfermes tout, comme le sein de l'Éternel; oui, il y a de la force jusque dans ton repos et une divine quiétude jusque dans ta colère.

Les hommes passent sur ton sein et s'y perdent, ils n'y laissent pas même la moindre trace; ainsi dans l'infini de l'éternité la vie de ce monde passe un instant, mais il n'en restera pas même le nom quand l'abyme se refermera sur elle. Quel homme, quel peuple peut enchaîner le temps? la mer de l'infini dévore les univers comme l'Océan ses vaisseaux et ses rivages; tout change et les mondes nouveaux nés ne savent même pas la chùte de leurs aînés.

O vaste Océan, tes concerts ne montent qu'au

ciel, distincts et harmonieux, comme un hymne sublime. Pareil à Dieu, tu te perds en toi-même, tu reprends en ton sein toute la matière et tu la rends épurée, père universel des choses.

O mer, tu attends en rugissant, que celui qui t'a dit : tu n'iras pas plus loin, abaisse la barrière et livre le monde à ta conquête : viens donc Océan terrible, viens renouveler la face de ce monde qui se sent mourir de langueur ; viens, les cris de malheur de la terre t'appellent de toutes parts ; sois dans la main de Dieu comme l'eau dont se sert le potier pour façonner une nouvelle argile, et qu'un autre monde, brillant de jeunesse et de beauté, sorte des mains du grand artisan.

Je t'adore, Océan, image divine du créateur ; ah ! sans doute qu'autrefois, comme le soleil et la mer, la terre aussi était animée de l'esprit de Dieu, mais pour son crime elle a été maudite, tandis que toi, Océan, tu as gardé toute la sainteté de la première création.

L'air parmi tes flots est plus pur et plus fécond, et malgré nous, nous y adorons le Dieu présent dont l'invisible souffle remplit cet espace infini. La terre est alors bien loin de notre cœur, et moi je reste étonné et calme de ton calme, perdu dans une vague contemplation, et oubliant le temps dans ton immensité comme au sein de l'être suprême.

Le foyer.

Doux foyer domestique, aimable intimité de la famille, joie gracieuse et humble, celui qui a pu goûter ton charme continu et toujours nouveau s'écrie : Là est le vrai bonheur.

Moi qui me suis souvent plaint de ma pauvreté, aujourd'hui, ô fille du peuple, je regrette de ne pouvoir unir mon sort au tien, de ne pouvoir marier deux familles honnêtes et simples dans l'amour et le travail, les paisibles émotions et le repos.

Quand je te vois si douce, si bonne et si joyeuse, lorsque j'entends ta voix suave qui pénètre au cœur du voyageur comme un baume bienfaisant, pourquoi, dis-je, une fausse science m'empêche-t-elle d'être avec toi dans le doux vallon de la vie, de ne savoir qu'aimer comme les oiseaux au printemps ?

Sciences et richesses creuses ! O trop heureux le peuple s'il savait son bonheur ! que ne suis-je assis avec toi ô jeune fille, au foyer qui est le repos d'un pur travail, au doux foyer que n'ont jamais effleuré l'ambition et la désillusion, filles misérables de l'opulence. Hélas ! pour les riches le repos lui-même est un travail.

Pour toi, ô jeune fille, le mal et la peine ne sont que des préparatifs du plaisir, et le font mieux savourer. Oh ! reste toujours ainsi pure et pauvre, assez riche de ton propre cœur ; la plus belle couronne du monde ne pourrait rien ajouter à la grâce pudique de ton front.

L'ange du travail, comme un vigilant protecteur, garde ton âme chaste de tous les dangers, et ne t'accorde qu'un moment pour un joyeux et saint amour et pour des chants de fête, mais les humbles peines du ménage portent en elles-mêmes leur récompense. Ainsi Dieu dit à l'arbre des jardins de travailler toute l'année, il ne lui donne qu'un jour de printemps pour fleurir, et lui demande bientôt les fruits savoureux de l'automne ; mais en tout temps les regards des hommes sont réjouis par sa vue et bénissent la plante industrieuse.

IMPRESSIONS POÉTIQUES.

—

LIVRE TROISIÈME.

—

Adieux à Venise.

O Venise, quel étranger n'a souri à ton aspect,
qui n'a pleuré en te quittant, ô reine de la mer?
Tu sembles la conque de Vénus échouée sur la
plage et apportée par l'écume complaisante des
vagues ; ton nom est aussi doux que celui de
la déesse des voluptés. Combien de fois, oubliant
le reste du monde, je me suis bercé sur tes flots
dans une molle rêverie, pendant que la lune silencieuse montait lentement dans le vague azur
des cieux.

Ville charmante, il faut que je te quitte, mais
mon âme reste avec toi ; la grâce de ton sourire
et la douceur de ton regard laissent au cœur un
souvenir ineffaçable. Qui pourrait oublier le parfum de tes vagues, la richesse de tes palais, tes
chansons amoureuses, tes jours étincelants d'or et
tes nuits encore plus charmantes? O femmes,
filles de l'amour et de la grâce, qui pourrait vous
oublier? Ah ! je vous laisse de moi la meilleure
part, toute ma jeunesse.

Ville remplie de féeries, cité orientale, le ciel

comme pour une fête perpétuelle, a tendu son azur sur ta tête, et la mer, coquette beauté, te présente pour s'y mirer le miroir de ses flots limpides. Joyau charmant, tu brilles comme la perle enchâssée dans l'émeraude, tu sembles un des rêves merveilleux de l'Orient, le palais de cristal du vieux Neptune sorti du fond de l'océan et étincelant aux rayons du soleil.

Eh quoi! toi la reine du commerce et des beaux arts*, la cité artiste par excellence, toi qui reluis au jour comme une glorieuse toile de Titien de Véronèse ou de Tintoret, le barbare t'a envahie! L'art est-il donc mort, la beauté et le courage. Toi le plus ancien asyle de la liberté, sa terre la plus sainte, tu restes la proie du féroce Autrichien, ce Hun, moins la gloire et la bravoure.

Reine jadis de la volupté, veuve éplorée aujourd'hui, enivre du moins, comme Judith, ce sanguinaire Holopherne dans tes embrassements, étouffe-le dans tes bras charmants, aussi forts pour les combats que pour les plaisirs. Réveille-toi, ô cité célèbre, réveille-toi, relève le Pantaléone, secoue tes fers. Est-ce que la mer ne t'a pas appris ce que c'est que la tempête et l'orage imprévu? ah! la mer c'est la liberté, prends chaque soir la leçon de tes vagues insoumises.

Toi qui ressembles à un vaisseau à l'ancre, que ne peux-tu fuir au loin sur les flots : le naufrage te vaudrait mieux que la servitude. Jeune et charmante esclave, voluptueuse syrène, tu règnes par ta beauté sur ses vainqueurs, et les peuples oublient dans l'ivresse de tes baisers et dans tes bras délicats, que tu n'es qu'une esclave. Ah! conserve du moins tes attraits, mais autrefois la courtisanne était reine et voyait à ses pieds les maîtres du monde.

O Venise, n'as-tu pas encore devant toi la mer et ses flots comme un souvenir de ta grandeur. La mer t'ouvre la route vers l'Orient, qui t'appelle sa maîtresse et sa dominatrice. Toi, dont l'étendart brille comme un arc-en-ciel dans l'orage, signe de paix et de gloire, ah! sans doute de nouveaux triomphes te sont réservés : la mer saura relever la fortune de son époux.

Le lion de saint-Marc, dans son noble orgueil plaisait plus au monde que le léopard Britannique; il a laissé un souvenir aimé aux nations, qui n'ont pas oublié, nobles marchands, que vous saviez convertir un vil métal en un art immortel, la joie et les délices du monde entier.

O Venise n'es-tu pas la clef d'or de l'Orient et la reine des vagues; flotte de nouveau, vaisseau charmant et invincible, flotte sur la mer qui te portera comme une nourrice berce son enfant bien-aimé. Ville indolente, laisse-toi seulement conduire par l'aile de la voile à la gloire et à la fortune.

Non, tu ne saurais périr, cité de la force autant que de la beauté : tes palais de marbre ont su dompter l'élément changeant et imposer un joug éternel à son inconstance, ville étonnante, fille de Thetis comme Cythérée. Et Vénus aussi ne savait-elle pas porter l'armure des batailles? Oui tu es la cité belle et audacieuse. L'onde amère échauffée par le soleil circule dans tes veines, comme une sève puissante.

Bien que déchue de ton antique splendeur, tu conserves encore tant d'attraits, que je ne puis m'arracher de tes rivages. Tous les voyageurs qui t'ont connue font des vœux pour ta délivrance, et gardent ton image en leur cœur : n'es-tu pas la patrie des cœurs amoureux? Adieu Venise, douce enchanteresse adieu, sois aussi forte que tu es belle ; si jamais les nations donnent le trône à la beauté, tu seras la reine du monde.

La Nuit.

O soir, ton calme invite à la méditation, et ton silence religieux semble écouter la prière de nos âmes ; ô soir précurseur du sommeil, parle-moi du sommeil qui ne doit pas finir.

Etoiles, doux regards du ciel, mes yeux s'élèvent avec amour vers vous, mais votre faible clarté éveille mon désir et ne peut le satisfaire ; je cherche en vain quelque chose de plus grand encore dans la vaste étendue des cieux ; pâles étoiles, vous semblez les lampes à demi éteintes d'un temple vide.

Mondes mystérieux, astres charmants, vous qu'on prendrait à la fois pour une larme et pour un sourire, oh ! dites-moi, est-il bon de vivre parmi vous, est-il bon de traîner une existence immortelle au sein des sphères célestes ?

Hélas ! vous ne sauriez me répondre, votre voix, si vous en avez une, expire dans les espaces infinis. Etes-vous heureux ou malheureux ? mondes immenses, votre ciel est-il un paradis, ou bien votre grandeur ne vous donne-t-elle qu'une plus grande infortune ? Je vous aime et pourtant nulle de vous ne répond à mon âme ; je ne sais lequel interroger dans ces myriades de mondes ; hélas ! l'incrédulité est sans étoile.

O nuit de novembre, nuit ravissante, pleine de charme et de mélancolie, laisse-moi chanter un hymne à ta pâle beauté : la lune dort dans les prairies et les vents sommeillent suspendus aux rameaux silencieux.

O bois, ô campagnes encore vertes, que l'hiver

cruel va dépouiller de votre grâce, mêlez quelques soupirs à mes pleurs, moi aussi, hélas! je me sens mourir. Ah! qu'au moins ma lyre résonne un moment, semblable au chêne harmonieux dont le cœur est dévoré par le temps.

O nuit, n'es-tu pas belle entre toutes choses : chaque nuit est l'image du monde qui s'en va, le chaos semble revenir; ainsi un jour disparaîtra ce monde qui n'est que le rêve d'un moment; le temps repliera ses ailes et finira son vol fatigant, il se reposera sur le cercueil de la mort; et tout sera plongé dans une nuit silencieuse et immobile.

O nuit, ton pâle visage est plein de douceur, et ta quiétude me réconcilie avec la mort ta sœur; que son déclin seulement soit aussi tendre et son baiser aussi léger. O nuit, la mort n'est-elle pas comme toi, pleine d'épouvante en son approche, et lorsqu'on se berce en son sein, pleine de charme, de repos et de grandeur. La nuit, la mort et l'amour, éternel mystère, sont les trois grâces aimables dont le tendre baiser endort l'homme malheureux ; ces trois sœurs pudiques sont revêtues d'un voile charmant : l'amour nous fait deviner le ciel, la nuit le déroule à nos yeux, et la mort, la pâle mort, la meilleure et la plus immortelle des trois, le donne enfin à notre âme désireuse.

O chastes sœurs, vous qui enchaînez le destin de l'homme en vos liens fraternels, mêlez toujours vos chœurs célestes pour les âmes sensibles.

O nuit, qui pourrait médire de toi? n'es-tu pas l'heure de l'amour, tu es pleine de grâce. Alors les bois semblent frissonner de désirs; la terre tressaille et s'enveloppe de ton ombre, comme une amante émue et désireuse, des rideaux de sa couche;

sans ce voile de pudeur, oserait-elle se livrer à l'amour? Après le travail du jour, il lui faut le bienfaisant repos de la nuit; la rosée n'est-ce pas les pleurs heureuses de la tendresse, et il me semble qu'on entend de mystérieux baisers dans les forêts profondes.

Non, la nuit n'est pas triste, mais faite pour le bonheur, une joie calme règne sur son front appâli; c'est la plus belle moitié de notre vie. Le jour on ne fait que s'étourdir, mais la nuit, règne la lampe, symbole de l'amour, la passion, la gaîté et le vin animent la nuit, et l'air est plein des rèves et désirs des jeunes cœurs. Le jour est pour l'ennui, la nuit pour le délire.

La nuit est faite pour un sens plus intime : le corps est le maître durant le jour, mais l'âme vit et respire pendant la nuit; comme une lampe, l'âme aussi s'allume et éclaire tout d'une flamme intérieure douce et spirituelle; les nobles passions, les désirs célestes et la poésie aux ailes d'or prennent leur vol. L'homme vit enfin par lui-même, et le feu céleste qui domine en lui, image du créateur, l'anime d'une félicité divine.

Bacchus.

O Bacchus Indien, Dieu rempli de grâce, reconquiers le monde en chantant Evohé, reviens avec ton tyrse, ta peau de lion, tes grappes pendantes, et les tigres indolents attelés à ton char, les tigres domptés par la volupté.

Roi de l'âge d'or, tes célestes bienfaits et tes fètes délicieuses sont restées dans la mémoire des nations. Cérès est l'hôtesse obligée des repas, mais Bacchus y répand l'allégresse, Cérès peut faire des hommes, mais Bacchus crée des dieux.

Le divin sang de la grappe est le véritable sauveur du monde, il fait passer une nouvelle vie dans nos âmes épuisées, il est le lien de l'alliance entre les hommes, et il leur inspire la véritable sagesse, la sagesse du ciel, la volupté.

O Bacchus, doux conquérant, le plus beau des dieux, reprends encore la route de l'Orient, avec ton doux sourire, sans lutte, sans arme, répandant partout la joie et les bienfaits de la vigne, ô Bacchus à la chevelure parfumée, au front vermeil, à la couronne de pampres verts, aux doux chants, rends-nous la paix et le plaisir.

Attila du Nord.

Attila du nord, homme de proie, tu t'énorgueillis de ton vaste empire, large couche impériale, et de tes nombreuses nations, filles de joie qui obéissent à tous tes caprices; tu les as enfermées en ton infâme sérail, et nous aussi tu voudrais nous faire gouverner par tes eunuques.

Tu trembles pourtant, malgré tes flatteurs, tu crains la bataille ardente. Les derniers des esclaves tiendraient-ils devant des hommes libres? ah! si tu avais affaire à d'autres esclaves!

Tes soldats de plomb, rien ne circule dans leurs veines, ils ne savent ni avancer ni fuir, mais mourir; crois-tu donc que nos doux climats seront la proie de tes hordes féroces, peuples au sang glacé, fleurs sans parfum, pâles visages sans cœur?

Monarque insensé, ton père, ton frère, ta mère, tes fils ont été égorgés; tu rejoindras ta famille par le même chemin. Le sang des martyrs ne l'entends-tu pas qui te crie que la même mort t'est réservée?

Tes victimes seront délivrées; l'humanité sera vengée enfin. Comme toi le cadavre de ton vaste empire sera tiré à quatre cheveaux. Eh quoi, tu veux asservir nos champs fertiles, nos riches cités, nos femmes gracieuses! Cosaque stupide, bientôt les hommes libres s'embrasseront sur ton tombeau.

Cléopâtre.

Qu'elle était belle la reine Cléopâtre, lorsque semblable à la jeune Cythérée, elle se montra aux peuples charmés de l'Asie sur la poupe de son navire éblouissant d'or ; pendant des siècles, l'Orient à conservé le souvenir de son idéale beauté.

Type immortel de la volupté, c'est la chaude Afrique, la terre des merveilles, qui l'a créée ; femme de tous les vices et de toutes les grâces, cette fille d'Osiris est née du limon du Nil, échauffé des rayons enflammés du soleil.

Lascive et nerveuse, elle avait reçu les dons étranges de la Torride, la soif insatiable du plaisir, la merveilleuse beauté du désert. Ah! quand le désert se mêle d'être beau, c'est un Oasis incomparable et divin. L'Afrique, patrie des monstres, épuisa pour elle toutes les merveilles de sa création: Cléopâtre fut belle pour tout un monde, elle fut un monstre de beauté.

Qui ne l'absoudrait de ses crimes en voyant tant de grâces? n'était-elle pas une déesse? le plus grand crime d'une déesse eût été qu'elle fut à un seul homme. Si Vénus était moins trompeuse, elle serait coupable, il y aurait moins d'heureux : la vertu de la femme est un larcin fait à l'amour.

O Cléopâtre, quand on avait partagé les voluptés effrénées de ta couche, pouvait-on redescendre sur la terre? il fallait passer de tes suprêmes embrassements aux Champs-Elysées : trop heureux, qui a pu mourir dans tes bras !

Antoine, je ne suis pas de ceux qui blâment ton amour, tu as eu raison d'oublier l'empire du monde pour une femme ; tu n'avais qu'un diamant, le diamant du désert qui valait tous les sceptres et toutes les couronnes.

L'Univers entier admirait avec toi la déesse du Nil, sa puissance allait jusqu'où allaient ses regards, César l'avait formée pour dompter tous les cœurs, César le voluptueux conquérant, le fils de Vénus.

Antoine, noble chevalier, tu as commencé l'ère moderne des amours héroïques ; les yeux se mouillent encore de larmes au souvenir de ta royale passion, il n'y a eu que Rome pour aimer aussi grandement, et l'Orient pour inspirer tant d'amour.

Tu as préféré Cléopâtre à l'empire ; ah, c'est toi qui as triomphé. Octave a pu la dédaigner, il a su devenir un maître d'esclaves, mais était-il fait, ce pâle Octave pour savourer la vie inimitable, et des inséparables de la mort ?

Qu'elle était belle la jeune Cléopâtre, lorsqu'elle apparut aux peuples, semblable à la jeune Cythérée ! mais jamais Vénus l'égala-t-elle, même au sortir de l'écume des flots ?

Elle était revêtue d'un vêtement éclatant qui faisait ressortir l'éclat incomparable de son teint ; son visage brillait comme un albâtre qu'éclaire une flamme intérieure, et un vague rayonnement entourait l'harmonie idéale de ses contours.

Semblables à deux étoiles scintillantes dans un ciel clair et serein, ses yeux laissaient un charme ineffaçable ; chose étrange, ils semblaient agir comme par le sens du toucher ; même en se détournant on se sentait pénétrer de leur fluide tiède et voluptueux.

Tels que les regards de la lune enchaînent les flots révoltés, ainsi les yeux de Cléopâtre par leur magnétisme puissant, attiraient les cœurs des guerriers les plus farouches ; tout un peuple en fit son idole ; qu'ils étaient beaux ses yeux verts et changeants comme la mer ; ils montraient des profondeurs mystérieuses aux hommes avides de voluptés inconnues, ou bien riants sous un rayon de soleil, ils déroulaient de charmants Oasis et les verdoyants bosquets de Paphos pleins de luttes amoureuses. Il y avait dans toute sa personne un prestige irrésistible ; elle enchaînait les cœurs et les regards comme l'admirable beauté de la Méduse ou comme le sphinx immobile, au front de marbre, proposant sa redoutable énigme ; les victimes couraient vers la syrène.

Son pourpre sourire, était entr'ouvert par la passion, comme une fleur vierge qui se pâme d'amour, sa bouche semblait s'épanouir en un baiser ; sa brune chevelure ondulait amoureusement sur la peau nacrée et transparente de son col. Ses mains blanches et d'un galbe admirable, étaient faites pour la caresse, ses pieds étaient si petits qu'elle paraissait destinée à rester toujours en son lit d'ivoire, véritable trône de cette reine du plaisir.

Rien n'égalait la souplesse lascive de tous ses membres ; semblables aux plis multipliés du serpent, ils s'enroulaient avec force autour du corps de son amant, et l'enlaçaient comme une proie, tandis que ses dents de perle mordaient des chairs frémissantes dans un baiser inassouvi.

Qu'elle était belle cette reine Cléopâtre, alors que répandant une douce lumière, et rendant pour ainsi dire au soleil les flammes qu'elle en avait reçues, son beau corps dévoilait peu à peu tous ses attraits divins, sous la main adroite des négresses agenouillées à ses pieds ; quel cœur d'homme n'eût défailli à cet aspect ?

Après les lignes irréprochables de ses blanches épaules, apparaissait ce sein merveilleux, objet des désirs de l'univers, fruit d'or des Hespérides : sans cesse ému, semblable à une jeune vague, il était comme une onde amoureuse et douce qui invite et berce l'homme. Ah ! la vue seule de ses flancs de marbre eut suffi pour mourir de bonheur, et l'œil n'aurait jamais pu s'en rassasier.

Qu'il était beau ce corps aux harmonies suaves, poëme divin de l'amour, sans voile, tout ruisselant de luxures, devant un cœur qui se brisait de désirs. Qu'elle était ardente et pleine de langueurs tour-à-tour ; sa voix avait un charme infini, et chacun de ses mouvements avait tant de grâce qu'elle semblait obéir à une musique intérieure.

Elle a vécu pour l'amour, elle est morte dans un baiser, le baiser lent et fatal de l'aspic. Ne semblait-il pas, roulé dans ce sein désirable, qu'il s'était endormi comme il leur arrive souvent près d'une de ces fleurs du tropique qui enivrent et donnent la mort ?

Pygmalion.

Comme autrefois, un cri lamentable se fait entendre de nouveau : le grand Pan est mort. La mort a gagné de proche en proche toute la création. O mon Dieu ! eh quoi, pour une semaine de travail, tu t'es reposé depuis six mille ans : ton art est stérile, tu n'as su pétrir avec la matière que les misères de l'homme, les mondes semblent encore dans le chaos, tu nous as donné seulement la boite de Pandore, la boite du hasard, le bien et le mal.

Vois, les étoiles enchainées dans les cieux,

semblent lassées de mirer dans la mer, comme dans un vain miroir, leur inutile beauté; Bérénice regarde avec dépit flotter sa longue chevelure, et condamnée à un éternel veuvage, la lune pâle soupire dans l'azur aride et désert du firmament; la terre semble prise du froid de la mort. O tyran ! tu fais tout rentrer dans la nuit du néant. O Dieu solitaire, Dieu impassible, Dieu sans haine et sans amour, tu ne vaux pas même l'homme dans ses vaines émotions; tu avais l'éternité pour ton œuvre, qu'as-tu su faire? ton Christ est mort à jamais avec toutes ses promesses inutiles, le hasard règne, la providence n'est qu'un mot. O Dieu qui nous gouvernes, n'es-tu donc que l'imprudent Phaéton d'un vrai Dieu qui se repose? où est ton père?

Vois comme tout est livré à la désolation; tu n'as pas même su achever le monde, informe ébauche échappée de tes mains. Semblable à l'apprenti sorcier, tu as voulu opérer avec un charme dont tu n'étais pas le maître, et qui maintenant va te dévorer. Tu n'as que le mal et la mort pour baguette, mais ta baguette est plus puissante que toi, tu détruis les choses nouvelles et non ce qui est vieux, les printemps non les hivers, tu ne sais pas même manier ta foudre.

Le fils de l'homme t'insulte de toutes parts; le monde empire tous les jours, qu'as-tu fait? Tu as établi une sorte de mécanique impuissante pour une création périodique; l'ange de la mort seul veille, l'ange de la vie s'est endormi, et tes vieux rouages sont maintenant usés. La terre verte d'un côté et pourrie de l'autre, est secouée par le vent du destin, comme un fruit stérile sur le vieil arbre de l'univers.

Invoquons le hasard, puisqu'il est le seul Dieu

O dieux inconnus ! où donc êtes-vous, ou sont vos miracles ? et toi que le monde adore, où est ta vertu pour te dire une divinité ? Les tyrans sont-ils donc tes fils ainés et tes bâtards ? es-tu le Dieu du mal ou un Dieu impuissant ? Ah ! nous adorerons le génie des ténèbres puisqu'il possède le monde, rendons à César ce qui est César.

Qu'est devenu le sourire Grec avec son étrange beauté ? Oui le grand Pan est mort. L'espérance est morte aussi, cette lampe sépulcrale qui tient lieu du jour aux nations tombées ; elle est éteinte de nouveau. O monde ! l'homme renonce à deviner l'égnime de ta création, est-ce une plaisanterie de Dieu ? êtres inutiles rentrons dans le néant.

O mon Dieu, qui nous donneras-tu maintenant pour Messie ? Dieu du mal descends toi-même ; mais ne sois plus étonné si l'homme, ta victime depuis six mille ans, te cloue aussi à l'arbre de la croix. Lance ta foudre et ramène un autre déluge, si tu peux ainsi renouveler la terre. Que de fois déjà, semblable au cadavre d'Eson, tu as cru la rajeunir en la réduisant en pièces. Eh quoi, ô méchant ouvrier ! tu n'as su rien faire d'une si belle matière, et l'homme, lui, perfectionne ce qu'il a et ajoute l'art à la nature ; va, Dieu cruel et sombre, toutes les superstitions de tes forêts sont découvertes.

Ne dois-tu pas être las de ton oisiveté ? à quoi a servi ta parole ? ton pain ne nourrit que des ministres débauchés, et ton vin enivre leurs sens effrénés, mais où est le pain et le vin destinés à briller au banquet des nations ? chaque brin d'herbe s'écrie : à quoi sert la vie ? tu sembles avoir créé le monde, Seigneur, afin qu'il te maudisse, mais la justice sera notre seul Dieu, indépendante puisqu'elle n'est pas avec toi.

La seule espérance de l'homme, c'est qu'il dormira un jour du sommeil de la mort ; ce n'est pas trop du repos éternel après une telle vie ; l'humanité est lasse d'être comme le soleil, de recommencer son cours inflexible dans le même cercle : ô spectre du monde enfant, évanouis-toi ; délivrons notre âme des éblouissements de la chair, que l'idée pure reste seule. Rois par l'intelligence et la liberté, rois de notre désir, ensevelissons le vain fantôme du passé.

Tous ces dieux et tous ces faux mystères expliquent-ils le monde ? valeurs de convention, ce sont de stériles abstractions, des mots dénués de sens. Non, ô Christ, nous ne croyons plus à ta parole, nous ne voyons plus rien au-delà de la tombe, nous avons dépouillé la crainte et l'espérance comme un affranchi sa livrée en lambeaux.

Écoute : les astres se plaignent de briller en vain dans le ciel désert comme des flambeaux pour une fête qui n'arrive jamais, et la terre dit : j'enfante dans la douleur, et mon enfantement est inutile. L'homme, mon fils, réclame ton appui et ta présence, n'es-tu donc pas son père ? Le froid gagne mes extrémités, mes volcans s'éteignent, le souffle se meurt dans ma poitrine. Ah ! tes anges ne t'obéissent pas, ta croix est oubliée et ton Christ ne peut sortir du tombeau. Tous les esprits du ciel ne sauraient-ils donc soulever une pierre ? n'es-tu que le néant ?

Et le chêne s'écrie : quel deuil éternel et triste, je vois tomber ma couronne chaque année ; la nature entière n'est qu'une plaintive élégie. L'homme désolé par les misères de son âme, aspire à l'insouciance des êtres inférieurs, qu'il voit bondir au soleil de la plaine, l'animal en proie à une guerre incessante voudrait faire partie du règne pacifique des vertes forêts, la plante que dévore l'hiver, regarde avec envie l'immobilité stoïque de la pierre. Chaque degré de la création a été un degré vers la douleur. Est-ce là le progrès comme tu l'entends, qu'es-tu donc, ô Dieu, jouissance ou souffrance?

Les pierres du moins ont la beauté du repos : O premiers dieux, calme nature, suprême ignorance, que vous êtes beaux, vous êtes si proches du néant. Et toi, ô mort, souverain bien, n'es-tu pas de même insensible et immobile, est-ce que toi aussi tu es entraînée à travers l'espace sur ton cheval blanc, et vous donc aussi vous vivez, ô malheureuse? O mort, non tu n'es pas la mort vivante, la mort guerrière recrutant ici-bas pour un autre monde, peut-être plus agité et pire; ô mort, je l'espère, pâle et doux fantôme, tu es couchée au tombeau froide et vraiment morte pour jamais.

Ne vois-tu pas, ô Seigneur, que nous nous égarons, sans guide dans les espaces infinis, et toi notre pasteur tu nous délaisses; n'est-il pas de juge pour condamner celui qui abandonne son troupeau? Oh! tu nous mènes avec toi dans ton infortune immense, Dieu malheureux, étrange fatalité; c'est un malheur à la fois d'être et de n'être pas.

Vois, Seigneur, la terre, elle est parée comme une épouse et elle attend son bien-aimé, le roi de la paix; la laisseras-tu se flétrir dans les larmes; vois, qu'elle est belle et comme elle soupire; qu'il vienne afin que la terre chante plus haut que le ciel des hymnes à ta gloire. L'univers soupire après toi, les mondes éplorés courent après leurs amours dans le labyrinthe des cieux. Mais hélas! qui pourrait répondre à nos prières?

ô soleil, astre éclatant qui donnes quelque chaleur à nos cœurs, et toi justice éternelle qui juges à ton tribunal suprême les dieux et les enfants des hommes, je t'invoque !

Lève-toi fils de l'homme, conduis le monde et règne sur lui, n'es-tu pas la seule divinité? Qu'il paraisse, celui qui peut te disputer le trône, qui a vu son visage? qui se souvient d'avoir été créé? Lève-toi fils de l'homme, tu es plus digne du trône céleste qu'une divinité impassible, tu es le Dieu payen, l'homme Dieu, beau et respirant la volupté, le véritable conquérant de l'Olympe. Deshérité de tout, l'homme a su régner sur le désert, plus fort que le lion; parcourir les mers comme les poissons, et semblable à l'aigle voler dans les cieux; il a corrigé le monde incomplet qui ne tournera plus dans le même cercle, tel qu'un condamné à la meule; les dieux ne font plus de miracles, qui sont maintenant l'apanage de l'homme.

La terre, cette sœur des astres radieux, soupire après l'éther du firmament; semblable au ver à soie, obscure elle file sa coque, mais dépouillant son humble robe, sur ses aîles légères, elle s'envolera vers le printemps serein des voûtes immortelles, et comme le papillon elle ne se souviendra plus qu'elle a rampé.

Homme, plus grand que Dieu, c'est toi qui l'as conçu en ton esprit; ton cerveau a créé cet idéal infini; l'homme voyant le chaos, y mit l'ordre et Dieu, et épouvanté de sa pensée il l'a dite révélée. Homme de peu de foi, tâche de croire en toi-même, après avoir placé un trône suprême dans les cieux, il ne te reste plus qu'à le remplir.

Les jours sont arrivés de la nouvelle loi; filles de Loth, ô nations ne regardez pas en arrière ou vous deviendrez de froides statues, allez vers le Dieu nouveau qui vous appelle.

Voyez, le progrès vous entraîne malgré vous, l'homme Dieu a donné des ailes de feu à son char voyageur, uni les continents, tiré le monde du chaos, et rendu l'esprit humain lui-même meilleur; le peuple libre, sous un libre soleil est devenu le roi absolu de la terre. Que l'Univers chante donc un hymne solennel à l'Homme-Dieu.

Madeleine.

Je t'ai toujours aimée, ô blonde Madeleine! vierge courtisanne, touchant symbole de l'amour; tes beaux yeux quoique remplis de larmes donnent l'espérance à tous les cœurs blessés, je t'ai aimée dans ta chute, je t'aime encore plus dans ta régénération.

Tu nous montres à la fois les joies du ciel et de la terre, ton sourire amène le printemps de la grâce jusque dans l'austère religion. O jolie sainte de la légende, on a fait de toi la compagne du Christ, tu figures sa merveilleuse indulgence, et tes regards humides réfléchissent les bienfaisantes souffrances de sa passion.

Oui, l'amour tendre et universel a trouvé dans toi son martyr; c'est toi qui as pleuré le plus sur Jésus comme pour nous dire que la volupté est sœur de la pitié.

Que j'aime à te suivre dans le désert aride; tes pleurs sont toujours mêlés d'un doux sourire. Le printemps refleurit dans ton cœur et ta désolation est pleine de délices.

Tu sembles dire : est-on dans le désert quand on est avec Dieu? non tu n'as pas renoncé à l'amour, tu aimes davantage, tu aimes de l'amour des larmes. Femme du monde antique te voilà régénérée, et l'idéal t'emporte loin du grossier plaisir des sens.

La Poésie.

O poésie! peux-tu mourir plus que le printemps? c'est nous qui mourons, et le cœur éteint, nous nous écrions : est-ce qu'il y a encore des poètes? Illusion et rêveries, c'est vous qui êtes vraiment les reines du monde, vous le colorez à nos yeux des vives couleurs de la jeunesse; quand votre flambeau est éteint, le monde est inhabitable.

O poésie! que n'as-tu les aîles de la frégate, pour nous bercer toujours dans le ciel, mais tu n'en peux voir que de loin les images, aile qui enlèves au firmament et qui te lasse si vite. O divine mélodie, es tu autre chose que les formes ondoyantes d'un arbre, un son fugitif que rien ne peut fixer, un nuage changeant, la brise du soir, les soupirs du cœur, les désirs envolés? O mélodie! qui pourra traduire ta grâce et ta beauté?

Inutile mirage, tu n'es rien mais tu éblouis; ô rêves, ô plaines du ciel, qu'êtes-vous auprès de la réalité de la terre, mais vous brillez. Mais non, la poésie est encore la chose la plus vraie. Hélas! l'homme est né sous une triste étoile, et ne trouve rien pour remplir son cœur; la poésie et la réalité sont toutes deux une chimère, mais la poésie du moins est une chimère qui devrait être.

O poésie! redevenus enfants pleureurs et lassés de ce monde, nous avons besoin de ta douce mamelle, ô muse donne-nous un lait délicat, une nourriture légère, nous ne sommes plus capables de vider d'un seul trait la coupe généreuse du grand Homère; ne nous mène pas dans les rudes sentiers le glaive en main, mais répands sur nous les roses d'Anacréon pour nous endormir.

O poésie ! je t'ai aimée comme une belle fiancée, et maintenant, même impuissant, je t'aime encore et te serai fidèle, car j'ai été blessé au cœur par ton charme irrésistible ; semblable à la lyre du musicien, toute l'âme du poëte passe en ses chants ; toujours l'instrument épuise l'homme et quelquefois il lui donne l'immortalité.

Pensées poétiques perdues dans un pauvre cœur, vous seules volez au ciel comme les prières ailées, le reste des agitations de l'homme vient de la terre et y retombe. Laissons les livres, et prions et pleurons sous le firmament. Dieu veut des hymnes cachés ; la fleur la plus belle est inconnue et le chant le plus beau n'est pas fait pour l'oreille de l'homme.

Oui, mon cœur déborde trop pour que j'y trouve autre chose que des baisers et des soupirs pour toi, ô mon dieu. On ne peut noter la poésie, elle est comme la nature vague et immense, c'est le chaos informe, l'amour intime des éléments, l'âme qui renaît plus belle en Dieu.

Tout ce que je vois.

Tout ce que je vois et goûte avec vous, ô madame ! me semble inestimable, les moindres choses me plaisent, et votre beauté, semblable au soleil, répand une douce lumière sur tout le paysage.

Mais si vous êtes absente, tout m'est à charge et les plus belles choses n'ont d'attrait pour moi qu'en me rappelant votre souvenir : l'air semble murmurer votre nom, les fleurs demandent à vous parer, vous êtes pour moi la vie ou la mort ; Dieu lui-même ne m'apparaît que révélé par ce don ineffable ; mon cœur solitaire est plein de vous, ou plutôt je ne le retrouve plus dans ma poitrine, une seule pensée absorbe tout mon être.

Ah! le vase le plus gracieux ce sont les seins de la femme, et la plus belle fleur qui soit sous le soleil, c'est son doux visage. Comme vos traits sont nobles, vous êtes si belle et si fraiche que vous effacez les roses de votre guirlande. Qu'elle est charmante la fleur de votre joue, semblable au léger duvet qui recouvre la pêche au matin, mais que votre âme est plus belle encore ; votre regard est si grand qu'il semble dire avec dédain : ces roses passeront ; et votre souffle embaumé soupire : je ne suis que dans une prison mortelle.

La paix du cœur.

O mon cœur ! maintenant tu te reposes dans un paisible amour, tu as trop aimé ; ô félicité! je me laisse aller aujourd'hui au courant d'une heureuse passion. Tu n'es plus ô mon cœur, sur une mer grosse d'orages ni pourtant sur une mer trop calme et monotone, l'amour me berce sur des vagues doucement émues, comme le sein d'une vierge amoureuse, ses flots jouent avec moi, et par un charme heureux, légers et caressants, ils me rappellent les tempêtes où je faillis naufrager ; le souvenir du mal peut ajouter quelquefois au bonheur. O douce pensée, l'amour est aujourd'hui mon serviteur et non plus mon maître.

Pourquoi l'amour est-il si souvent semblable à la fureur, aux combats désastreux et à une lutte sans fin. C'est un livre d'or souillé de chagrins et de pleurs, et dont il faut toujours arracher quelque page. Pourquoi n'est-il pas comme le léger refrain d'une chanson joyeuse, la chanson de la jeunesse, comme un lac toujours pur et tranquille, ou comme un ruisseau qui s'écoule à regret en baisant ses rivages fleuris? L'amour alors n'est-il pas la folie la plus douce? qui n'adorerait dans une beauté jeune et aimable, un long regard baigné de volupté plein de tendresse et de mélancolie? Ah ! désormais je suis sage, je laisserai l'épine à la fougueuse jeunesse et ne cueillerai que la fleur et le parfum.

Amour, le plus puissant des dieux, ne me blesse pas, je ne te suis point rebelle, mais mène-moi par la main dans tes sentiers remplis de fleurs; nous nous connaissons, je sais trop bien qu'on ne peut te résister, et j'aime mieux te suivre que te combattre, mieux vaut être conduit qu'être traîné.

Qu'est-ce que l'amour avec la lutte? Oh! la lutte est le contraire de l'amour, il perd ainsi toute sa douceur. Amour libre, facile amour, je t'aime pour ta beauté, printemps éternel ; n'est-ce pas ainsi que les anges s'aiment dans le paradis. O divin amour règne sans conteste sur la terre, et soumets tout à tes lois, c'est par toi que nous reviendrons à la foi et à l'espérance.

Les beaux yeux.

O madame ! votre voix est douce mais vos yeux sont plus doux encore ; votre voix est comme la voix harmonieuse des syrènes qui attirait tous les cœurs, mais vos yeux sont un chant bien plus suave.

C'est un poëme d'amour, c'est le ciel dans toutes ses variétés, la mer humide et ondoyante, c'est le matin, le midi et le soir : le matin baigné de rosée et souriant dans les pleurs, le midi ardent et voluptueux et le soir voilé par une douce mélancolie.

Belle, vos yeux légers sont comme des hirondelles capricieuses ; vos regards viennent jusqu'à nous, puis s'en revolent à tire d'ailes, noirs et charmants comme ces oiseaux si vifs dans leurs jeux incessants. O cils agiles et longs, quelle aile a jamais eu votre prestesse, soit que vous montiez aux cieux, ou que vous vous perdiez dans un vague horizon? Heureux et gais, ainsi vos beaux yeux voltigent par toute la nature, désireux de s'énivrer de la lumière du soleil. Ah! l'amour ne les retient pas, et à moitié sauvages ils semblent vouloir savourer toute la création; heureux qui pourra les fixer et les alanguir. O chastes caresses, pleurs amoureuses, ris aimables, grâces du printemps! Ah! celui qui a vu une fois ces beaux yeux ne rêve plus que d'ineffables voluptés.

A M. Michelet.

O maitre, la foule reste suspendue à tes lèvres, lorsque ta parole harmonieuse semblable à celle du divin Homère, déroule le tissu des saintes mélodies. Comme le poète grec, ce n'est pas une histoire fugitive que tu racontes, mais bien l'épopée encore inaccomplie de l'humanité.

Ton langage est revêtu de la pourpre éclatante de la poésie, les abeilles de l'Attique semblent avoir déposé leur miel sur tes lèvres, et les grâces prêtent leur charme à la mélodie de tes pensées.

Ton front est serein comme celui d'un Dieu à qui rien n'est caché, ton regard semble voir au-delà du visible, et ton œil bleu comme celui de la vérité est plein de quiétude et ressemble au sourire du firmament.

Tu prêtes à la pensée les ailes d'or du divin Platon, ceux qui t'écoutent montent avec toi dans les cieux, une nouvelle vie semble s'emparer de leur être et le désir du bien et du beau devient leur unique passion.

En nos jours de tristesse et de décadence, ta parole pleine de foi donne un nouvel essor à la jeunesse, notre vie étouffée s'agrandit du passé et de l'avenir, et la tige épuisée des générations semble refleurir sous ton souffle.

Comme Platon, tu nous emportes dans les mondes supérieurs dans les plis de ta tunique, et tu nourris tes disciples du miel agréable de ta doctrine, ainsi qu'une mère attentive verse un lait bienfaisant et facile à ses faibles nourrissons; toi aussi tu leur ouvres ton propre cœur.

Poète de la réalité, tu as deviné le secret de toutes les muses et les arrêts du destin; tu as tout aimé et tout cherché pour tout comprendre, et aujourd'hui tu entends toutes les voix de la création depuis l'herbe des prés jusqu'aux cèdres orgueilleux.

Ton nom vivra éternellement; Dieu lui-même, seul jusqu'alors à contempler son infinie sagesse, se plaît à voir son œuvre si bien comprise par une créature mortelle et expliquée enfin au monde aveugle.

Ah! révèle-nous donc l'avenir, à nous pauvres enfants égarés dans le désert du présent : nous aimons à te suivre quand tu planes au-dessus des mondes, et que dans ta pensée immobile, au milieu de ce mouvement universel, tu ramènes l'infinie variété à l'unité et le chaos à Dieu.

Tu as su nous montrer que la poésie est la chose la plus vraie, qu'elle domine l'Univers à l'aide de ses ailes, que type éternel et invariable des choses, elle est la mathématique de la prose qui n'est que son application imparfaite.

Puis descendant des hauteurs inaltérables, tu as parcouru l'Univers, semblable à un ange lumineux dont ni le temps ni l'espace ne peuvent arrêter l'esprit puissant ; tu as peint d'une seule fresque le tableau du monde, ô grand artiste ; et voyageant à travers les siècles, comme le magicien de la fable, tu t'es fait un manteau de la couleur du temps, nous éblouissant de ses vives clartés.

Tu t'es mêlé à la vie des âges qui ne sont plus ; tu es descendu avec eux dans la tombe pour mieux les connaître, et les évoquer ensuite du cercueil. Tu as été semblable au prophète Samuel qui se coucha sur le cadavre de la fille morte pour la ressusciter à la vie.

Grâce à toi, nous savons maintenant le passé, le présent et l'avenir ; les hautes harmonies de la nature n'ont plus de secret pour nous, l'énigme de la création a été devinée, l'antique sphinx a été vaincu, ce roi du mystère qui jusqu'ici dévorait les rois et les peuples impuissants à résoudre son redoutable problème.

L'histoire est libre aujourd'hui, belle de jeunesse, toute pleine de grâce et revêtue de sa robe de fiancée ; le mal lui-même, le mal passé est changé en bien puisqu'il nous sert d'un grand enseignement, le mal que Dieu n'avait pu vaincre.

Pareil à Phidias, tu as abstrait l'anatomie du genre humain pour en créer un type inaltérable et éternel, tu as raconté l'humanité comme un seul homme ; ainsi que le grand sculpteur, d'un faible mortel tu as su faire un Dieu, un véritable Jupiter.

Tu as marié le progrès et la liberté ; le cours de l'humanité, cet astre errant et libre, a été lui-même découvert, ses passions et son cœur ont dit la loi de son existence, les premiers anneaux ont révélé le reste de la chaîne d'or, et, grâce à toi, ô prophète, l'homme malheureux aujourd'hui se berce dans les doux rêves d'un avenir magique, satisfait d'avance en sa misère.

Les bois d'Emenonville.

O bois d'Emenonville! que vous êtes un gracieux oasis au milieu du désert. Dans ce riant exil, le long de cette eau limpide qui arrose des sites agrestes, le cœur reprend un peu de calme et l'on oublie qu'on est aux portes d'une capitale pleine de bruits et de passions. C'est ici pourtant que Rousseau couronné de gloire et dont la moindre parole éveillait l'admiration de l'Europe, chercha la mort pour de vagues chimères qui troublaient son âme; lui que n'avaient pu accabler les longs malheurs de sa jeunesse, il ne sut pas résister aux faveurs de la fortune.

O pauvre humanité! ton sort n'est-il pas le même depuis ton berceau, tu as combattu avec les éléments conjurés contre toi, et aujourd'hui, après avoir tant cherché la sagesse, triomphante et au milieu de l'Eden que soixante siècles de labeurs t'ont préparé l'ennui vague et invincible, courbe ton front vers la tombe, et tu ne peux résister aux misères de ton propre cœur.

Byron.

Heureux le poète qui ressemble à Byron; ce n'est point un vain rhéteur; mais son âme imprime sa beauté à ses vers; son cœur lui-même est un écho qui résonne à toute les choses saintes et sublimes. Il jettera sa vie inconsolée au souffle de l'amour, comme une feuille à moitié flétrie à la brise du soir, et, jeune encore, dévoré du feu céleste, il mourra le martyr de la liberté.

O Byron! qui saurait comprendre ton désespoir; en vain tu fuyais de contrée en contrée, tu emportais toujours la flèche empoisonnée qui t'avait percé au flanc, fils de l'homme tu vivais dans la douleur, tu mourus jeune et beau comme le Christ succombant et pleurant sous le poids des souffrances du calvaire humain.

Et qui pourrait te plaindre d'être mort jeune? qui aurait pu voir Byron vieux? la jeunesse, la force et la révolte ont toujours marché avec toi, ô roi de la poésie; où va l'aigle quand il ne peut plus planer dans les airs? il disparaît sans laisser de traces.

Tu te perdis dans un abîme sans issue, ange déchu de ton glorieux empire, dédaignant la terre et ne trouvant plus de ciel, te souvenant de l'Eden embaumé du monde payen, et élevant ton vol sublime vers l'infini, tu mariais les molles allures de la volupté à l'ardente flamme d'un regard amoureux de la gloire du soleil.

Salut, roi des déserts aériens, aigle qui planes avec tant d'aisance dans un ciel baigné de lumière et de parfums au-dessus des forêts et des océans; laisse-moi admirer la grâce de ta course audacieuse; qui pourrait se lasser à contempler les vagues de la mer et le vol de l'aigle se berçant dans le firmament?

O Byron! tu fus le créateur d'un nouveau monde, tu nous a faits plus grands que nous n'étions, c'est toi qui nous as inspiré ces désirs inapaisés qui tourmentent notre âme, et à l'homme qui rampait sur la terre, tu as ouvert les portes de l'idéal.

Le désir est la nouvelle poésie des jeunes générations; salut à toi, ô poète, autre Christ qui as fait descendre le ciel sur la terre, et qui as peuplé nos nuits de songes merveilleux, nous donnant l'infini des désirs et élevant ainsi l'homme jusqu'à Dieu.

Dieu ne nous avait donné que la pauvre réalité ; tu as fait plus, tu nous as montré les splendeurs de l'idéal. L'homme monte maintenant jusqu'au septième ciel sur les ailes du désir ; ah ! s'il doit se consumer dans cet amour irréalisable, que pouvais-tu de plus que Dieu, ce premier créateur, qui lui aussi n'a pu faire de nous des dieux ?

O Byron ! ange de lumière, que j'aime l'étincelante beauté de ta poésie, que j'aime à te suivre dans les plaines éthérées, quand la mélancolie attendrit les cordes vibrantes de ta lyre, et que la douce clarté des cieux fait fondre en pleurs plus belles encore les perles orgueilleuses de ton merveilleux diadème. Personne n'a monté si haut que toi dans le ciel et n'est descendu aussi bas dans les enfers.

Tu nous fais ressouvenir du berceau de la poésie, et tu renoues la chaîne d'or jusqu'au divin Homère. Ah ! combien l'homme a vieilli depuis la jeunesse du monde : hélas ! lui du moins souriait dans les larmes. O couchant magnifique de la poésie, égal à son aurore, les vapeurs de la journée te dorent à l'horizon, à l'horizon qui nous apparaît comme le portique mystérieux et mélancolique d'un avenir inconnu.

O Byron ! tes vers sont le chant du cygne de la société et de la poésie. Après la splendeur jeune et toujours rayonnante d'Homère, tu es comme un beau ciel des fantastiques Arabies, tout parsemé de charmantes étoiles, et à nous qui tombons, le soir plaît plus que le jour.

O nuit ! laisse moi pleurer sous ta clarté silencieuse ; non, ce n'est plus le jour heureux de la Grèce, c'est la nuit de l'Orient, où au lieu d'un soleil dont la lumière nous cachait les cieux, d'in-

nombrables soleils se dévoilent à nos regards,
alors que se dégageant de ce monde étroit qui la
captivait, notre âme s'élance vers l'idéal et se
perd dans l'infini des mondes.

Le Christ.

Le Christ a passé sur la terre en faisant du
bien ; semblable à la divinité par l'ineffable sagesse de ses paroles, à un ange par la pureté de
sa vie, à un homme par sa vive sympathie pour
les souffrances de ses frères, si en effet il n'était
pas Dieu, en mourant pour nous sur la croix, il
méritait de le devenir. L'Univers en le plaçant
sur le trône des cieux n'a fait que donner la couronne au plus digne.

Vois le Christ sur la croix, ô homme, et ne
te plains plus de souffrir. Dieu par un touchant
mystère a voulu devenir notre frère, il a voulu
naître homme pour que l'homme qui refusait
son cœur à un Dieu invisible, comprît et aimât
un Dieu de chair et de sang. Il a voulu connaître
la vie des malheureux mortels pour savoir par
lui-même toute la profondeur des misères terrestres, hélas ! et sur le mont des Oliviers, lui le
Dieu fort, il n'a pu lui-même en soutenir le poids
accablant. Il a succombé à la souffrance, et à
une vie si pleine de malheurs il n'a pu trouver
d'autre remède que la mort. O Jésus ! toi qui as
goûté à la coupe amère, Dieu malheureux, délivre-
nous du mal.

Symbole touchant de la pauvre humanité, Jésus depuis dix-huit cents ans, reste cloué à l'arbre
infâme de la croix, en proie à une Passion éternelle. Voyez ses mains et ses pieds déchirés, et
son cœur percé d'un fer cruel, épuisé jusqu'à la
dernière goutte de son sang, et le fiel qu'on lui

donne pour l'abreuver, et la couronne d'épines insulte de son noble front. Ah! pauvre peuple, les pharisiens de nos jours aussi t'appellent le souverain, chaque jour ta passion se renouvelle, et toi-même, doux agneau, tu portes la croix sur laquelle on te crucifie ; chaque jour tu espères mais tourmenté sans cesse sur l'arbre infâme, tu ne pux trouver ni la paix du tombeau, ni la résurrection que le messie t'avait promise. O Jésus! quand viendra ton règne et ton ciel?

Qui détachera tes membres sanglants de la croix, qui au moins par pitié, couchera ton corps meurtri dans le cercueil? Oh! délivrez le Christ, cet autre Prométhée, rendez-lui sa tunique sans tache et sans couture. Hélas! immolé tous les jours, il se tord dans la souffrance, et désespérant de son père qui l'oublie dans les cieux, il blasphème et fait entendre des cris douloureux.

O mon père, n'ai-je point assez bu le calice de l'amèrtume? où sont tes saintes promesses? j'ai souffert si longtemps sans me plaindre.

Fils du firmament, j'ai vécu dans l'exil et la misère, je n'ai point trouvé la paix ni le repos, moi qui espérais en la paix suprème de ton divin Arc-en-Ciel.

Ah! je n'ai plus de sang à t'offrir ni de voix pour te prier, mes lèvres sont pâles; mon cœur privé d'amour s'est épuisé dans la souffrance, il est vide aujourd'hui, mes yeux sont desséchés par les pleurs.

O mon Dieu! faut-il que je doute de toi, tu n'as même pas un regard pour ton fils bien-aimé, et comme le mauvais larron, tu laisses mes membres se tordre dans le supplice de la croix.

Je suis venu apporter la paix et la charité, et je me meurs dans l'insulte, souffriras-tu, ô Dieu, que ton fils soit ainsi traité ? ah! donne-moi du moins la nuit du tombeau ; hélas ! rien ne me répond.

Le ciel est donc désert ; ah! Dieu cruel, me laisseras-tu ainsi suspendu entre la vie et la mort, donne-moi du moins la mort, je ne te demande rien, laisse-moi au néant. O divinité impuissante, n'es-tu donc toi-même que le néant?

Et moi qui ai cru en toi, malheureux que je suis ! sois-tu maudite, image fantastique, ciel ingrat, Dieu trompeur et cruel, pour qui j'ai souffert mille morts.

Ainsi pleure le Christ sur la croix fatale. Espérance du genre humain, arbre de la croix qui devais être si fécond, ne seras-tu qu'un phare inutile, un signe funeste? Salut encore, ô croix, unique espérance du monde.

Oui, Jésus, tu as baigné de ton sang innocent le bois de la croix, et ce bois sacré qui semblait mort, reverdit et couvrit le monde de son ombre salutaire ; chaque rameau qu'on en planta produisit des fleurs et des fruits admirables, et il est devenu l'étendard verdoyant de la terre qui aspire à la conquête des cieux ; la rosée céleste a été répandue sur lui.

O pauvre Messie, pauvre croix de bois, tu as donné à la terre des moissons d'or et des palais magnifiques, tu as donné à l'indigent les royaumes des cieux et les sphères infinies du firmament.

Oui, la vigne a eu ses fruits merveilleux, et le sang de la grappe a désaltéré le monde, mais aujourd'hui, la vieille loi est une plante parasite et stérile qui dévore une terre féconde. La vieille vigne est semblable à un cadavre inutile, vainement lié et soutenu dans les airs, la vie est partie, la grappe n'a plus de sang ; plantons, plantons la jeune vigne.

Les promesses de l'ancienne loi ont été vaines, le ciel bleu qui nous paraît si beau de loin, quand on s'en approche n'est plus qu'une vapeur vide, ainsi en est-il du bonheur et du ciel qu'on nous avait annoncés, nuages fantastiques. Ah! que les saints avaient raison de mépriser toutes les grandeurs de la terre ; mais nous, plus désabusés encore nous dédaignons les royaumes du firmament eux-mêmes.

O Jérusalem! cité sainte, patrie des prophètes, ton nom inspire encore une crainte religieuse à nos cœurs ; c'est ici qu'un Dieu est mort. Hélas! il est trop bien mort, et tout en ces lieux trahit un désastre éternel, tout est ici d'un vide effrayant. ô Solyme, reine de la désolation, tu sembles être le tombeau d'un Dieu et d'un peuple morts ; où sont-ils hélas! Notre âme te ressemble, elle n'est plus que ruines, rien n'y est vivant et jamais personne n'y pourra relever le temple sacré.

Triste Judée, tu es maudite par le souffle d'en haut, la mort seule règne ici, ah! Jésus a été trop vengé, l'âme invisible de Judas semble seule respirer en ces lieux et se plaindre dans un éternel désespoir et un blasphème éternel.

O Judas! toi aussi tu as été un homme, toi aussi tu avais un cœur ; n'y aura-t-il personne pour pleurer sur ton cercueil? Depuis dix huit cents ans les vents de l'enfer balancent ton honteux cadavre devant l'arbre immobile de la croix ; ah! je me sens des larmes pour toutes les douleurs humaines. Quel qu'il soit, le mal m'afflige, et j'aurais plus de pleurs peut-être encore pour le meurtrier que pour la victime, le plus malheureux me touche davantage. Fallait-il donc un Ju-

das pour qu'il y eut un Christ? ô fatalité, faut-il
que le mal existe pour que le bien resplendisse
davantage, les honteuses trahisons de la nuit
pour les gloires de la lumière? Ah! le bien périsse
plutôt tout entier !

O Jésus ! ne vous tournerez-vous pas avec un
doux sourire de pardon, vers celui qui souffre depuis dix-huit cents ans, celui qui fut votre frère
et qui a partagé le pain de votre table?

Qu'elles sont loin de nous aujourd'hui, ces
vieilles religions! qu'elles soient couvertes du sang
innocent ou du sang coupable, il souille toujours
leurs vêtements et répugne à nos yeux. Le seul
Dieu que nous adorons, c'est la nature dans son
vêtement pudique et candide. Tous les Dieux ont
trompé les faibles mortels; ils ont encore été plus
cruels pour leurs amis que pour leurs ennemis :
pareils au dieu Saturne, ils dévoraient leurs enfants.

Aujourd'hui pourtant notre esprit se complaît
dans ces ruines; semblable aux reliques solitaires
de Palmyre, à ses splendides colonnades et aux
restes grandioses de ses monuments, une religion
morte n'étale que les débris de sa grandeur. Les
misères des cités sont disparues avec leur ruine,
il ne reste que leur beauté : c'est la statue immortelle et sereine d'un corps souffrant et malheureux. Ainsi, ô religion, j'aime tes ruines; tes in-
firmités ont disparu, et les portiques de tes temples solitaires font encore rêver sur ta splendeur
passée.

Nous voilà donc sans boussole, sans phare et
sans étoile sur l'océan de la vie; mais pourquoi
nous plaindrions-nous de notre sort? S'il est un
Dieu, il doit souffrir plus que nous du malheur
de ses enfants; si nous souffrons, c'est que nous

sommes les portions de la divinité. Ah! sans doute c'est un Dieu malheureux qui a créé l'Univers, sans quoi ne l'eût-il pas fait semblable à lui, radieux, heureux et immortel? Aimons-le du moins ce Dieu souffrant, cette âme de notre âme; il me plaît davantage qu'une divinité impassible; c'est la douleur qu'il faut adorer, c'est la douleur éternelle qui règne sur le monde.

Voilà celui vers lequel nos âmes s'élancent pleines de sympathies, mais les autres dogmes sont morts pour nous; le Dieu s'est dégagé de la matière, comme nos âmes se sont dégagées de nos corps, et le masque de la superstition a été levé; nous n'avons plus de marbre pour y tailler de faux Dieux : notre Dieu n'est qu'un souffle invisible et universel. Ame humaine, dois-tu devenir orgueilleuse, en rejetant ainsi des passions mensongères, ou bien te faut-il pleurer, ô pauvre âme, d'avoir perdu la fleur de tes illusions?

En seras-tu plus heureuse? qu'importe, les temps sont venus, il te faut laisser les jeux de ton jeune âge; tu entres dans ta virilité, l'homme ne doit jamais regarder en arrière.

Le courant est plus rude à combattre qu'à suivre; mais faut-il pour cela se laisser aller au flot qui mène doucement à l'abîme et au mensonge? L'enfant espère en sa jeunesse, puis l'ambition de l'âge mûr le domine, puis encore le repos de la vieillesse lui sourit; enfin, froid vieillard, mais non encore instruit par l'expérience, il ne cesse d'espérer, et pour ne pas laisser son désir inutile, il invente un nouveau monde où il place son bonheur; la mort seule peut le désabuser.

Laissons tous ces fantômes d'une vaine imagination, laissons tous ces songes trompeurs qui ne valent pas la douleur amère du réveil; marchons à la grande clarté du ciel, dans ce monde aimable qui est notre lot, sans toujours avoir les yeux fixés vers le soleil, et aspirer aux royaumes d'en haut : le soleil n'est-il pas plus beau, peint et dispersé dans les mille nuances de la terre, qu'au ciel dans son incolore clarté et dans sa sublime solitude ? La nature immense, voilà le Dieu que nous devons adorer, le Dieu qui s'est incarné pour nous.

Oui, voilà l'espérance des nouvelles générations ; ô Christ, on te croit mort ; ô divin Messie, roi de la gloire et du bonheur ; mais pour toi la mort est la vie, et la condition de la résurrection : tu dors seulement dans ton cercueil ; semblable au géant de la fable, tu es invincible dès que tu touches la terre ta mère, dès que tu n'es plus un Dieu, mais un homme. Oui, faible mortel, la terre te presse dans ses bras maternels ; et bientôt nourrie de ses puissantes mamelles, tu seras plus fort que la divinité, et tu cesseras d'être l'esclave du ciel.

O Christ en croix sur l'X mystérieux de l'insoluble problème, comme le sphinx tu proposes depuis des siècles ta redoutable énigme ; l'énigme du bonheur humain ne sera-t-elle pas devinée ? ah ! elle le sera par un cœur plein d'amour.

Appelons le Messie, appelons-le de tous les cris de notre âme ; il viendra parmi les fleurs, les prés et les oasis du désert ; la terre l'enfantera dans un matin de printemps.

La terre, grosse de désirs et fécondée par nos pleurs, mettra elle-même au monde son sauveur. Il ne viendra plus d'un ciel impossible pour y retourner et nous abandonner ; mais, roi de la terre, il régnera à jamais.

Renversez la croix et détruisez ce signe d'infamie ; détachez le cadavre sanglant ; que le Christ, ce doux roi de Solyme, le Dieu aimé des belles filles de Judée, reparaisse dans toute sa jeunesse et sa beauté, et que la couronne d'épines se change en couronne de fleurs.

Que la blonde Madeleine, pleine de grâce, essuye les larmes de ses beaux yeux, qu'elle répande sur la chevelure de son bien-aimé tous les parfums de l'Arabie, et qu'elle baise avec amour ses pieds blancs et délicats.

Comme le divin Bacchus, que le doux roi conquière la terre avec un cortége de joie et de fête ; qu'il la conquière au plaisir et à la volupté ; que les ris, les chants joyeux, l'ivresse et les nymphes demi-nues accompagnent son triomphe.

Que les Grâces aimables conduisent au penchant des collines le chœur éternel de la douce Vénus ; que la terre émue sourie aux regards amoureux du soleil ; que l'alme paix descende des cieux, et que les doux Anges du paradis, oubliant leurs ailes, restent à jamais au milieu de nous.

La terre a été assez longtemps plongée dans le deuil ; ô Messie, divin Messie de l'Orient, apparais enfin au monde et dompte tous les cœurs avec ton sourire magique. Que le ciel descende encore sur la terre, le doux ciel païen.

Les Fleurs de mai.

Il est des soirs de mai étrangement doux : la brise est caressante et l'air est plein de tièdes baisers ; les lèvres sourient, les regards se cherchent ; la volupté endort toute autre pensée, et les seins se penchent doucement animés.

O grâce du printemps ! les femmes prennent alors un teint transparent et frais, aussi suave que l'azur lacté du ciel ; en un matin ont fleuri les lilas et les jeunes filles, le zéphyr se balance mollement dans les fleurs et semble craindre d'effeuiller leur beauté frêle.

O petit bouton de rose, les pleurs du matin brillent sur toi plus charmants que des perles; aimable bouton, tu veux éclore, l'air est si doux, tu veux t'épanouir; ah! n'éclos pas encore, tu vivras si peu, tu mourras si vite.

Le même soleil qui te fera briller, te flétrira; attends encore pour naître quelques baisers de plus, quelques regards de deux beaux yeux, quelque soupir d'un jeune sein.

Mais tu ne m'écoutes pas; tu t'entr'ouvres au monde si charmant; il le faut, il le faut. Éclos alors, qui peut te plaindre et ne pas t'envier? C'est assez de boire un seul matin les larmes de l'aurore.

Napoléon.

D'où vient l'aigle, et où va-t-il? tout le monde l'ignore; quelquefois il apparaît à la terre et disparaît sans laisser de trace, l'aigle va chercher la foudre dans les cieux. Aujourd'hui que le monde semble déchu de ses antiques vertus, il est pourtant un nom qui agrandit la poésie, un nom qui fait tressaillir tous les cœurs et retentit jusqu'au bout de l'univers.

Les dieux ont passé, mais il reste encore un dieu pour le peuple; Napoléon, ton souvenir console notre siècle inglorieux. Tes aigles, tes batailles, ta pourpre et ton diadème sanglant forment l'épopée de notre âge répétée par la voix des nations. Le monde a épuisé pour toi la coupe de l'admiration, il a chanté le soleil éclatant de ta gloire et la sombre nuit de tes infortunes, et affamé d'honneur il se repait de tes victoires et de tes désastres.

O nouvelle Iliade, batailles éternelles, ô glaive vainqueur ! Le nom français est devenu le premier entre tous les peuples ; tant d'exploits lassent les Muses, bien qu'elles soient filles de Mémoire. Nouveaux Héraclides, la conquête du monde nous est promise.

La terre retiendra à peine le nom de tous ceux qu'il a vaincus ; ils sont si nombreux, que ce n'est plus même pour eux un honneur. Seul dans son vaste horizon, roi solitaire comme le soleil, dès qu'il se lève il éclipse tous les autres astres des cieux.

Il est si grand qu'il écrase ses vainqueurs eux-mêmes et ne leur laisse qu'une gloire équivoque. Il brille autant dans sa défaite que dans sa victoire, grand en tout, et si quelque renommée suit ses ennemis, c'est qu'il les emporte au ciel de sa gloire ; sans lui qu'auraient-ils été ?

Ecoutez : il semble qu'il tressaille encore dans le tombeau ; son ombre n'est pas lasse de sang et de carnage ; il est tombé avant le soir et il n'était pas prêt à dormir dans le cercueil. Homme d'airain sur un trône d'airain, les hommes étaient aussi petits à tes pieds que du haut de la colonne où tu domines encore le monde. Ton cœur ne palpita jamais pour l'humanité, mais tu sus commander aux faibles mortels.

Tu les enivrais à la voix du carnage, le clairon des batailles semblait être la musique de ton cœur, les étendards sanglants l'arc-en-ciel de ta divinité ; et lorsque, dans l'orage des combats, ta voix tonnait plus haut que celle de Dieu même, les peuples obéissaient à la nouvelle divinité de la guerre.

Qui ne sent palpiter son cœur au souvenir de tes prodiges? Et moi aussi, j'aurais aimé l'ivresse de tes batailles, j'aurais aimé faire bondir sous mes éperons un cheval écumant, découdre avec le sabre les redoutables carrés d'infanterie, et braver l'univers, la victoire dans les yeux, la menace à la bouche et le panache de la mort sur le front.

Comme dans une orgie de triomphes sans fin, tu menas les peuples sur toutes les routes de la conquête, tu les rangeas pour ton plaisir sur tous les champs de bataille, les enivrant de poudre, d'honneur et de sang, et tu acceptas d'un front de marbre les fiançailles de la mort.

Un jour pourtant, un jour de carnage, ton œil s'arrêta avec mélancolie sur la plaine désolée, semblable au laboureur qui voit ses grains couchés par l'orage. Une moisson d'hommes gisait par terre, tranchés par l'épée des batailles. La mort elle-même eût eu quelque pitié : tu pâlis un instant, tu ne regrettais pas ceux qui étaient morts, mais ceux qui ne pouvaient plus donner la mort.

Bientôt tu repris ta course insensée, renversant tout ce qui se trouvait sur ton passage. Ah, que l'on t'a bien représenté, calme, impassible sur un cheval fougueux qui se cabre et piaffe à l'assaut d'un mont; ainsi l'homme fort domine les peuples, ainsi Dieu règne sur les révolutions du monde, ainsi tu allais infatigable, et tu t'étonnas que ton généreux coursier se fut abattu sous toi.

Semblable à la mort sur son cheval pâle, tu parcourais le monde épouvanté, comme elle tu n'épargnais personne et tu frappais encore plus tes amis que tes ennemis. O Napoléon ! n'étais-tu qu'un chiffre inflexible dans un cerveau de bronze?

à la tête des Français, tu fus un monde, seul à peine un homme.

Tu as tout fait pour toi, rien pour ta patrie ; que nous reste-t-il de toutes tes vaines conquêtes ? Ah ! malheur à toi, Corse au pâle visage, tu as trouvé le monde libre et tu l'as laissé esclave. Tu n'as pas su mourir dans la bataille ardente ; ainsi en est-il de tous les conquérants ; Annibal, Alexandre, César, Napoléon, aucun d'eux n'a péri par l'épée. L'épée les craignait-elle comme leur maître, ou bien est-ce là une mort trop douce pour des égorgeurs ?

Quel dut être ton profond désespoir à Sainte-Hélène ; tu redemandais à grands cris ton épée et le monde ; ton épée devait être le levier d'Archimède qui suffirait à le soulever ; mais la mer vide s'étendait devant toi, semblable au néant de la gloire. Que de fois tu essayas d'oublier le passé ; ton âme se plongeait dans ces flots profonds comme pour y perdre ses souillures, mais en vain ; pareil à ces oiseaux qui veulent fuir dans les ondes la chaleur du jour, mais dont l'eau ne saurait pénétrer l'imperméable duvet, ton front restait mat et inapaisé en proie à l'insomnie et aux regrets. Bien souvent dans tes rêves, le souvenir de tes revers vint troubler ton cœur : tombés du ciel comme des flocons de neige, les peuples du Nord recouvrent la France d'une terrible avalanche, le sol se dérobe sous les pieds de leurs chevaux. O mon épée ! mon épée et mes soldats, t'écriais-tu ; mesurez-nous encore le champ du combat, et dans une bataille je jouerai le monde, une bataille seulement.

Ah ! Corse au pâle visage, tu te réveillais seul, les grenadiers n'ont pas été te délivrer. Les soldats d'Alexandre et de César auraient été le chercher dans l'enfer ou dans le ciel, mais toi tu donnais ton or et non pas ton cœur, tu méprisais les hommes, ta main ne pressait pas d'autre main. Aussi ton trône s'est écroulé, le charme de l'ivresse s'est dissipé, tes valets t'ont mesuré à ta taille et t'ont laissé seul avec ta défaite.

Le monde n'a eu qu'un sarcasme pour toi; tu n'avais pas assez de la terre, on t'a fait roi de la mer : là, tu pouvais te rassasier à voir les vagues mourir à tes pieds et les combats de l'orage ; en voyant tant de flots se succéder, tu pouvais méditer sur les changements de la terre. Nouveau Prométhée, on t'a attaché à un rocher où le vautour du souvenir te déchira le cœur.

Oh! si ton cœur ne se brisa pas plus tôt, c'est que tu avais toujours ta revanche à prendre ; la vengeance te soutenait et te disait : attends. Elle rongeait à la fois et nourrissait ton âme. Aujourd'hui ta cendre palpite encore pour les légions de Varus. Oh! ma vie, disais-tu, pour une bataille, mon épée tressaille dans son fourreau, la plaine est couverte de guerriers; une revanche encore, la dernière revanche. Va, pauvre enfant, que ne jouais-tu aux échecs.

Eh quoi! il a eu l'Univers et il n'a pas été satisfait! Est-ce grandeur ou faiblesse? O mon Dieu, auras-tu assez de ton ciel pour ces insatiables? Combien son orgueil a été puni; ses ennemis euxmêmes en ont eu pitié. Tous les flots de l'Océan l'avaient porté à la gloire, mais l'imprudent, leur reflux l'entraîna dans un abime sans fond ; plus il avait monté haut, plus il est tombé bas, il ne savait pas que la même vague, plus elle élevait son trône, plus elle creusait en même temps son tombeau.

Ah! du moins, il fut empereur encore sur son

rocher stérile, et à Sainte-Hélène il se montra souriant au malheur; lui qui ne le connaissait pas, il le traita comme un ami. Le malheur ne pouvait plus rien contre lui, ils vécurent en frères. Il n'accusa jamais la cruelle fortune, mais gardant un front calme et plein d'une majesté douce, il lui sourit et fut clément pour elle; sans se plaindre de sa déloyauté, il sut porter les fers de la rebelle, comme un roi qui pardonne à son serf révolté.

O Napoléon! on t'aurait dit ta chute, aurais-tu encore voulu de ta gloire? Ce voleur de trône, n'a que six pieds de terre, instruisez-vous, ô conquérants. Ah! quel qu'il fût, gardons religieusement la renommée de sa mémoire; hélas! c'est tout ce qui nous reste de son règne : tant d'infortunes ne méritent-elles pas un peu d'honneur. Aujourd'hui, la guerre est finie, et sur la colonne ton airain immobile domine encore la capitale du monde; mais, nouveau Mars, puisses-tu être enchaîné à jamais dans le ciel de ta gloire.

Etait-ce pourtant un simoun aride et dévastateur, ou un orage bienfaisant et fertile; était-ce une inondation salutaire ou désastreuse? L'avenir seul et ses moissons diront s'il faut l'adorer ou le maudire, mais, bon ou mauvais génie, toujours le monde l'admirera comme un être supérieur aux faibles mortels : avec un cœur de bronze, il avait un visage de marbre, pâle et étrange, semblable à ces héros déifiés par la mort, et sur le front desquels ne respirent plus que de hautes passions et une ambition céleste.

L'Orient.

O terre d'Asie! courtisanne lascive, tous ceux qui t'ont vaincue, tu les as fait périr dans tes embrassements : les conquérants du monde, Alexandre, Antoine n'ont pu résister à tes charmes.

Semblable à la belle Cléopâtre et aux syrènes amoureuses, tu as charmé l'Univers et dévoré les nations, belle et cruelle à la fois. Tu as élevé tes désirs étranges et insatiables aussi haut que ta beauté.

Orient infini, patrie du soleil, le monde se raconte avec étonnement les miracles de ta grandeur; ô Babylone! dis-moi, qu'as-tu fait de ton orgueil, où sont tes tours, tes palais, ton immense empire et les jardins suspendus de la grande Sémiramis?

Terre d'Orient, qui ne palpite à ton souvenir? lieux où fut jadis le Paradis Terrestre, vous avez gardé quelque chose de son infinie beauté; là, les conquérants s'éteignent, et le plaisir règne sans partage.

Vive le soleil d'or; c'est le vrai roi de l'Orient, c'est lui qui remplit tous les cœurs de sa douce lumière, il leur donne les rêves et les voluptés du ciel. Heureuses les nations qui peuvent boire la flamme de ses rayons; n'est-ce pas là l'ambroisie des dieux?

O roi de la lumière! tu revêts l'Asie d'un manteau resplendissant; semblable à un jeune époux qui se plaît à parer la vierge amoureuse, tu sèmes les perles et les diamants sur sa chevelure parfumée et flottante.

Mages qui êtes venus de l'Orient, que pouvez-vous chercher parmi nous? il est temps de vous en retourner en votre patrie; n'est-ce pas là qu'est l'amour, la foi et la liberté?

Orient, vrai messie du monde, l'Univers retourne à toi, comme à la sagesse de ses jeunes années. Après avoir essayé de tout, le vieux monde revient au plaisir.

Orient! Orient, nous aspirons tous à toi. Nous, les peuples du Nord, nous sommes vraiment des hommes : là-bas est la vraie terre, épousons-là pour la rendre féconde. Eh quoi! restera-t-elle stérile, le sérail d'un peuple d'eunuques?

Oui, allons féconder le sein de la terre d'Orient, cette blonde houri qui, palpitante et pleine de désirs, étend au soleil ses flanes de marbre et ses cheveux d'or.

O Stamboul! la reine des peuples guerriers, et toi aussi, tu t'es endormie comme Samson sur le sein de Dalila. L'Orient semblable à un serpent qui a dévoré sa proie, cuve sa gloire au soleil et s'est replié sur lui-même dans son immobile éternité.

Mais une invincible passion nous attire vers toi, ô patrie de la volupté, tes fruits délicieux, tes breuvages exquis et tes suaves parfums nous appellent. L'Orient ne circule-t-il pas déjà avec eux dans nos veines?

Oui, quittons l'exil du Nord; là-bas est notre patrie; là-bas, nous retrouverons nos jeunes rêves, un ciel de feu, des arômes pénétrants, les splendeurs éblouissantes qui font les délices des yeux, la douceur du repos et la volupté éternelle.

Asie, belle Asie, ardente courtisane, un seul de tes regards de flamme a suffi pour nous toucher d'un infini désir. Ah! si la coupe de l'amour se change en poison sous tes baisers lascifs pour les peuples enivrés et affaiblis, ne vaut-il pas mieux mourir en tes bras que vivre loin de toi?

Paris.

O Paris! ton nom rappelle celui du beau berger qui aima Vénus : ce nom harmonieux semble le soupir de deux lèvres de roses qui se donnent un baiser ; ah ! si un jour tu dois tomber comme ce fils de Pergame, tes jours aussi du moins n'auront pas été perdus pour la volupté. O noble cité ! semblable au pâtre du mont Ida, tu te complais dans les parfums de ta chevelure, tu alternes les combats de Mars avec ceux de Vénus, et la blonde Cythérée règne sur ton âme, ainsi que les ris, les jeux et les grâces charmantes.

J'ai vu Rome, la cité des morts, je viens admirer aujourd'hui la cité des vivants, si toutefois ceux qui se pressent, s'agitent, se tourmentent, sont plus en vie que que ceux qui dorment dans la paix du tombeau.

Un jour, ô Paris ! l'herbe croîtra dans tes rues si pleines aujourd'hui ; quel silence de mort, quel silence effrayant règnera dans ces murs, asyle de la joie et des passions. Ne te souvient-il donc plus, ô ville profane, de tes aînées qui n'ont laissé qu'une vaine poussière de toute leur grandeur. Hélas ! je ne puis le croire, qu'il ne restera pas un souffle de tant d'amours, de désirs, de fleurs et de gémissements ; quoi, rien que le souvenir à demi-effacé des champs où fut la première cité du monde, la reine de la gloire et des arts. O mortels ! que vous êtes peu de chose, vous n'avez de grand que votre fatuité.

Montez toujours, ô Babel de Paris, montez lentement pendant une longue suite de siècles : la leçon de Ninive qui fut détruite en un jour, a donc été inutile pour vous. Alignez-vous, revêtez-vous d'or et de marbre, c'est votre toilette de mort que vous faites, c'est pour que le voyageur s'extasie un jour sur vos ruines qui périront elles-mêmes. O vieille Lutèce, tu seras bien plus belle lorsque l'herbe croîtra sur tes places publiques, et que la plupart de tes édifices seront couchés sur le sol, comme une ample moisson qu'a tranchée la faulx du temps. Souvent, je t'ai contemplée des hauteurs qui t'environnent, quelquefois les rives de la Seine où tu déroules tes splendeurs, se voilaient à mes yeux, et mes regards passant au-dessus de toi, n'apercevaient que cette colonne de vapeurs qu'élève vers le ciel l'haleine d'un million d'hommes ; tu sembles alors disparue de la face de la terre, et il faut s'approcher pour te retrouver. Un jour on te cherchera en vain, il ne restera de toi que la même fumée, mais qui sortira des marais et des ruines de Paris.

Ah ! du moins, qu'après ta mort, tes débris te donnent encore une nouvelle vie, qui elle-même doit finir. Que tes colonnes à moitié tombées, comme celles de la splendide Palmyre, révèlent aux yeux ta magnificence d'autrefois, et disent aux hommes futurs toujours ambitieux, que les plus belles choses ne sont que vanité.

Bâtis de nouveaux temples et de nouveaux palais, ta chûte aura elle-même quelque douceur, et ta mémoire ne sera pas sans renommée. Ainsi, l'homme qu'atteint la cruelle vieillesse, se repose dans le souvenir de son jeune âge ; les belles actions de sa vie laissent une noble trace dans la solitude de son cœur; les ruines même de ses amours ont leurs charmes, et les jeunes générations trouvent encore dans sa mort le modèle de la vie.

Sois ainsi, ô Paris ! mais déjà comme les monuments de tous les âges se pressent dans cette grande cité ; chacun d'eux attire la pensée du poète et du philosophe.

Il en est un pourtant qui semble la dominer, et qui assis sur la hauteur, élève vers les cieux la majesté de ses voûtes solitaires. Symbole de notre siècle et de notre patrie, en proie à toutes les

révolutions, il a été tour-à-tour le temple du
Christ et le Panthéon de la gloire : triste et nu ,
ruine sans souvenir, et déjà sans jeunesse, comme
le cœur des jeunes générations, il languit dans un
présent stérile, entre un passé qu'il renie et un
avenir incertain.

Son noble fronton attire seul les regards : c'est
là que David a sculpté vivante la liberté distribuant des couronnes à ceux qui la servent. O David! ta liberté n'est pas calme et immobile comme
une madone, mais pleine d'enthousiasme elle couronne nos pères héroïques, qui les premiers la firent reine du monde, et elle garde encore ses nobles dons pour les braves de l'avenir.

Que tu as eu raison, ô David, d'animer tous
ces morts illustres ; comme les voilà pleins de
jeunesse. Ainsi que l'on vit des armées au temps
de César, combattre dans le ciel, ainsi ta cohorte
de marbre semble s'agiter pour nous dans le bleu
firmament. Ah! le nom de ces hommes invinci-
bles ne nous garde-t-il pas seul aujourd'hui notre
liberté? Dans leur immortalité, ils combattent
encore pour nous , tant que le monde entier soit
libre. Que tu as eu raison, ô David, en ne leur
donnant pas le repos sublime des demi-dieux
vainqueurs dans la lutte , mais bien l'élan irrésistible de la bataille ardente. O grand sculpteur!
tes hommes de pierre sont vivants et glorieux ;
tandis que nous, hommes de chair, nous sommes
vraiment morts et dormons lâchement devant l'autel du Veau-d'Or. Ah! que du moins ces marbres
héroïques défendent longtemps la patrie, et que
les tyrans n'osent jamais s'attaquer à leur nom et
à leur cendre. Devant leurs nobles visages, la
crainte anéantirait les vils oppresseurs de la
France.

Et vous, jeunes cœurs, cette vue ne doit-elle pas enflammer vos désirs ; voyez, la liberté garde encore des couronnes pour les héros de l'avenir ; une gloire égale à celle de vos pères, vous attend ; les couronnes de la liberté, voilà les seules couronnes dignes du front des hommes, sa main ne fait pas des rois, mais des dieux. Voyez, le siècle est sans culte, le Panthéon est vide de divinités. O jeunesse ! viens prendre ton âme en ces lieux. Oui, si vous n'êtes pas les fils de vos pères, leur cendre seule jetée vers le ciel, ne suffirait-elle pas à enfanter des héros ?

Descendons des hauteurs, et mêlons-nous au tourbillon de la grande cité.

Voici le Palais-Royal, jadis le temple du luxe, des plaisirs et des arts. C'est d'ici que la liberté prit aussi son premier essor pour parcourir l'Univers. Une feuille d'un de ces arbres qui abritent les molles causeries, fut sa première cocarde ; c'est la couleur de l'espérance ; voilà d'où sort l'arbre de la liberté, le commencement de cet âpre forêt qui croît de toutes parts, et dont le verdoyant feuillage ombragera un jour le monde entier.

Maintenant, le commerce avec son caducée pacifique règne seul en ces lieux ; plus d'une naïve jeune fille s'oublie à admirer l'or, les perles, les diamants, les parures splendides qui brillent de toutes parts : O jeune enfant ! tu peux te croire en un vrai paradis ; mais, hélas ! ce n'est pas la vertu qui pourra t'en donner la possession ; la vertu ? Si, peut-être ; mais avec la manière de s'en servir.

L'œil reste étonné devant cette agitation immense, ce flux et ce reflux incessant. On ne se lasse pas à contempler ces rues et ces boulevarts qui coulent sans fin comme des rivières d'hommes. Où vont tant de désirs, de vœux, de cris, de pensées et d'amours? hélas! au grand océan de la mort, où tout sera confondu dans le chaos et le néant.

Qui n'admirerait ces merveilles, ce luxe, ce bonheur, ce calme dans l'agitation? Une rue renferme plus de richesses que la barbare Afrique tout entière; la paix règne et l'ordre au milieu des foules pressées, tandis que les Indiens traversent des Saharas pour se disputer leurs sables arides.

Tout semble soumis au génie de l'homme en ces lieux, l'ordre règne, mais, ô barbare, ne t'y trompe pas; la guerre, si elle n'est pas dans la nature rebelle, s'est réfugiée tout entière et plus terrible au fond du cœur de l'homme; vautour inflexible, elle lui ronge le foie, et il faut qu'il souffre d'un calme visage. La guerre ici n'est plus un conquérant sauvage livré à tous les emportements de la passion, c'est un empereur froid et cruel, qui met tout à mort dans son propre palais, inventant des supplices et exigeant que ses victimes sourient dans la douleur.

Mais, qui dira la grâce et la beauté des femmes de Paris? J'ai les gracieuses Andalouses, les souples Indiennes, les Grecques belles comme des déesses, les blondes Anglaises, les Italiennes brunes, ardentes et jalouses. Les Parisiennes aux yeux bleus, les valent-elles ou cèdent-elles à quelques-unes? Il faut avoir un regard pour toutes les beautés, et un cœur pour toutes les femmes.

O cité Grecque, asile du plaisir! ô délicieux Paris, comme le berger roi d'Ilion, tu as encore préféré à la royauté de Junon et aux arts divins de la sage Pallas, les grâces aimables de Vénus; la blonde Cythérée t'entraîne dans ses chœurs sacrés.

Aussi, l'amour t'a donné son sceptre et son flambeau, et personne ne peut te disputer l'empire de la volupté ; le plaisir t'a faite la reine des cœurs et il prépare les peuples qui t'adorent, comme leur amante, à t'obéir un jour comme à leur dominatrice. Maintenant, surtout, les ailes des chemins de fer vont t'amener les nations entières et apprendront au monde la route du moderne Capitole.

O cité semblable à l'âme souple d'Alcibiade ! également propre à l'amour et aux combats, capable d'être la première en tout ce que tu entreprends, qui ne se laisserait séduire à ton charme ? La nuit, quand la nature porte le deuil du soleil, Paris, comme une équivoque beauté, ne connaît pas le repos, mais brille aux lumières plus belle et plus charmante. Elle semble parée chaque soir comme pour une fête, et touche tous les cœurs avec la promesse des délices de ses nuits ; courtisanne ardente que ne peut rassasier le plaisir.

Que de merveilles elle entasse tous les jours ; beauté changeante, elle offre toujours de nouveaux charmes et de nouvelles parures ; qui reconnaîtrait aujourd'hui le vieux Paris ? Semblable à ses habitants, elle ne peut rester en place, et étend les pans de sa robe splendide sur les collines qui l'environnent.

Bientôt les monuments qui font sa gloire, seront effacés par d'autres plus somptueux ; jetons un dernier regard sur ceux qui peuvent encore éveiller notre imagination.

Le héros qui domine la colonne Vendôme règne encore sur Paris ; les faibles mortels adorent tous les dieux, qu'ils soient bons ou mauvais. Mais, devrait-on élever des trophées à d'autres batailles qu'à celles de la liberté? Faut-il que le sang humain soit versé pour le vain caprice d'un conquérant? faites-lui donc une colonne de cadavres pour y placer sa statue d'airain.

Je te préfère, arc-de-triomphe de l'Étoile, monument indestructible, tu me rappelles la gloire éternelle de ma patrie; là, l'empereur n'est plus que le serviteur de la France, et son nom s'épure mêlé à celui de tant de nobles cœurs. J'aime à contempler le soir ce magnifique monument, quand le soleil l'entoure d'un magique incendie. Ses glorieux souvenirs flottent dans les cieux et semblent m'arriver avec les rayons de la lumière, et quand l'astre du jour apparaît encadré sous le portail majestueux, qui ne croirait voir ressuscité le soleil d'Austerlitz à son déclin, au moment du triomphe, enveloppant les héros de son manteau de pourpre. O France, pourras-tu jamais être vaincue et asservie?

Aujourd'hui cet arc superbe, comme une ruine lointaine, ne garde plus rien de menaçant. La paix fleurit dans la cité dont il pare l'entrée, et les hirondelles font leur nid parmi les combattants qui s'agitent encore sur ses frises belliqueuses. Hirondelles, oiseaux de la paix, restez au milieu du souvenir des guerres, hirondelles, amies du repos et du foyer, et que jamais la crainte ne vous en bannisse. Ainsi, que la paix règne où fut la guerre et les moissons dorées sur les champs de bataille.

Salut, souvenir glorieux. Que la liberté seule reste de ce trophée, et que nos fils plus sages que nous arrachent de ses flancs la page sacrilège où l'on voit la liberté prosternée devant Napoléon, la liberté qui doit voir à ses pieds les hommes et les dieux.

Devant ces gloires immortelles, la gloire du vieux Louvre semble muette. Colonnades magiques, sculptures harmonieuses, cour de preux chevaliers, fières et grandes cariatides, où sont les monarques qui répandaient la vie autour de vous? Grandes salles, vides aujourd'hui, où sont les fiers Renauds, les Armides galantes qui promenaient leurs doux enchantements dans ces palais féeriques. Vous semblez morts avec eux; monuments d'un autre âge, qui pourrait vous habiter aujourd'hui?

O Versailles! trop splendide pour les vivants, on a voulu te peupler avec les morts: asyle du grand roi, cité de la cour, veuve de la gloire, tant d'illustres noms sortant du tombeau, ne peuvent eux-mêmes te réveiller. A nos yeux étonnés, tu apparais avec les souvenirs de ta grandeur, comme une beauté appâlie, morte avant l'âge, qui a conservé jusque dans le trépas les traces de sa grâce et de sa jeunesse. Mais, tu es froide comme le marbre et comme l'airain qui peuplent tes parterres, et semblable à un tombeau de pierre au milieu des bois, rien ne peut ranimer le froid sourire de tes lèvres royales. Ah! Louis XIV est mort tout entier.

Je veux finir par toi, monument plus triste encore, église de Notre-Dame qui, pareille à une vieille lionne accroupie, reste fidèle aux anciennes rives de la Seine. Paris t'a abandonnée comme une demeure trop sévère; tes sculptures gothiques sont aussi étranges et aussi mystérieuses pour lui que les hiéroglyphes de l'Obélisque. Ah! les dieux s'en vont comme les rois; qui admire encore tes vitraux splendides et ta morne solitude? Tes voûtes restent désertes, et tu sembles le sépulcre abandonné du Christ; il règne là dans la désolation;

ce qui était jadis son ciel plein de magnificence est aujourd'hui son triste cercueil, et personne ne veut croire à sa résurrection. Salut vieux monument, quelques larmes échappent à ceux qui voient ta nudité et ta misère ; ta durée éternelle ne servira qu'à montrer l'éternelle défaite de tes autels. Qui aurait cru que tu serais sitôt une ruine stérile ! mais, ô temple de la religion, les regards de Paris se détournent de toi, comme de tout ce qui rappelle la mort ; ah ! qu'il ne soit jamais vide comme tu l'es aujourd'hui.

Pétrarque.

Salut à toi, ô Pétrarque ! le premier tu as réconcilié l'amour antique et l'amour chrétien ; tu as marié l'amour de la femme à l'amour de Dieu ; épurant ce qu'avait de trop grossier la passion païenne, et donnant un corps au désir idéal des saints.

Depuis toi, l'amour qui n'était qu'une flamme passagère, est devenu immortel ; rien ne peut le satisfaire sur la terre, et ce n'est qu'au ciel, dégagé des sens et sous l'œil de Dieu, qu'il doit savourer toute sa volupté. L'époux de Laure n'a pu te ravir ce que tu aimais en elle.

Charmant Pétrarque, tes plaintes sont si mélodieuses, l'on croirait que ta douleur n'est qu'un masque ; mais, non, elle est bien réelle ; tu te fais une joie de tes larmes, ô Italien ! tu portes avec amour ta douce chaîne : les insensés ne savent pas combien il est doux de souffrir en aimant.

O triomphe de Pétrarque ! plus éclatant que celui que Rome tout entière te prépara aux yeux de l'Univers ; doux triomphe ! O capitole de l'amour et de la douleur ; depuis toi, combien d'àmes éprises de tes souffrances t'ont suivi sur le calvaire du désir.

Aimons, ô mon âme ! aimons et savourons lentement notre amour, comme une coupe pleine de voluptés ; ne nous pressons pas ; pouvons-nous perdre notre beauté, n'est-elle pas dans notre cœur ?

Nous avons toute l'éternité pour l'aimer, et notre passion s'achèvera dans le ciel ; les étoiles ne se perdent pas dans le firmament. Amours rapides et profanes, que me font vos baisers sitôt fanés.

O Laure, l'amour et la grâce se plaisent en ton visage, et le sourire ne le peut quitter ; la beauté te suit partout, et aime à briller sur ta bienveillante et douce figure, comme les rayons du soleil dans l'azur des cieux.

Il y a trois grâces qui ont charmé le monde : la grâce de la plaine, grâce facile et païenne se livrant aux jeux et aux danses du plaisir ; la grâce de la montagne, grâce austère aspirant au ciel, et priant comme une sainte chrétienne sur le penchant des abîmes.

Vous, ô Laure ! vous êtes la grâce de la colline ; vous mariez la douce volupté de l'une, à la beauté sévère de l'autre ; vous avez les jeux et la rêverie, le regard idéal et les contours enivrants, la pureté des anges et le délicieux sourire des nymphes.

Laure, vous voilà donc, avec vos longs cheveux blonds, tombant pleins de négligence sur un col gracieux, avec votre bouche suave et votre céleste ovale où brille une sereine pudeur.

Laure, je vous salue ! ô beauté toute pleine des grâces d'Eden et des mystiques dons du ciel, beauté souveraine entre toutes, daignez nous regarder de vos yeux doux et longs.

Une sainte volupté règne en vous et se mêle à la splendeur immortelle de votre front; dans votre sourire heureux, Pétrarque se révèle tout entier. Toujours aussi jeune et aussi belle, vous êtes entourée à jamais du tendre parfum de son amoureuse poésie.

Comme à travers un voile charmant, vous nous apparaissez vaguement, à la fois idéale et réelle; front gracieux, bouche suave, regard rempli de douceur, le cœur de tous les hommes sourit à votre sourire.

J'aime le charme de vos contours et la suave harmonie de votre personne, ô beauté grecque perdue aujourd'hui. Il y a du nonchaloir dans votre mouvement et une animation pleine de vie jusque dans les ligues de votre repos; même lorsque l'ange dort, l'on voit qu'il a des ailes. O Laure, pleine d'une mélodie intime, vous réconciliez la nature et la grâce.

Vous m'expliquez enfin le mystère de l'âge moderne, le mystère de la vierge féconde; ô volupté décente! ô grâce que le divin Socrate recouvrit le premier de voiles pudiques, et plus belle et plus attrayante ainsi.

O Laure! fille du ciel, votre belle âme se plaît dans un si beau corps, et ne veut plus quitter sa prison terrestre; elle semble oublier le ciel, n'est-elle pas déjà dans un doux paradis?

Le calme et la sérénité habitent dans vos yeux bleus; le malheur n'ose vous effleurer de son aile, il se détourne en son vol et ne jette qu'une ombre fugitive sur votre sourire, et si quelque nuage passe sur ce jeune front, il est si léger, qu'il semble encore rempli d'une lumière douce, et il laisse voir l'azur toujours serein de vos beaux yeux.

Vous êtes à la fois le ciel et la terre; sur la

26

terre, vous semblez un ange qui a oublié ses ailes dans le firmament ; ange du ciel, vous avez encore la suavité de la femme ; vous augmentez les joies du paradis, et l'homme y pourra donc aimer autre chose qu'un Dieu. Laure, c'est Ève avant sa chute, quand la terre encore pure n'était que la sœur cadette du ciel.

Adieux à la nature.

Vous souviendrez-vous de moi, arbres que j'ai plantés ; ô riante maison que j'ornai avec tant de soin ; et vous fleurs, aussi oublieuses que les belles ; et vous sentiers que j'ai si souvent parcourus dans mes rêveries ; me regretterez-vous, petits sentiers des bois ? Hélas ! vous fleurirez de plus belle et de nouveau, vous sourirez aux rayons du soleil ; un autre sera ton maître, ô ma petite maison ! et le bocage chantera pour lui.

Ma tombe vous restera, lieux chéris, où j'ai tant aimé et rêvé ; je n'adorai que la nature, je ne pouvais vivre sans vous, mais vous fleurirez avec insouciance sur ma tombe.

Hélas ! celui qui après une longue absence, revient au clocher qui l'a vu naître, retrouve son bien dispersé, son souvenir perdu ; son nom est oublié, et lui-même il est reçu comme un étranger. Oh ! pourquoi les morts ne reviennent-ils pas ? ils savent sans doute comment ils seraient accueillis en leur maison. Depuis dix ans, je n'avais pas revu le toit paternel, j'ai tout retrouvé, tout plus jeune et plus verdoyant avec les années, et moi je sens déjà l'approche de la mort.

Hâtons-nous donc de la cueillir, cette vie si douce, ô mon âme ! nous n'aurons pas toujours les fruits sous la main : c'est nous qui passons, et nous voulons croire que tout passe avec nous ;

hélas ! seuls nous nous en allons, le banquet de la vie est toujours servi et toujours plein.

O douleur de l'exilé ! le ciel gris l'attriste et le ciel bleu lui rappelle sa patrie. Ah ! c'est la moitié de son âme, c'est sa vie et sa joie, et pourtant la nature y fleurit sans lui et les nouveaux printemps de son pays l'ont oublié.

O nature ! je t'aimais d'un amour intime ; je t'ai donné toutes les parties de mon âme et de mes sens, je vivais en toi ; et tu me verras mourir en souriant ! Belle ingrate, je ne puis m'empêcher de verser des larmes, en songeant qu'il faudra te quitter.

Comme j'aimais au soir le son du cor, emplissant la forêt de ses fanfares prolongées ; accord charmant, vous disparaissez sans laisser de traces ; voilà, ô mon Dieu ! notre vie qui passe et s'éteint dans un vide écho.

Pourquoi es-tu si barbare, ô nature ! nous vivons, nous mourons, nous renaissons en toi ; nous sommes tes fils et tes amants. Pourquoi es-tu insensible à la chair de ta chair ?

Malheureux mortels, que votre vie est courte, elle est juste assez longue pour vous en montrer la brièveté. Ah ! que ne sommes-nous semblables aux éphémères qui naissent le matin et meurent le soir. Nous pourrions croire en voyant le soleil décliner à l'horizon, que le monde entier s'éteint avec nous.

Calme de la nature heureuse et passive, sérénité des dieux païens, insouciance impassible et suprême du destin, pourquoi mon cœur n'est-il pas ordonné comme vous ?

O repos du soir ! paysage endormi, sommeil de la terre ; l'homme n'est-il pas le seul être qui trouble la paix de l'Univers, le seul dont le cœur soit en lutte, dont le chant soit une plainte, et pourtant on ne veut pas qu'il dorme même après sa mort. Mondes des étoiles, profondeurs des enfers, entrailles de la terre, où donc l'homme se réfugiera-t-il pour reposer son front endolori?

Mais, que l'homme se repose où il pourra, la nature ne s'inquiète pas de sa mort; mère universelle, elle ne pleure pas pour quelques enfants qui tombent, toute occupée de presser sur son sein les enfants nouveaux qui sucent le lait de ses heureuses mamelles.

O nature! tu ne t'émeus pas de nos malheurs et de nos gémissements. Hélas! tous, nous ne sommes pas plus dans la main du temps, que le grain de sable emporté par les vents rapides. O mortels insensés! la poussière de votre cadavre vaut peut-être mieux pour le monde que l'orgueilleuse agitation de votre âme.

Fleurissez donc, ô verdure! chantez, ô bosquets! roses, épanouissez-vous. O nature! éternelle courtisanne, grande fille de joie, souris toujours et pour tous tes enfants. La suprême sagesse nous est révélée dans ton regard insouciant. La mort fait ta vie, la mort, voilà ton amour; n'est-ce pas ainsi que tu enfantes? Peux-tu pleurer sur ceux qui goûtent ce désirable repos, auquel toi-même tu aspires?

Chant de paix.

Prendrons-nous la trompette guerrière ou la lyre aimable de la paix? Non! le cygne ne doit chanter que les douceurs du repos. Le chantre des rois conquérants passera presqu'aussi vite que leurs victoires stériles, le poëte du peuple seul restera dans la mémoire des nations.

O poëte! les sons harmonieux sont faits pour

adoucir les cœurs ; prends ta lyre et dis-nous tes chants les plus doux ; conte-nous ton martyre amoureux, les délices des rendez-vous ; plains-toi de ta maîtresse volage, chantons les voluptueuses beautés et les danses des couples heureux sous l'orme champêtre.

Faut-il que le souvenir de la guerre se perpétue chez les nations ? qu'a-t-elle de si attrayant pour épanouir les cœurs ? Est-ce la désolation des mères et les cris des mourants ? Chaque année Mars doit-il venir déshonorer nos sillons, et brûler nos gerbes fécondes ? Quand Cérès se lassera-t-elle de livrer sa blonde couronne d'épis au pillage des féroces soldats ?

Un jour les peuples se relèveront de ce joug odieux ; ils rêvent déjà la conquête de ce glorieux avenir ; ils ne paieront plus à l'orgueil la dîme du sang ; lavant leur vieille honte, ils feront la guerre pour eux-mêmes et détruiront les trames des rois ; ce sera le jour de la justice, le terme du crime et le règne de la loi sainte.

Alors, ceux qui se taisent, le front courbé par la misère, se relèveront semblables à Lazare sortant de sa couche ; leurs cris sèmeront la tempête, ils feront sonner la trompette guerrière jusqu'à la faire éclater par les airs, et proclameront en tous lieux la liberté reine du monde.

Alors, apparaîtront des poètes inconnus en cet âge misérable, pour célébrer ces grandes fêtes de l'amour. O poète, voile ta lyre et cache ton délire sacré, c'est pour ces temps qu'il faut réserver tes hymnes ; le poète recevra sa couronne, non d'un prince, mais de la main du peuple-roi.

Les rois n'ont jamais régné que par la fraude, ils ont employé des esclaves pour faire d'autres esclaves ; ils ont versé dans tous les cœurs la haine au lieu de l'amour, et les frères nés pour s'aimer, se sont couverts de chaînes.

Les peuples sont faits pour se donner l'hospitalité, comme des hôtes généreux. Ne reçoivent-ils pas les mêmes parfums, et peut-on diviser le ciel qui couvre leurs têtes? ils aspirent tous les rayons d'un même soleil.

Qu'ils échangent leurs doux présents et leurs diverses richesses; les peuples comme les sexes ne sont différents que pour s'aimer; au lieu de s'isoler, qu'ils aplanissent les monts qui les séparent; la foi transporte les montagnes et l'amour les nivelle.

La nature n'offre-t-elle pas ses mamelles fécondes à tous ses nourrissons, qu'ont-ils besoin de se disputer et de déchirer son sein? leurs langues, sœurs entr'elles, sont comme des hymnes diverses au Créateur? leur variété apporte à l'intelligence de nouveaux plaisirs. Le monde est comme un immense concert, où chaque peuple doit faire sa partie; ils sont encore comme les nuances de l'arc-en-ciel qui brillent davantage par leurs rapprochements. La fleur dispute-t-elle à la fleur l'air qu'elles embaument toutes les deux?

Ah! si l'épée de Waterloo, quoiqu'à demi-rouillée, frémit encore dans le fourreau, ne la rougissons pas du sang innocent. Pour venger les peuples, n'armons pas les rois, ces Nemrods dégénérés qui ne vivent que par le carnage.

Et pourtant, ô Rhin gaulois! tes flots semblent chanter un hymne à la France; berceau de nos pères, terre promise à nos amours, fleuve riche et fécond, ton murmure semble nous appeler avec la douce voix de la patrie, tu nous pleures entre tes rochers; et pour nous toucher, tu étales de plus en plus ta beauté splendide.

Mais non, l'amour des peuples nous donnera tôt ou tard ce que la guerre pourrait nous conquérir. Nous ne souillerons plus de sang ta robe si belle et si pure; terre du Rhin, un jour tu viendras à nous dans toute ta féconde richesse, comme une fiancée amoureuse. Le travail et la science font nos conquêtes, la liberté, non le fer. Un jour sur tes flots limpides, les hommes des deux rives videront la coupe populaire à l'union des peuples.

Léonard de Vinci.

O Léonard de Vinci! homme complet, encore aujourd'hui la merveilleuse beauté de ton génie excite l'admiration. Après la nuit et les faiblesses du moyen-âge, ton mâle et gracieux visage nous apparaît rempli d'une inaltérable sérénité, ton front ressemble au ciel de l'Italie dont la tempête elle-même ne peut troubler le tranquille azur. Tu as su jouir et savourer toutes les choses de la vie; la religion antique, cette religion du bonheur, n'a pas eu de philosophe qui la comprît mieux, et n'a pas même créé de Dieu, dont le regard fut aussi universel. Amateur de tous les arts et de toutes les sciences, semblable à l'abeille, de toutes les parties de la création, tu n'extrayais que la volupté. Plein d'une force harmonieuse, parvenu à l'équilibre parfait, tu vécus sur la terre, comme la divinité dans le ciel, heureux, respirant toutes les fleurs, et ouvrant ton âme à tous les parfums de la grâce et de la beauté.

Rempli de charme et de douceur, et d'une âme toujours jeune, tu as passé sur la terre sans connaître les craintes et les désirs inquiets des hommes, sans redouter ni la mort ni les dieux. En proie aux rêves extatiques de l'art, tu semblais écouter avec amour la mélodie universelle de la nature, vivant et mourant dans l'ivresse des appas qu'elle te révélait. Misérables mortels, doués au plus d'une sensibilité maladive, fils du dix-neuvième siècle, nous envions tes hautes et sereines facultés; combien tu as devancé la race humaine dans la route du bonheur.

Léonard, que j'aime surtout ta Joconde; ton immortelle Joconde, ce type de la terre délivrée des monstres et animée d'une félicité facile. Pleine d'une tendre joie, ta pensée incarnée, elle sourit à la voluptueuse Italie, et aux rayons du midi, laissant derrière elle, sans les voir, les froids glaciers du nord. Qu'elle est calme et douce cette gracieuse sainte de la volupté! Ah! son sourire la rajeunit tous les jours; heureux qui se tourne ainsi vers le soleil du plaisir, sans souci et sans tristesse. Il n'y a que le sentiment du bonheur qui soit immortel, le temps n'est pas pour lui, et il goûte en un moment une éternité de délices. Voilà la sagesse des dieux païens retrouvée; voilà l'Olympe dans son printemps immortel, Vénus qui ignore ce que c'est que la ride, semblable à l'onde sa mère, dont le visage changeant ne connaît ni jeunesse ni vieillesse. Salut à toi! ô grand Léonard, seul entre tous, tu as su fixer le sourire, cet éclair fugitif; la beauté est la rose de la vie, mais le sourire est la rose de la beauté.

PENSÉES POÉTIQUES.

—

I. Lorsque le poëte veut se mêler à la vie et prendre part à l'action, on cherche à l'outrager, à le reléguer dans la sphère oisive de la pensée; mais quoi! n'a-t-il pas lui aussi sa force, ne voit-on pas l'aigle lui-même souvent repoussé par le cygne qui serait le roi des oiseaux s'il ne se contentait d'en être le plus beau. Vils corbeaux, craignez d'insulter le cygne; mais non, il aime mieux se bercer sur les rives indolentes, parmi de frais bosquets, sous un ciel pur et voluptueux.

II. O femmes froides et coquettes que votre beauté rend si orgueilleuses, pourquoi repoussez-vous l'amour comme indigne de vous? aimez du moins à être belles. Ne savez-vous pas qué malgré votre grâce, vous ne serez jamais si belles qu'aux yeux de vos amants : ils vous revêtiront dans leur cœur d'une idéale beauté et vous deviendrez ainsi semblables aux Grâces de l'Olympe. Femmes coquettes et froides, oh ! laissez-vous aimer, c'est l'amour qui a fait les dieux et les déesses.

III. L'eau se trouble un moment si l'on y jette une pierre, puis la garde en son sein et reprend sa sérénité; ainsi souvent le cœur de l'homme conserve comme un trésor sa haine et sa blessure : elle est trop au fond pour qu'il en paraisse rien sur notre visage.

IV. Par quel sort étrange, l'âme semble-t-elle changer en nous avec les années? notre âme à cinquante ans est si différente de notre âme de dix-huit ans ; bien plus, il y a des âmes qui naissent déjà vieillies. Si l'on voit des corps usés renfermant de jeunes cœurs, ô mon Dieu, par quelle fatalité contraire, attaches-tu souvent un corps jeune et beau à une âme fanée, des sens riches à un cœur mort comme une jeune et belle fiancée à un cadavre?

V. Les écrits de Henri Bayle seront plus recherchés de la postérité qu'ils ne le sont de notre temps : délicat comme Horace, il a fui le profane vulgaire, il est semblable à la perle qu'on trouve cachée au fond des flots de l'Océan. Sublime payen, et pressentant l'avenir, il a abandonné le vieux culte, et prodigué assez de grâce et de beauté aux passions pour qu'on les adore comme des divinités.

VI. Ceux qui cherchent la gloire sont des insensés : O vanité des hommes! qu'est-ce qu'un nom? ce nom lui-même ne doit-il pas périr après nous? à quoi sert de faire un peu plus de chemin pour aller au néant.

VII. Semblable au coq symbole de notre nation, le Français est le seul peuple qui ait gardé quelque chose de libre et de hardi jusque dans la servitude.

VIII. Il est arrivé à ceux qui se sont élevés sur les hauteurs de la métaphysique et de l'idéal, comme à ceux qui gravissent l'Iungfrau ou le mont Blanc : ils n'y voient pas encore Dieu et ils ont perdu de vue les hommes.

IX. Même quand on ne peut plus aimer, il reste un doux charme, incomplet il est vrai, dans la société des femmes et on les apprécie toutes mieux : le nombre des impressions en a remplacé la force et le goût la passion. O fleur de la coquetterie ! vous plaisez encore comme des fleurs artificielles quand le seul printemps du véritable amour est passé ; ô fleur ! vous n'avez plus de parfum pour enivrer le cœur, mais non plus pour le faire mourir.

X. La nuit est le temps de l'amour ; dès que l'alouette a chanté, il faut que Roméo dise adieu à Juliette : les premiers rayons du jour semblent éclairer les yeux de l'âme, la passion s'épure et le cœur s'envole dans les espaces infinis que le soleil lui découvre. La femme cède alors à Dieu, et la nature semble lui chanter un hymne universel ; sainte clarté, amour véritable des cieux, tu fais disparaître l'amour sensuel comme le soleil les feux de la terre.

XI. Souvent un cœur qui semble mort peut encore reverdir à l'amour, semblable au saule dont le temps a dévoré le cœur et qui fait encore épanouir des rameaux verdoyants ; il faut si peu de chose à l'amour pour pousser.

XII. La foi et l'espérance sont belles ; mais grâces terrestres, dans le ciel la foi et l'espérance disparaîtront à jamais comme le passé et l'avenir rêves chimériques ; l'amour seul immobile et plein de sérénité, éternel présent remplira nos cœurs.

XIII. Dieu semble avoir fait deux parts de la vie : il a donné le jour aux riches et la nuit aux pauvres, aux uns la veille, aux autres le sommeil ; aux riches la réalité des richesses, aux pauvres le rêve. Ce sont deux songes, mais les riches connaissent l'inanité de la réalité, tandis que les pauvres croient du moins au bonheur, ils ont le trésor de l'illusion.

XIV. Regardez ces hommes vêtus de noir qui passent d'un air sombre dans les rues : combien ils doivent vous mépriser, vous qui vous agitez pour un peu d'or ; dans vingt ans et peut-être avant, ils savent qu'ils seront plus riches que les plus grands rois de la terre, et qu'est-ce que vingt ans ? ils auront mieux que tous vos palais et que les trésors des deux Indes. Ah ! comment y en a-t-il donc de ces hommes vêtus de noir qui nous disputent un peu de notre or misérable ?

XV. Le cœur s'attache avec amour aux noms que la calomnie a diffamés pendant des siècles : quelle âme plus noble que celle de l'empereur Julien ? quel génie jeune et ardent au milieu des ruines de l'empire ; la Grèce se trouvait ressuscitée en lui et Athènes surtout, la ville de la sage et guerrière Minerve : Platon et César à la fois, il semblait un miracle des Dieux mourants. Les Nazaréens ont blasphêmé sur son tombeau, mais une nuit de mille ans, une nuit presque éternelle a été l'épitaphe trop vraie de son cercueil et n'a que trop prouvé sa gloire.

XVI. Il y a deux mélancolies, la mélancolie du Nord et celle du Midi : celle-ci est comme les pleurs qui se mêlent au sourire, elle est gracieuse et sereine ; semblable à une nuit courte et voluptueuse elle disparaît avec les premiers rayons de l'aurore et du jour rajeuni. Mais la mélancolie du Nord semble éternelle comme les nuits du pôle : jeunes cœurs ne vous laissez pas aller aux froids baisers de cette pâle vierge, ne la suivez pas, elle endort et fascine comme la neige et le froid, et livre l'âme morte à un sommeil éternel.

XVII. L'homme est malheureux qui laisse la

terre pour les rêves des cieux, la réalité pour les régions de l'idéal : semblable à Icare, après avoir nagé dans le vide, il tombe à moitié de sa course et souvent pour ne plus se relever. La créature ne saura jamais le secret de la création, le ciel est interdit à l'homme et les royaumes de l'infini et de la lumière. Pour s'élever dans les hautes régions de la métaphysique, il n'a que deux ailes de cire : les sens et la raison, et plus il se croit près d'atteindre le soleil éternel, plus il est près de sa chûte.

XVIII. Julie, la fille d'Auguste, avec sa belle figure si fine, si calme et si noble, et d'un ovale plein d'idéalité, nous montre les amours ardentes et effrénées de la Rome impériale, toujours recouvertes pourtant par une majesté digne des maitres du monde. Qu'elle est belle cette Julie, et comme les plis de sa tunique caressent avec décence ses contours harmonieux : c'est la Vénus des Quirites, la sœur hautaine de Lucrèce et de Virginie ; le visage est encore d'une vierge, le cœur seul est changé. L'italianisme moderne qui a tout amoindri n'a su prendre dans le marbre romain, que la basse hypocrisie de ceux qui foulent aujourd'hui les lieux où furent le capitole, et le temple de la paix.

XIX. La Daphné de Théodon est un des chefs-d'œuvre de la sculpture moderne : on voit la chair devenir plante, la souffrance de la femme se changer en l'insensible immobilité de l'arbre, le marbre se tord, pousse et étend ses bras comme des branches, le marbre pleure comme dans Virgile.

XX. Pleine de caprices et d'imprévu, vous êtes comme la chèvre inconstante aimant les monts, la verdure et l'indépendance : enfant sauvage et jolie, heureux celui qui pourra apprivoiser ton humeur farouche et enchaîner ton petit cœur si rebelle; il vaut mieux avoir la liberté pour compagne que la servitude.

XXI. Il y a des délices infinis dans le plaisir des yeux : plus puissants que tout les autres sens, ils nous rendent maîtres de toute la création. On peut trouver beaucoup de volupté à aimer rien que par le regard, et dans l'ardent Orient, avec raison peut-être, on ne laisse point voir les femmes; les regards sont un premier baiser.

XXII. De beaux yeux dans un visage irrégulier animent et corrigent l'ensemble; attirant toute l'attention, ils donnent de l'agrément à la figure, c'est un beau ciel sur un paysage aride. Ils plaisent presqu'autant qu'une toile aux vivantes couleurs dans un pauvre cadre.

XXIII. Sentir la poésie voilà le suprême bonheur de l'homme, c'est en elle qu'il vit et qu'il meurt; mais qui pourra jamais fixer cette céleste harmonie, qui pourra sans la déflorer ravir l'aimable couleur du papillon? La poésie c'est une fleur dont on veut conserver les charmes dans un herbier, un baiser que l'on raconte, un rayon de soleil que l'on veut peindre, c'est Dieu lui-même, éternel désir de notre âme soupirant sans cesse après l'infini sans jamais l'obtenir. Et vous vous plaignez que notre prose ou nos vers s'expriment trop faiblement; ah! ne cherchez rien ici, c'est dans le cœur qu'il faut avoir la poésie; la poésie c'est une exclamation.

XXIV. L'élégante et pâle figure de Louis XIII reste disparate au milieu de son siècle : le beau gentilhomme est en proie à une morne inaction au milieu de la turbulence des partis. L'ennui, le spleen anglais attaquait déjà cette frêle et royale organisation; entre Henri IV et Louis XIV il trouvait naturellement son palais vide ; la richesse et l'oisiveté qui ne créent rien ne donnent guère le jour qu'à de nouvelles maladies.

XXV. Petit amour rose et charmant, tu te présentes aujourd'hui sans armes, mais ainsi nu et naïf tu n'en es que plus dangereux : tu n'a plus besoin de l'arc et des flèches classiques ; la courbe gracieuse de ta lèvre vermeille voilà ton arc irrésistible, ta prunelle est l'acier aiguisé de ta flèche, et les longs cils soyeux en sont les plumes rapides qui la font voler dans tous les cœurs.

XXVI. Le coquillage emporté loin de l'Océan, semble encore répéter le bruit vague et incessant de la vaste mer; notre cœur ainsi sorti de l'Océan de l'infini, en garde le souvenir inneffaçable. Lorsque dans le silence de nos pensées nous cherchons à écouter sa voix, toujours il nous redit ces mots : Dieu, éternité.

XXVII. N'est-il pas de ces frêles et charmantes créatures qui sont pareilles aux roses un peu sauvages, trop loin de la main du passant pour être jamais cueillies? comme elles se penchent voluptueusement au soleil, chargées d'amour et de parfums; objets de mille tendres regards, le souffle des zéphirs les caresse, mais quelque haie épineuse empêche d'aller savourer de plus près leurs molles senteurs. Elles prolongent ainsi leur jeunesse, accordant à tous un peu de leurs charmes embaumés, au lieu de mourir sur un seul sein, et passant ainsi, déflorées seulement par le temps, dans mille commencements d'amours interminées et douces.

XXVIII. Musique céleste, langue divine, c'est ta parole qui a tiré le monde du néant. Tous les êtres se sentent entraînés dans le cercle d'attraction de la légère harmonie, de la mélodie heureuse, et du rythme savamment mesuré. O musique! tu as délivré les éléments du chaos. Le monde est un immense clavier : la science, la justice, la poésie, l'art sont renfermés comme Dieu lui-même, le temps et l'infini dans les nombres de Pythagore. Mais de plus en plus, l'homme semble perdre l'accord de ce concert divin. Il n'a plus gardé que le vague enchantement de la musique, clef d'or de la création, qui doit lui apprendre à noter l'œuvre de Dieu depuis la gamme des couleurs jusqu'à celle des passions, des peuples de l'histoire et du progrès humain ; alors la terre aura retrouvé l'air que chante le paradis.

XXIX. Je t'adore ô fiction aimable de la Grèce! seuls Dieux, fable charmante, vous êtes plus vraie que la vérité elle-même. Ainsi la forme qui recouvre tout est plus réelle que la matière ; où est la monade nue, où est l'élément primitif dans sa simplicité? la nature a tout recouvert du manteau diapré de la grâce. Ainsi, Dieux beaux et harmonieux, vous êtes plus vivants que les causes froides et décharnées des choses.

XXX. Qui ne serait touché à la vue de ce petit tableau : Dorothée et son amant se penchent à la fontaine, et y mirent leurs amours innocentes et leurs baisers ; à voir ces deux charmantes figures, qui ne rêverait dans un humble village de la simple et mélancolique Allemagne, une vie de tendresse et de bonheur? l'onde n'est pas plus limpide que leur front ni plus transparente que leurs yeux remplis de volupté. Qu'est-ce que l'amour? un regard du ciel qui se mire un instant dans deux beaux yeux.

XXXI. La poésie est bientôt fade et sans goût; la recherche de la vérité, la science seule peut remplir le cœur : c'est le fruit, l'autre n'est que la fleur, elle ne se marie bien qu'à la fleur de la jeunesse.

XXXII. Les yeux semblent réfléchir le ciel qui est au-dessus d'eux, les yeux semblent une goutte du soleil de la contrée incrustée en un beau visage de femme : vaporeux et mélancoliques dans le nord, flamme aride dans la Torride, veloutés et transparents dans le doux climat de la Grèce.

XXXIII. Tout a changé, Madame, les printemps, les fleurs, hélas, moi aussi! vous seule êtes toujours la même, vous êtes toujours aussi belle pour moi. Vous n'avez pas voulu de mon amour, mais vous n'avez pu m'ôter votre beauté. Cette beauté que vous-même n'avez pu conserver, je la garde religieusement dans mon cœur; Madame, je vous vois encore à votre petite fenêtre d'il y a vingt ans, fleur dans un cadre fleuri, je vous y vois encore avec vos cheveux blonds mollement agités par la brise du soir.

XXXIV. O César! ô Byron! exploits immortels, pensées du génie, âmes vraiment divines, non vous ne pouvez pas mourir. Vous donnez une idée plus claire de Dieu et vous nous montrez le ciel, vous qui êtes autant au-dessus de l'homme que l'homme lui-même est au-dessus du reste de la nature; comme nos actions sont une preuve de notre raison, ainsi les vôtres sont une preuve de votre immortalité. Non les forces de la matière n'auraient pas uni tous leurs efforts pour produire d'aussi merveilleux génies qu'un seul jour suffirait à détruire.

XXXV. La colombe est bien dédiée à Cythérée la volage, c'est l'oiseau de Vénus qui vole le plus vite.

XXXVI. Rosaces éclatantes, vitraux gothiques, vrai ciel de nos climats, le froid soleil d'hiver se colorant à travers vos magnifiques peintures, ouvrait aux âmes attristées la gloire et les splendeurs de l'infini des cieux.

XXXVII. Une douce voix de femme s'empare de mon cœur et donne du prix à chaque parole, elle se marie à tout, c'est le chant de la vie et ce qu'elle dit se change en un poëme suave. La légère mélodie de la voix révèle l'âme comme les yeux disent les passions du cœur. Douce comme le satin immaculé de sa peau, humide comme le regard d'une vierge rêveuse, elle enlace les cœurs, Syrène nous endormant dans l'amour. Molle cadence de la voix aimée, n'êtes-vous pas l'âme elle-même de la femme qui monte au ciel comme un parfum.

XXXVIII. Voyez le pâle voyou, déshonneur de nos cités, qu'on le mène au feu des batailles, on en fera un héros ; il est semblable au fer oisif oublié près de la borne, et qui passant par l'ardente fournaise devient l'épée étincelante aux mains des braves.

XXXIX. Poètes qu'a-t-on besoin de vous lire ? qui n'a son cœur, hélas! toujours trop jeune ; toute la poésie c'est le cœur : l'homme est partout le même, il naît, il aime, il chante, il pleure, il meurt.

XL. Luther donna la renaissance et la liberté au monde, il associa le vin, la femme et la musique, ces trois amours du cœur et de la jeunesse, cette trinité voluptueuse que l'homme adorera seule un jour : Le grand réformateur fut mieux qu'un Dieu, il fut un homme.

XLI. On vit plus souvent de sa douleur qu'on n'en meurt.

XLII. Seigneur, si j'ai péché, comment pourras-tu me frapper ? ô mon Dieu ! ne suis-je pas la chair de ta chair et le sang de ton sang ?

XLIII. O terre! patrie du progrès, tu seras féconde, mais tu n'enfanteras que dans la douleur.

XLIV. L'homme est devenu un Dieu, il a donné
autant que le Très Haut l'éternité à sa pensée : le
monde, œuvre de Dieu ne peut survivre au livre,
œuvre de l'homme. Dieu a tout tiré du néant pour
l'élever à lui : la mer immense, la verdure des
champs, les diverses espèces animées, et même
les anges des cieux, mais quand il eut fait l'homme
à son image, il fut satisfait; grand artiste, Dieu
ébauche son œuvre immense et il nous donne la
tâche de la finir selon ses divins modèles.

XLV. César et le Christ se sont divisé le monde.
Les mortels étonnés ont vu monter l'un de l'humanité à la divinité, et l'autre descendre de la divinité à l'humanité. Encore aujourd'hui semblables aux frères de la fable qui habitaient tour à
tour le ciel et la terre, ils se partagent les adorations des hommes ; ils ont parcouru la même route
dans leurs destins si divers : pour César le Capitole
a été un Calvaire, pour Christ le Calvaire est devenu un Capitole.

XLVI. L'œil reste étonné devant ce tableau
comme devant une merveille de la nature : quelle
femme jeune, belle et radieuse ! mais est-elle mère,
est-elle Vierge? Comment serait-elle mère? quel
homme serait digne d'être son époux, et le père
de ce bel enfant qu'elle porte sur ses genoux? Et
pourtant peut-elle être Vierge, n'est-ce pas là son
fils, les mêmes yeux et le même sourire? O peintre
divin! tu as su exposer à nos yeux ce divin mystère dans toute son éclatante vérité : salut Vierge
Marie, épouse de mon Dieu, mère de mon Sauveur.

XLVII. Peu-à-peu la vieille loi trop sévère a
disparu; d'abord Marie était une femme triste et

âgée, pleurant sur le cadavre de Jésus, mais depuis Bysance, Marie et Jésus rajeunissent tous les jours, la loi de grâce et d'amour nous revient. Aujourd'hui c'est la mère jeune et pure qui nous sourit en nous présentant son fils nouveau né, bientôt ce sera la Vierge seule, digne de Dieu et sur qui tombe un regard du ciel, et elle nous offrira, une seconde fois féconde, le Messie de la nouvelle alliance.

XLVIII. Combien le voyageur se fixerait avec plaisir sur ces belles rives du lac de Genève, sous ce ciel favorable, parmi les vignes et les vergers, aux environs du riant Lausanne, d'où l'on aperçoit à l'horizon le géant du mont Blanc : l'œil dans un doux lointain se repose sur ces sommets neigeux qui se fondent dans l'azur du ciel. Tout enchante en ces lieux, l'eau pure, la plaine fertile, les aimables collines : heureux qui peut vivre doucement dans cet Eden facile et voluptueux, livré à toutes les joies terrestres et sans perdre de vue les divines et sévères hauteurs où le Seigneur habite.

XLIX. O rosa mystica ! rose mystique, reine des fleurs, n'êtes-vous pas à la fois la couronne de la volupté et la couronne du martyre, comme pour nous faire comprendre que rien ne diffère dans l'univers.

L. Tourmenté par la maladie, un jeune habitant de Mycène, passait ses longues nuits à soupirer, il avait dit adieu aux amours ; les belles collines de la Grèce, les ondes pures, les plaines couvertes de vignes n'avaient plus pour lui aucun charme : ô mort, disait-il, la vie m'est d'un poids insupportable, que ne viens-tu terminer ma triste existence. La mort accourut, et essayant son sourire grimaçant : Au moins toi, dit-elle, jeune enfant, tu n'es point injuste comme la plupart des hommes qui me crient de m'éloigner, console-toi, j'exauce tes prières, bientôt tu partageras ma couche silencieuse, loin du bruit des villes et de la clarté du jour qui offense tes yeux ; es-tu prêt à me suivre? Pas encore, ô mort, dit le jeune homme effrayé. Eh quoi ! ne m'as-tu pas appelée? Oui, dit-il, ô mort, je vous ai appelée afin que vous disiez au sommeil votre frère, de me prêter pour cette nuit ses pavots oublieux.

LI. Le poète est comme le pélican, il ouvre son cœur et ses entr'ailles pour que le monde se nourisse de son sang.

LII. Heureuse simplicité, jeunesse du monde, quand reviendras-tu sur la terre? nos grands cerveaux ne laissent pas de place au rire et à la joie, le génie a envahi le monde et accaparé tous les fronts. Que je t'aime, ô petit front grec de ma belle maîtresse ; ingénieux, riant et grand tout juste pour y mettre un baiser.

LIII. Il est deux choses que Dieu regarde avec un sourire du haut des cieux, et qu'il recueille précieusement en son paradis ; les larmes du poète qui se fixent en perles sous sa parole harmonieuse, les perles du riche qui se fondent en pleurs bienfaisants dans sa compassion pour le pauvre.

LIV. Symbole de l'humanité, Hercule après avoir longtemps combattu, est enfin monté au rang des dieux dans le calme et la sérénité suprême. L'homme est ainsi sur la terre ; après bien des siècles de labeur, après avoir dompté tous les monstres qui l'assaillent, Dieu sans rival, il trônera enfin dans sa gloire et sa splendeur, faisant son repos de sa seule beauté.

LV. La science mondaine nous cache souvent le soleil de la foi, comme la lumière du jour nous cache les étoiles du firmament.

LVI. La Vénus antique, c'est l'amour toujours riant et ne connaissant que la joie ; c'est le printemps ignorant les orages et le mal. Que je vous aime mieux, ô Vierge Marie ! votre sourire brille bien plus doux au travers des larmes ; Marie, c'est la mère qui a enfanté et qui aime le fruit de sa douleur ; le mal seul peut nous apprendre le bien ; la terre le ciel. O Marie ! vous n'êtes pas une déesse, vous ; c'est l'infortune qui vous a appris à aimer : la voilà la mère pleine d'un amour universel, l'âme et le cœur aussi grands que le monde, elle embrasse tout, le ciel et la terre dans le Christ, l'humanité et Dieu, le Dieu qu'elle a conçu. Salut noble figure, vierge mère, le tendre regard que tu jettes sur nous, n'est pas un éclair fugitif, le feu rapide de la passion terrestre, c'est l'étoile du ciel qui veille à jamais sur notre destinée. Non, l'amour n'est plus aujourd'hui un enfant espiègle et vagabond s'amusant un moment des ris et des jeux, et toujours enfant, sans jamais s'élever au sentiment sérieux ; c'est un ange, une femme belle aux regards limpides et aux ailes d'or, s'envolant jusqu'au ciel, et tenant par la main la joie et la douleur ses sœurs. Elle est immortelle comme l'âme humaine et pleurant parfois sur une tombe solitaire, elle partage avec nous la coupe de l'amertume comme la coupe des festins. Salut, ange de l'amour, j'aime ton triste et douloureux sourire, et tes larmes elles-mêmes sont pleines de douceur.

LVII. Lorsque Dieu voulant rajeunir le monde et féconder l'alliance nouvelle, envoya une pluie bienfaisante pour régénérer la terre, elle tressaillit longtemps sous la tempête, et le souriant arc-en-ciel put la tirer à peine de son épouvante. Ainsi gronde encore aujourd'hui l'orage de la grande révolution : la force de la tourmente indique son efficacité, bientôt l'arc-en-ciel de la paix et de la nouvelle alliance se lèvera sur le monde ; sachons attendre dans l'espérance : voici la colombe de l'amour qui va se poser sur la terre refleurie.

LVIII. Quel plus beau et plus charmant spectacle que celui d'une jeune fille occupée d'un saint travail tout le jour ; sans doute, elle nourrit sa mère malade. Qui n'a rêvé un doux avenir en apercevant à sa fenêtre ce joli visage souriant aux fleurs ses uniques amours ; fleur elle-même qui n'envoie qu'au ciel ses légers parfums. O pensées chastes, vous devez éclore avec bonheur dans ce petit coin embaumé de la terre. Heureux celui dont l'image console sa solitude, dont le souvenir soulève son sein pudique, qu'elle encadre dans les fleurs et dans l'azur du ciel ; heureux celui pour qui elle soupire le soir, et que son cœur désire malgré elle. Là habite le bonheur, doux spectacle que les anges seuls voient trop souvent.

LIX. L'homme est triste qui a perdu ses croyances, il est triste de briser ses dieux qu'il a faits ; c'est à lui-même, pour ainsi dire, qu'il ne croit plus alors. En lui, l'homme affranchi est gêné de sa liberté, et l'homme créateur est désabusé sur son œuvre qu'il croyait immortelle.

LX. Voyez le caillou si humble par la voie, comme il brille lorsque le soleil l'éclaire ; il étincelle alors comme un diamant. Ainsi reluit souvent un pauvre cœur sous le rayon de Dieu.

LXI. Il faut plaindre ceux qui s'élèvent ou s'abaissent trop : Pascal perdu dans les hauteurs, voyait à ses pieds un abîme, ceux qui rampent, cœurs faibles, ont sur leurs têtes une montagne qui leur cache le ciel. Mais il est doux de se promener à mi-côte au penchant des collines, en cueillant des fleurs, parmi la verdure et sous le bleu du firmament.

LXII. Hommes, voyez la rose et l'œillet : la rose embaume, et l'œillet répand une douce odeur; l'un préfère la rose, et l'autre l'œillet. S'envient-ils? Non, ils se prêtent une grâce nouvelle au parterre, et s'en vont ensemble : les fleurs s'aiment, les orties s'étouffent.

LXIII. O paix! heureuse paix, où te trouver sur la terre? Hélas! nulle part, et l'on n'est pas bien sûr de la paix du tombeau.

LXIV. Adam et Eve, éternel duo de l'amour, à peine heureux, serez-vous toujours chassés du paradis terrestre?

LXV. La plainte de l'homme est étrange : la création lui offre plus de richesses qu'il ne lui en faut. Il a trop de belles soirées, trop de fleurs à cueillir, trop de temps à employer, trop de merveilles à admirer, trop de femmes à aimer; quelle est la femme jeune qui ne vaut pas un désir? Dieu a mis sur la terre plus de bonheur que notre âme n'en peut supporter, et nous nous plaignons de la vie.

LXVI. O mon corps, et vous mon âme, si nous sommes deux êtres différents liés ensemble malgré nous, du moins, vivons dans l'union; la mort est votre seul divorce; faites donc contre fortune bon cœur : aidez-vous, au lieu de vous combattre. Vous, mon corps, obéissez, soyez galant pour votre dame, vous ne pouvez voir clair que par ses yeux; et vous, mon âme, puisque vous êtes la maîtresse, ayez quelques égards pour ce malheureux corps, flattez le coursier, au lieu de l'accabler sous l'éperon; vous ne pouvez aller loin sans lui.

LXVII. O liberté! puisque tu dois conquérir le monde entier, je t'en prie, va aussi délivrer les prisonniers de l'enfer et du ciel, et ce Dieu sans doute impuissant, puisqu'il laisse régner le mal sur la terre.

LXVIII. Que reste-t-il à aimer aux hommes d'aujourd'hui? l'autel de la femme a été renversé par l'impiété des jeunes générations, et l'on se vante de la mépriser. Qu'est-ce que la gloire de nos jours? prodiguée au premier venu, au crime comme à la vertu, elle n'a pu garder sa couronne; la gloire a été démocratisée. En ce temps de doute, on ne peut se réfugier dans l'amour de Dieu; qui nous donnera la foi, qui nous dira s'il est ou s'il n'est pas? On a encore un culte, le culte de l'or : à quoi sert-il pourtant, si l'on n'aime rien?

LXIX. Le Seigneur semble s'attacher aux nations qui l'attaquent le plus violemment : il est toujours le Dieu de Jacob qui se plut à lutter toute une nuit contre ce faible enfant ; ainsi, il aime ses fils qui se révoltent contre lui. O France ! il voit avec indulgence ta jeune audace, et il semble dire : tu seras forte contre tous, toi qui as été forte contre Dieu.

LXX. La femme est semblable à la rose ; il est doux de respirer le parfum léger de sa beauté, elle enivre le cœur et les regards. Mais elle est amère à qui veut la savourer tout entière, et la lèvre se déchire à son épine. Quand saurons-nous aimer les femmes, comme nous aimons les roses?

LXXI. Qu'est-ce que le bonheur? ô voyageur rapide, du seuil de sa paisible demeure, un homme te regarde passer, et dit : voilà le bonheur qui s'envole; et toi tu crois à ton tour qu'il le possèdes, et tu jettes un œil d'envie sur sa retraite perdue dans de calmes forêts : le bonheur, c'est le repos pour l'homme en mouvement, le mouvement pour l'homme en repos; le bonheur, c'est notre ombre que nous ne pouvons saisir, ni en courant après ni en restant immobiles.

LXXII. Plus d'un pauvre cœur fatigué par la souffrance, n'ose se réjouir; il est devenu si frêle, qu'il ne peut supporter même la joie; il est comme la sensitive qui veut le vide et craint le toucher, même le toucher de la volupté.

LXXIII. O lac charmant! bois solitaire, vous me dites encore que nous avons aimé; mais pourquoi ne le dites-vous qu'à moi seul? aujourd'hui, vous me revoyez sans mon amie. Vous, autrefois si riants, pourquoi, doués de la même beauté, me semblez-vous si tristes: ah! l'univers tout entier n'est qu'un instrument docile qui accompagne la musique de notre cœur.

LXXIV. Je t'adore, charme du matin; la nuit notre corps se repose, mais toi, tu es le repos de l'âme et son rajeunissement; les perles de ton collier se fondent aux rayons amoureux du soleil, et s'en vont aux voûtes célestes. O Roméo! avec le chant de l'alouette, s'évanouit l'amour de la femme; un amour plus saint le remplace, l'amour de la nature régénérée et du Dieu universel. Mai et matin, double jeunesse de la vie, cygne beau de nonchalance, chants suaves et heureux, douces odeurs, qui ne se sent alors reprendre une nouvelle existence? Le cœur sourit sur les lèvres, et l'âme dans les regards dès les premières feuilles de l'année; l'amour, le bonheur et le printemps luisent pour tous. Goûtous ces rayons tardifs du jeune âge, illusion d'un moment; car, qui peut te remplacer, ô fleur de la jeunesse! aimable fleur qui périt trop tôt; et toi, ô jeune cœur plein d'amour? hélas! rien.

LXXV. Qu'elle était charmante et gracieuse ainsi la jeune Emma, un peu pâle et comme destinée à être emportée au premier baiser du zéphir, rose frêle et éphémère. A peine éclose, elle a passé dans une nuit de plaisir, semblable à ces fleurs qui couronnent la coupe des festins, sans vieillir, sans connaître autre chose que le premier rayon du printemps.

LXXVI. O fleurs du Nord! fleurs des Alpes! les yeux se mouillent de larmes, les yeux qui vous admiraient en voyant qu'avec tant de fraîcheur et de beauté, vous êtes sans parfums; fleurs des montagnes, n'êtes-vous pas le symbole des femmes orgueilleuses et froides qui n'ont jamais connu l'amour?

LXXVIII. Un jour, en voyant à ses pieds son innombrable armée, et en songeant que de plusieurs millions d'hommes, pas un n'existerait dans cent ans, le grand roi Xercès se prit à verser des larmes. O Xercès, ces quelques larmes rachètent ton orgueil et toutes tes fautes; le monde s'en souviendra encore, quand il aura oublié toutes les victoires des conquérants : ils sont si rares, les rois qui pleurent sur le sort de leurs peuples; tendre génie de l'Asie, je te reconnais dans ces larmes saintes.

LXXIX. O femmes, que vous brisez les cœurs avec indifférence; vous les rejetez avec dédain, comme des caprices d'un jour, comme un bouquet de fleurs, les joyaux, les dentelles qu'on vous prodigue; mais, un jour arrive où il faut dire adieu aux joyaux, aux dentelles et aux fleurs; un jour, où l'on n'a plus ni rose ni épine.

LXXX. Gentille demoiselle, j'aime à te voir voltiger gaîment au soleil sur la haie et sur l'oseraie; mais oh! dis-moi, où vas-tu quand vient la pluie et l'hiver, où vas-tu pauvre petite? tu meurs sans te plaindre et sans regretter ton bonheur si court.

LXXXI. Comme nous nous laissons mollement bercer en l'objet de nos affections : chaque jour nos chaînes s'accroissent et se resserrent. Est-il possible, ô mon Dieu, de se séparer de la femme que l'on a tant et si longtemps aimée ? n'est-ce pas nous enlever ainsi notre propre cœur, n'est-elle pas créée tout entière avec nos pensées, nos rêves et nos désirs, et sa beauté n'est-elle pas fille de notre esprit et de notre imagination ? Grâce idéale et vraiment nôtre, elle a été formée avec notre propre cœur, ainsi qu'Eve fut tirée du côté d'Adam.

LXXXII. Deux femmes étaient au pied de la croix, après la mort du Sauveur : la Vierge Marie pleurait dans une affliction inconsolée, et les anges recueillaient dans des calices d'or tant de larmes précieuses sorties de ses yeux divins, perles qui brillent maintenant dans le ciel, honneur du firmament, étoiles étincelantes. Et Magdeleine la pauvre pécheresse pleurait aussi, et les pleurs abondants de la beauté repentante et purifiée imbibaient la terre aride et faisaient germer le printemps ; ces larmes étaient fécondes d'un monde nouveau et semaient les fleurs sur le chemin de la croix.

LXXXIII Les peines du corps ne durent qu'un moment et ne nous laissent aucun souvenir, elles n'attendent même pas la mort pour disparaître ; mais les chagrins du cœur à jamais ineffaçables, semblent souvent immortels comme notre âme.

LXXXIV. La nature paraît muette en la plaine, elle est belle, mais d'une beauté rêveuse et calme : étendue aux rayons du soleil éclatant, comme une sybarite, depuis les âges anciens, elle dort son sommeil, et l'on entend à peine le bruit de son

haleine légère. C'est aux monts que la nature re-
vit dans sa beauté immortelle et dans toute sa
grandeur. C'est là qu'on peut voir la vieille Isis
antédiluvienne se dresser pleine de majesté, secouer sa tête dans l'orage, et, sphynx retoutable,
proposer à notre esprit stérile l'éternelle énigme
de la création qu'elle recèle dans ses flancs.

LXXXV. O belle nature, miroir bon de toutes
choses, mère de tout et qui soumets tout à ta loi,
nous consentons à vivre et à mourir en toi ; notre
orgueil ne refuse pas de se confondre en ton sein,
mais nous commençons par mettre Dieu lui-même
dans cet abyme de l'égalité.

LXXXVI. Alexandre et Aristote, grands conquérants, qui de vous deux a gardé le plus long
temps la conquête du monde ?

LXXXVII. O forêt Shakespearienne, troncs
noirs étranges comme des fantômes, végétation
vierge, clair obscur charmant, bruits mystérieux, exil riant des bois, que j'aime à méditer
sous vos ombrages et à prendre la leçon de votre
calme sagesse ; mais nous ne pouvons nous égaler
à vous. La mort est une pensée trop cruelle et qu'é-
loigne votre essor si généreux et votre sève puissante, la vie telle que nous la connaisons est trop
mesquine et trop frivolement agitée devant votre
grande durée et votre glorieuse concorde ; en face
de vous je renie la vie et la mort, mais souvent
en vous contemplant je me suis dit : que ne puis-
je sans ressentir la secousse amère du trépas, reposer parmi ces molles verdures, dans un suave
oubli, ainsi que le faisait la belle au bois dormant.

LXXXVIII. Notre siècle, remueur d'idées, cherche en vain, pauvre chimiste, le bonheur, cette
nouvelle pierre philosophale : le bonheur c'est l'or

vierge et indécomposable que Dieu donne à ceux qui sont à lui, c'est un cœur simple et ouvert à toutes les joies, c'est la paix du ciel sur la terre accordée aux hommes de bonne volonté.

LXXXIX. O mon Dieu, ici-bas, nous ne pouvons supporter la douleur, la mort vient nous endormir de son baiser comme une mère consolante : la partie souffrante de notre être s'évanouit, il ne reste plus que la partie radieuse, éthérée, faite pour jouir. Mais dans ton paradis, ô mon Dieu, nous mourrons d'une seconde mort, nous mourrons de bonheur comme nous sommes d'abord morts de peine, et alors nous retournerons pour jamais en ton sein d'où nous avons été tirés.

XC. Kant a bien dit que la philosophie est une mer sans rivages : le premier venu y déploye sa bannière, roi ou corsaire y sont égaux. C'est une mer sans nom, sans port, exposée à tous les souffles et où il faut finir par naufrager ; le plus habile, est celui qui s'y soutient le plus longtemps : heureux donc ceux qui peuvent se réfugier en l'arche de la foi, bien qu'on s'y voie forcé de vivre avec toute espèce de bêtes.

XCI. Vieilles églises, humble ressouvenir de Bethléem, vous étiez basses, étroites et petites comme la crèche et illuminées d'un feu obscur ; maintenant orgueilleuses, vous montez jusqu'au ciel, un peuple ne peut vous remplir. L'enfant est devenu Dieu, Bethléem est devenu le monde, et le Calvaire, cette faible colline, est aperçue aujourd'hui de toutes les nations de la terre.

XCII. Non, le poète n'est pas fait pour les intérêts de la terre, il n'y peut servir à rien ; que tu avais raison, ô Platon, de l'exiler de ta république : oui, il lui faut le nectar et l'ambroisie divines; laissant vos tristes cités, il s'envolera jeune aux voûtes éternelles, pour être choyé par les Dieux et partager leurs festins.

XCIII. Un jour la volupté, l'ambition et l'avarice seront satisfaites sur la terre, les sept péchés capitaux régneront couronnés de fleurs; alors à quoi serviront les vertus? les vices seront adorés. Que sont en effet les vertus sinon les vices véritables, la privation du bonheur, la contrainte? les hommes les rejetteront comme un vêtement de mendiant hypocrite.

XCIV. O Charles, roi d'Angleterre, que j'aime ton fier regard, tes éperons d'or, tes beaux yeux bleus; salut élégant gentilhomme, que le pinceau de Vandick nous a légué tout vivant. O vrai prince, non tu n'étais pas fait pour vivre au milieu des viles factions, des grossiers parlements et des discussions puritaines; mais pour montrer à tous les grâces de ta personne, pour courir les tournois chevaleresques, pour être enfin l'ornement des fêtes et porter les couleurs des dames. Si quelqu'un possède encore un cœur de chevalier, s'il porte la tête haute et garde le spirituel sourire des antiques suzerains, s'il aime les nobles loisirs, ô bourgeois, peuple de valets, tu le foules aux pieds et tu décapites toutes les royautés, hormis les royautés de la boue et de l'or; tu choisis un Turcaret pour ton maître.

XCV. Viens, ô ma belle, viens ce soir à ce balcon doré et promenons nos regards sur cet immense paysage : que le ciel est beau vu au travers de l'amour, le printemps aimable reparaît, le soleil s'agrandit et reprend les vives couleurs de la jeunesse, et le firmament qui pâle se flétrissait, s'épanouit semblable à l'immense calice d'une fleur bleue.

XCVI. Désir de l'infini, doux désir inassouvi, sainte mélancolie, nous passons sur la terre en élevant notre âme jusqu'à toi et nous périssons. Et vous, petites fleurs d'un bleu si tendre, frêles ne m'oubliez pas, n'avez-vous jamais rêvé que vous deveniez des roses? Songes d'une nuit d'été, désirs de l'idéal, vous êtes à la fois le bonheur et le malheur de l'homme.

XCVII. Petits ruisseaux du Saint-Gothard, devinez-vous l'avenir? Vous tombez insouciants et bruyants dans vos jeux sans savoir si vous irez au nord ou au midi, si vous vivrez un jour ou deux, qui sera le Rhin ou la Reuss, qui séjournera près des fleurs, qui se perdra sans nom. Et vous êtes sages, petits ruisseaux; l'inégalité que donne la pente de la vie n'est qu'un hasard d'un moment; tous, hélas! vous allez au grand Océan, comme nous, vous allez à l'inconnu d'où sont tirés et où retournent tous les êtres.

XCVIII. Voilà l'hiver froid et brumeux qui fond sur nos vallées : ramenons nos pensées les belles exilées au foyer pétillant; qu'elles tressent leurs robes de soie et façonnent leurs merveilleuses broderies, pour s'envoler au printemps, gais papillons rajeunis, dans l'azur du ciel.

XCIX. Ainsi Samson cherche dans sa jeunesse la liberté des montagnes; sa naïve audace lutte comme Jacob avec l'esprit de Dieu dans les plaines sauvages, et semblable aux forêts vierges, sa nature se déploie dans tout l'épanouissement de sa luxuriante beauté. Ainsi la vigueur du génie réside dans un exercice rude et salutaire, loin des mollesses de la multitude, dans les plaisirs austères et illimités de tous les purs instincts de la création. Ce qui fait ta force, ô Samson, c'est ta libre chevelure, c'est ton cœur livré à la solitude et au souffle de Dieu ; oh ! ne livre pas tes cheveux vierges aux molles voluptés, aux bruits flatteurs de la ville et aux agaceries des filles des hommes, ou bientôt tu te verras privé de tes forces et le jouet de tes ennemis, la risée du peuple, comme un enfant aveugle qui a perdu la vue du ciel ; tu ne serviras plus qu'à réjouir la vile plèbe, à égayer les orgies de leurs tables par des chansons à la mode, devenu l'esclave de ceux que tu méprisais ; tant que par ton génie, retrempé dans le malheur et dans le désert du monde, et dans les joies ironiques des festins, tu reprennes ta force dans ton désespoir pour insulter aux adversaires de Dieu et les abîmer en ta ruine, faisant servir ainsi jusqu'à ta chute et ta mort.

C. O printemps, tu fais moins pousser de fleurs que de jeunes femmes, parmi nos bosquets et nos jardins ; ce sont les premières fleurs de l'année, les plus belles, et, bien qu'hélas toute fleur doive mourir, celles qui vivent encore le plus longtemps.

CI. De même que les rayons du soleil se décomposant dans le cristal, sa lumière prend des teintes diverses ; de même, ô Jehovah, ton esprit, vivante unité, se reflète dans la diversité des âmes et des créations ; l'œil grossier de la chair n'y reconnaît plus la clarté de l'éternel et unique soleil ; mais, ô mon Dieu ! tu nous as fait don de la pensée pour rassembler ces rayons épars, et remonter à toi, à cette lumière invisible qui nous éblouirait par son unité merveilleuse. Nous pouvons juger ainsi de l'univers : la guerre intime qui semble diviser tous ses éléments se résout, pour le regard du philosophe, dans une concorde savante. Toute la variété de la création se rencontre en Dieu, comme toutes les couleurs de la terre se rencontrent dans le blanc rayon du soleil.

CII. La plus belle heure c'est midi, la plus belle saison c'est juillet, le plus bel âge de la femme c'est son été dans tout son épanouissement; mais, hélas! à peine est-il qu'il n'est plus. La vie et la mort se partagent notre existence; quand la vie a fini de vaincre elle tombe, quand le fruit est mûr il se détache de l'arbre. O midi du corps, midi de l'âme, demeure! je t'en prie, mais en vain. Aussi l'aurore est si belle parce qu'elle est le plus loin du couchant, et le couchant parce qu'il nous rapproche de l'aurore.

CIII. Oublions, oublions la jeunesse. Pourquoi revenez-vous, ô folles pensées de la jeunesse, puisque vous ne pouvez nous rapporter que des rêves impuissants?

CIV. L'Italien chanté par d'harmonieux artistes, à nous Français, n'en semble que plus la langue des dieux et de la musique, par sa vaghesse même; il prête un langage idéal à tous les sentiments divers qu'éveillent en nous la mélodie. Doux bâtard du latin, enfant de l'amour, on dirait les syllabes inconnues et étranges que balbutie la passion; né sous un si beau climat, pur et limpide, il coule des lèvres de femme comme des baisers, et se perd comme le ramage des oiseaux dans le ciel.

CV. Ulysse, symbole de la sagesse païenne, tu as su choisir l'humble vie de ce monde, et non une trompeuse immortalité; tu n'as pas été séduit par la promesse éternelle de Calypso plus que par la cynique volupté de Circé. Tu étais un homme, tu as voulu rester un homme: ô Grec, trois fois sage, tu as préféré la petite île d'Ithaque à l'appel décevant des syrènes, à tous les faux mirages de l'horizon, la douce joie du foyer domestique aux vains songes de l'infini. Qu'ils sont insensés, ceux qui, dégoûtés de la vie, embrassent la mort comme un remède, et croient devenir des dieux ; ils prennent, pour se rajeunir, le moyen du vieil Eson. La terre vaudrait encore mieux que le ciel, puisqu'on nous l'a ôtée pour nous punir ; mais aujourd'hui, qui voudrait accepter le fardeau d'une vie éternelle ? toutes nos illusions, mortes avant nous, ne nous appellent-elles pas dans la tombe ? ô jeunesse, véritable immortalité d'un cœur rempli d'espérance, quel Dieu, quel paradis pourrait te rendre à l'homme qui a vécu ?

CVI. Avez-vous vu parfois quelque vieille cité avec ses rues étroites et tortueuses : c'est bien froid, c'est bien triste et rempli de désenchantement ; là travaille la misère dans la solitude et à l'étroit. Eh quoi ! peut-il y avoir de la joie ici ? Oui, ces pauvres aperçoivent encore un petit coin du ciel bleu entre les hauts toits des maisons ; un coin du ciel bleu est plus beau et plus riche que toutes les splendeurs de la terre.

CVII. O belle enfant malade, tu fuis les climats du Nord pour te réchauffer au soleil du Midi, charmante fleur qui meurt à son printemps. Hélas ! la nuit ne t'a point laissé fermer la paupière ; mais voici enfin le jour qui apaise un peu les ardeurs de ta fièvre, voici la fraîche aurore, ne peux-tu pas renaître, toi aussi, à ce matin de la nature ? L'aurore sème l'Orient de roses, et elle semble ranimer un peu la pâleur de tes joues ; au sourire de cette sœur, ton visage languissant essaie aussi de resourire.

CIX. Le divin Homère s'élève dans le ciel bleu de la poésie sur ses deux ailes, l'Iliade et l'Odyssée, ou plutôt il attèle à son char triomphant dans les nuages dorés, le cygne voyageur et l'aigle roi de la guerre.

CX. Aux flambeaux de ce monde on prend souvent le vert pour le bleu ; à la lueur des passions fugitives on prend la terre pour le ciel.

CXI. Quand la terre tremble, l'oiseau se réfugie dans les cieux, comme pour nous montrer le chemin qu'il faut suivre dans le malheur.

CXII. Voyez là-bas ce petit hameau aux humbles maisons blanches, caché dans les arbres paisibles ; c'est l'image du bonheur ignoré ; les bruits de la ville, les orages de l'air, la foudre, les regards mêmes et les désirs passent au-dessus de lui.

CXIII. L'homme moderne, à l'instar des dieux, a créé l'industrie, Briarée aux cent bras qui l'étouffe.

CXIV. La beauté de la poésie, c'est la fantaisie de la pensée, diamant limpide qui réflète le monde, enchâssé précieusement dans la prison de l'expression.

CXV. Voyez le fleuve du Rhin : il s'élance furieux de sa source, puis, peu à peu, son cours glorieux se ralentit, et il roule à pleins bords, majestueux et abondant ; arrivé aux fertiles plaines de la Hollande, il semble vouloir revenir sur ses pas et s'attacher à ses rivages paisibles ; enfin il se perd dans les sables avant de rejoindre la mer. Ainsi coule la vie de l'homme : tour à tour, c'est la fougueuse jeunesse, l'ambition orgueilleuse, l'âge mûr prudent et sage ; enfin c'est quelque chose de faible et d'obscur et qui disparaît même, avant de rentrer dans l'infini.

CXVI. Adam épris d'une insatiable curiosité et non satisfait de sa part de bonheur, voulut connaitre le fruit de l'arbre de vie ; ainsi l'homme esclave de sa passion pour la science et l'infini, plutôt que de se plaire dans l'Éden que ses pères lui ont laissé, s'avance à la sueur de son front vers l'austère vérité : la faute d'Adam est le premier pas vers de plus hautes destinées. O sainte faute, par toi nous sommes devenus des dieux, tu nous as conquis la mort et le ciel, la liberté et le progrès.

CXVII. Peut-être ne va-t-on plus beaucoup dans nos temples pour prier Dieu, mais tout le monde se sent entraîné vers ces nouvelles églises si parées et si coquettes qui nous rappellent le doux culte païen : elles sont pleines d'attraits pour les cœurs fidèles. O frôlement des robes de soie, beaux yeux amoureusement contrits, lumières éclatantes, légères senteurs, soupirs étouffés des belles chrétiennes, vous avez un charme irrésistible. La grâce fait encore des miracles, et les femmes ramèneront les hommes à la religion; elles vont faire de nouveaux martyrs. Je soupçonne Dieu d'être un peu jésuite et de se servir de tous les moyens pour nous attirer à lui.

CXVIII. Pourquoi la justice n'a-t-elle pas son glaive? Que peut-elle désarmée? Le glaive est d'un côté, la justice de l'autre. Voulez-vous voir la justice : la voilà qui passe pauvre, nue et honteuse, et elle n'a pas de pain ni de vêtement. Les iniques possèdent la force et règnent par la violence, et il n'y a rien pour arrêter leurs déportements; car, dites-moi, qu'est-ce qu'une justice qui supplie? O sainte justice, quand est-ce que tu reprendras ton glaive?

CXIX. Peut-être dans tous ses rêves d'avenir la terre est en proie à l'illusion et trompée par un vain fantôme; l'arc-en-ciel de l'espérance n'est qu'un spectre solaire.

CXX. Les femmes sont vraiment des anges, il ne leur manque pas même les ailes.

CXXI. Enfer, création de l'esprit des ténèbres, se peut-il que tu existes? Quoi! dans le ciel, une mère pourra être heureuse séparée de son fils en proie à un supplice éternel? Enfer, tu es le blasphème d'une bouche impie.

CXXII. Oh! que je te regrette, vague enchantement de l'amour qui s'ignore : j'adorais les forêts, les eaux, les nuages, la nature universelle, mon cœur se sentait assez grand pour toute la création; mes yeux se perdaient dans toutes les belles formes et les couleurs charmantes, et j'écoutais avec ravissement les mille bruits de la terre. O fantaisie, ô caprice de juin, couché sous les grands charmes, mon âme, comme une lascive courtisane, s'ouvrait à toutes les caresses de l'univers et à toutes les émotions. Je me sentais léger comme l'écureuil qui court sur les forêts dorées par les rayons du soleil, comme l'abeille dans le calice des fleurs, comme l'hirondelle qui rase les ondes. O nuages, ô plaines du ciel, nature, âme universelle que je voulais étreindre, avec quelles délices infinies je me sentais abîmer en ton sein et je me mêlais à tous les éléments, emporté jusque dans les étoiles. Qui n'a fait de ces rêves charmants? Qui n'a vécu à la fois dans tous les temps et dans tous les espaces, une éternité d'une heure?

CXXIII. Vous avez entendu parler de l'Atlantide, ce monde mystérieux que connaissaient les sages anciens, Platon et Salomon : le flot l'a emporté. Que de choses ainsi depuis l'éternité se sont éteintes dans l'océan du passé! La plaine a mis sur tout son inflexible niveau. Où sont les vieux dieux, les mystères antiques et la foi? Que de gloires immortelles, de mondes et de siècles entiers naufragés pour jamais.

CXXIV. Etoile de Vénus, tu brilles comme la flèche d'un regard amoureux, tu scintilles comme la flamme changeante ; ainsi fait mon cœur, mes yeux se perdent et s'oublient dans ton doux regard. Etoile de l'amour, ne descends pas encore, n'éteins pas ta lueur charmante. Etoile de Vénus, larme de la nuit, tu disparais dans le sourire de l'aurore ; et moi aussi je me sens sourire dans le réveil, et ma lèvre balbutie en vain les délices d'un songe oublié.

CXXV. Ne craignez pas de laisser couler vos pleurs, jeune infortuné, les pleurs rafraîchissent le cœur et le fécondent. A travers une larme, le jour et le monde nous apparaissent comme un arc-en-ciel de paix.

CXXVI. L'homme est comme l'aigle ; il aime mieux mourir que de se laisser couper les ailes de la pensée par la foi ; l'incrédule rejette l'immortalité imposée comme une royauté esclave.

CXXVII. Un grand bruit se fait entendre, venu des bords occidentaux : un monde se meurt. Réveille-toi, vieille Europe ; mais non, dors, vieille Europe, dors d'un sommeil éternel. C'est le soleil qui abandonne tes rivages pour aller dans un autre hémisphère ; le soleil radieux de la civilisation se lève dans le vague Orient, à Rome est son zénith, et il meurt sur les mers occidentales. Mais non, ce soleil éternel fera le tour du monde ; l'homme orgueilleux qu'il délaisse le croit à son couchant, qu'il se lève plus jeune et plus radieux.

CXXIX. Hommes vains, le silence est votre vérité ; pourquoi le rompre ? Pouvez-vous dire quelque chose ? Le silence, c'est la suprême harmonie ; si Dieu le trouble, c'est pour créer : Dieu sans cesse éclate en hymnes, et, comme les perles de la fée, depuis l'éternité, les mondes infinis découlent de sa parole savante et mélodieuse.

CXXX. Que de femmes sacrifient tout à leur beauté comme à une divinité cruelle, et, semblables à Cléopâtre, dans leurs vastes ennuis font dissoudre en leur coupe capricieuse un cœur plein d'amour, perle inestimable.

CXXXI. Belles, ne riez pas ; ne riez pas, les belles ; ne vous livrez pas trop au délire et à l'ivresse des plaisirs ; arrêtez-vous au sourire gracieux ; les larmes et les rides sont dans le rire.

CXXXII. Regardez comme, là-bas, la vieille abbaye s'illumine aux rayons du soir : c'est comme un autre Orient. Déjà tout se meurt et tout est dans l'ombre, mais ses vitres étincellent sous les rayons du soleil couchant. Que cette clarté est belle ! ah ! quel doux repos, quelle grâce, quelle lumière surnaturelle ! que mon cœur aurait aimé ce calme ineffable ! Ainsi brillais-tu autrefois parmi nous, belle abbaye aujourd'hui solitaire ; ainsi au soir de la vie, quand tout s'éteint, le tombeau du chrétien s'illumine d'un reflet céleste, et le front des mourants sourit d'un sourire de paix à la mort.

CXXXIII. O mon cœur, ne crains pas de chercher encore ce monde lointain où s'endort mon rêve ; rouvre tes ailes d'or, espérance aux yeux bleus, pour ce ciel inconnu de mon désir. Je le sais, tu reviendras de nouveau désabusé et triste, ô mon cœur, tu ne m'apporteras qu'un douloureux souvenir de plus et une désillusion amère. prends cependant ton vol, espérance aimable ; si tu reviens brisée encore, — je le crains, — tu reprendras bientôt plus ardente ton essor joyeux vers les séduisantes lueurs de l'horizon. Espérance, ma sœur, comme la colombe de l'arche, vous n'attendez pour vous élancer vers les voûtes éternelles que le premier rayon de soleil.

CXXXIV. O madame, vous m'avez appris que la volupté est la chose la plus chaste et la plus sainte ; c'est le chemin qui doit nous conduire au ciel. Plus la volupté est vive, plus elle est décente, plus aussi elle nous rapproche de la divinité. O divinité, quel est ton signe le plus distinctif, sinon l'infini plaisir ? Qu'est-ce que Dieu, sinon les principes les plus éthérés et les plus subtils de la matière évanouis dans la jouissance ?

CXXXV. Je voudrais avoir toujours sous mes regards un lac creusant son eau profonde entre des montagnes sévères, et réfléchissant avec amour les nuages changeants du ciel et la molle verdure de ses rivages. Un lac n'est-ce pas comme un œil de la terre plein d'amour et d'une humide tendresse en regardant le ciel ? et nous croyons sentir une vie plus pure en nous penchant sur ses eaux claires et limpides. Qui jamais en a sondé la profondeur étrange ? recèle-t-elle, comme on le dit, d'étonnants mystères ? Ah ! notre cœur ressemble à ce lac, il reflète ainsi tout ce qui se passe à sa surface et tous les mirages, brillantes chimères ; mais jamais nous n'en avons pu atteindre le fond, exil inconnu où se cache notre Dieu.

CXXXVI. Dans les plaines qu'arrose le Nil, nous cherchons vainement le sens mystérieux des pyramides ; que renferment en leur sein ces monuments gigantesques ? L'hiéroglyphe bizarre nous répond en une langue inconnue et nous ne rencontrons que des sépulcres vides et désolés. O rois, ô dieux antiques, qu'êtes-vous devenus ? nous ne retrouvons pas même vos ruines. Les dieux, les rois sont morts ; mais tout en ces lieux dit : mystère ; tout nous annonce l'union de la terre et du ciel, c'est le premier autel dans toute sa grandeur et sa naïveté. En ces âges sacrés, la création entière s'élançait vers le créateur ; l'homme a élevé ces vastes masses pour que, dans son immobilité même, la pierre aspirât vers Dieu et que tout, jusqu'à l'élément mort, eût sa prière. O pyramides du désert, vous semblez les colonnes d'un temple dont le ciel est la voûte, et vous êtes la leçon indestructible de nos siècles impies. Quand le cœur de l'homme se ferme aux tendresses de la foi, insensibles monuments, vous adressez encore votre hymne immortelle au créateur, et vous tendez au ciel comme à un pôle invariable.

CXXXVII. Viens, ô doux opium, viens nous prêter les rêves de la voluptueuse Asie, toi seul peux nous donner les empires que nous désirons. Quel cœur serait assez cruel pour envier au pauvre les illusions que donne l'opium ou le gin ! Ah ! pour les hommes sans foi et sans soleil, voilà le paradis et l'Orient ! le gin crée un autre monde et nous donne au moins quelques moments de bonheur. O gin, salut ! divine liqueur, emmène-moi dans tes royaumes imaginaires, donne des ailes à ma pensée ! L'âme n'est un esprit que par toi, et tu fais un dieu de nous. Sans toi l'homme n'est qu'une brute stupide, et son âme rampe sur le fumier des villes, incapable de s'élever au ciel. O gin ! tu apaises tous les maux, tu défies toutes les douleurs ; ambroisie des véritables poètes, tu nous emportes avec toi jusqu'à l'astre de toute lumière, à la source de la vie. Le réveil est triste, sans doute, après tant de joie ; mais en ayant de nouveau recours à toi, tu guéris les maux que tu as faits ; tu abrèges la vie, royauté dangereuse, mais les autres royautés aussi, et puis, le grand malheur! tu es une illusion, moins peut-être que toutes les réalités.

CXXXVIII. O jeune mariée, comme le bouquet de fleurs d'oranger sied bien à votre tête charmante. Votre virginité est aussi odorante et aussi pure, et vous semblez semer les fleurs sous vos pas. Symbole heureux de la volupté douce, que ces fleurs au léger parfum accompagnent votre aimable jeunesse, et que les fruits blonds et dorés encore plus délicieux de votre heureux automne les fassent seuls oublier.

CXXXIX. On peut tout aimer : la guerre ardente, la gloire aux rayons éclatants, l'art suave et intime ; mais qu'il est plus doux encore d'écarter de blonds cheveux pour baiser un front vermeil, de coller sa bouche sur une bouche embaumée, et de se reposer sur un sein de marbre. Dans cet heureux esclavage, on oublie tout, jusqu'à la gloire et la liberté, on oublie les vilenies du siècle ; l'amour ne laisse pas de temps à la haine, même à la haine du crime.

CXL. Dans la ville, la verdure disparaît avant la verdure des campagnes ; elle semble nous dire d'aller passer l'automne de notre âge loin d'un tumulte vain, dans la retraite et dans la solitude.

CXLI. J'aime, mot charmant et profond, qui peut excuser toutes les faiblesses et rendre compte de toutes les misères de la vie ; j'aime, voilà la source de nos joies et de nos douleurs, la fin de l'homme et de la création. Au jour du grand jugement, qui ne sera absous avec ce mot ? Satan lui-même dira : J'aime, et voilà pourquoi je haïssais ; la haine n'est qu'un amour malheureux ; le paradis sera la liberté de l'amour.

CXLII. Quelle plus belle mort que celle du divin Pindare ! aux jeux olympiques, au sein de son ami, il expira doucement pendant que les chanteurs laissaient tomber la strophe et relevaient l'antistrophe aux applaudissements de toute la Grèce. Est-ce là mourir? n'est-ce pas plutôt monter au ciel, comme le son voluptueux d'une lyre qui s'éteint dans un immortel écho?

CXLIII. O siècle, je te hais : funeste harpie, il t'a fallu un grand festin; tu as été avide de toutes choses, et tu as défloré tout ce que tu as touché, la liberté, la religion, l'art, les lettres, le passé et jusqu'à l'avenir.

CXLIV. J'aime la volupté rêveuse et mélancolique qui interrompt son sourire d'une larme, et se sert de la douleur comme d'une amorce au plaisir. Ah! resongeons au passé, aux joies pour calmer notre souffrance et espérer, aux peines pour modérer notre joie et en être maîtres. Songeons à la mort dans l'ivresse pour mieux jouir de la vie, et donner comme Horace la grâce de la mélancolie à la volupté fugitive.

CXLV. Heureux l'homme, lorsqu'après avoir fui la débauche et l'orgie, qui, comme Circé, voulaient le changer en pourceau, il sait aussi éviter l'aimable poésie, enchanteresse semblable à Calypso, et lui promettant, comme la belle déesse, une folle immortalité! Ah! qu'il fera bien mieux, nouvel Ulysse, après avoir parcouru tous les écueils de la vie, et tant erré dans ses jeunes années, de revenir à la science de la vraie philosophie, cette sage Pénélope, qui, tous les jours, ourdit une toile nouvelle qu'elle défait sans cesse, cette paisible épouse qui a échappé à tous les prétendants, toujours la même, reine de la stérile Ithaque, et qui pourtant réserve à l'homme les joies ineffables du foyer domestique; car les grandes questions de la philosophie et ses labeurs pleins de charmes, bien qu'inutiles, semblent être la patrie de notre âme.

CXLVI. Le provincial qui vient à Paris, attiré par l'éclat loin du toit paternel, à quoi ressemble-t-il? à l'enfant prodigue : un moment, la riche cité, lascive courtisane, l'endort sur son sein voluptueux; mais bientôt où est son humide baiser, où sont ses fêtes? épuisé, personne ne le connaît plus; où sont les jeux, les ris, les festins? que fera-t-il? ira-t-il mendier, peut-être en vain? Ah! plutôt, qu'il retourne aux monts paternels : là est la vie, là le bonheur l'attend. Qu'il fuie la famine éternelle de Paris, où tout est guerre et désolation; son petit village lui dira : Sois le bienvenu; le paysan a toujours la terre qui lui prête ses mamelles fécondes pour y puiser la vie.

CXLVII. Or blond et séduisant, n'es-tu pas notre vie, notre âme, notre passion, notre maîtresse? Que le monde s'examine, il reconnaîtra que c'est l'or qui circule dans ses veines : l'or est le Dieu de l'univers. Or, divin talisman, sésame des cœurs, clé des cieux, portes du paradis, que ne donnes-tu pas à ceux qui te possèdent? ta voix est plus engageante que celle d'une syrène; les hommes feraient tout pour t'avoir, et te donnent pour tout, ô la plus vile et la plus précieuse des choses! Comme tu dis avec ta voix douce : O mortel heureux, veux-tu une noire chevelure, un sein d'albâtre, choisis, mon fils, entre toutes ces femmes. Veux-tu la courtisane étrange aux caresses ardentes, ou boire à longs traits la rose de la beauté blonde? veux-tu que je t'ouvre le bouton d'or de la virginité et son calice débordant de voluptés infinies. Que veux-tu, heureux mortel, acheter un empire, l'honneur, la gloire, la vertu, devenir Dieu, boire comme Cléopâtre les labeurs de tout un peuple dissous dans une coupe? Ah! l'or est une chimère : c'est la chimère des chimères, la chimère qui donne toutes les chimères du monde.

CXLVIII. Les champs où notre jeunesse s'est écoulée, les lieux que nous avons aimés, ne sont-ils pas comme remplis de nous-mêmes? ne sont-ils pas comme un aimable paysage où notre âme se repose, cette âme qui voltige sans cesse dans ses souvenirs? froissée par le présent, elle s'y réfugie pendant les rêves de nos nuits.

CXLIX. O Cologne, admirable cathédrale, que j'aime tes tours élancées! mon cœur s'élève avec toi dans les cieux. O moyen-âge, j'admire la hardiesse de tes conceptions : non content des adorations des hommes, tu voulais amollir la pierre jusqu'à la prière, et porter la nature jusqu'à Dieu. Cologne, la main de l'homme mortel n'a pu te pousser plus haut que les nues, tu étais devenu trop haut pour la terre, tu n'étais plus un édifice, mais une hymne dont le dernier son se perd dans les sphères supérieures. Ce sont les anges eux-mêmes qui ont fini le couronnement de tes ogives dans le firmament. Ainsi plus d'un cœur méconnu ici-bas n'a pu y compléter son existence et sa pensée trop haute, plus d'un jeune cœur, égaré dans de suprêmes désirs, a achevé son invincible essor dans l'infini des cieux.

CL. N'accusons pas les moines de paresse et d'impuissance; non, ils ne sont pas restés dans le monde sans laisser de traces après eux. Qui ne s'est ému au récit de leurs merveilleuses légendes? Que de fils de leur brillante imagination. Ils ont fait les splendeurs du monde aérien, et ces enfants ne sont-ils pas plus réels que nous? ne resteront-ils pas après nous, fantômes frêles et éphémères? Hommes orgueilleux, vous avez peuplé à peine la terre, ce point imperceptible de l'univers si vaste ; génies créateurs, les moines ont peuplé l'immensité des sphères.

CLI. En naissant, nous n'avons pas de fausses passions, nous n'aimons que le vrai ; les jouissances de l'orgueil ne sont encore rien pour nous. Il est trois choses qui semblent être descendues du paradis sur les lèvres des enfants, le miel, les doux baisers et la musique.

CLII. Nos rêves et notre vie s'en vont du même pas ; à mesure que nous avançons dans l'existence, nous nous apercevons combien nous avions d'illusions, et il faut leur dire adieu ; mais nous nous en consolons en voyant que la vie elle-même n'est qu'un rêve plus rapide et plus fugitif souvent que les autres. La vie et le rêve, tout s'écoule avec une vitesse qui ne laisse pas même le temps de réfléchir.

CLIII. O Léthé, douce et sage création du monde antique, il fallait te traverser pour aller aux Champs-Élysées. Oui, il faut savoir oublier pour être heureux. Le monde, aujourd'hui vieux et désolé, reste courbé sous les tristes souvenirs de sa longue vie. Ah ! le monde entier et les impuissantes générations des Dieux eux-mêmes désirent de te traverser, ô Léthé ! de s'abreuver à tes ondes bienfaisantes. La nature, cette vraie et unique divinité, nous donne la sage leçon de l'oubli : l'atôme qui brille aujourd'hui dans la rose du printemps se souvient-il qu'il n'a été d'abord qu'une poussière méprisée? O Léthé! il faut savoir oublier pour être heureux.

CLIV. Avril et mai, jeunesse de l'année, combien vous nous trompez par vos promesses ! vous ne nous dites ni l'aridité de juillet, ni la tristesse de novembre; mais oh! mentez toujours, sainte nature! mère attentive, mentez toujours à vos pauvres enfants.

CLV. O néant, je t'adore toi seul! je sens que je sors de toi et que je dois rentrer en toi; même maintenant, plein de vie, je sens que je ne suis autre chose que toi. Dernier espoir de mon existence agitée, un jour je me reposerai en ton sein immobile. O néant, ò mon roi! il est doux pourtant de s'élever parfois de ta poussière et de contempler les sphères célestes, en rèvant un impossible infini!

CLVI. Une jeune et chaste épouse ne doit avoir d'autre gloire que celle de son époux, semblable à la lune qui ne brille que de la lumière du soleil.

CLVII. Je n'oublierai jamais avec quel charme infini elle m'apparut aux approches du trépas: ah! la mort est souvent plus belle que la vie: la mort c'est l'àme, et la vie n'est que le corps. Chez elle la maladie avait usé la matière, elle ressemblait à ces enveloppes frêles, légères et diaphanes qu'éclaire une lumière intérieure; ainsi son esprit comme un feu vainqueur, éclatait en elle; elle reprenait sa jeunesse, la jeunesse éternelle de l'ame; son front était plein de sérénité, ses yeux, illuminés d'un reflet du ciel, semblaient contenir seuls toute sa vie prête à s'échapper. Elle conversait avec calme comme un ètre supérieur, et non comme une faible femme. On eùt dit que l'ange enfermé dans sa prison de chair avait déjà repris ses ailes, et que rien ne s'opposait plus à ses perceptions infinies. Ah! je n'oublierai jamais comme elle nous parlait du ciel, comme si, douée des divines facultés, elle fût à la fois ici-bas et dans le monde supérieur. O mort, tu es une grande institutrice, et une seule de tes paroles d'un moment vaut mieux que les enseignements d'une longue vie. Tout s'ouvre alors, tout devient clair, les cieux abaissent leur hauteur, et le voyageur arrive à la cité de Dieu.

CLVIII. Où nous menez-vous, ô mélancolie, ange lugubre et mystérieux, qui planez le soir dans le silence des airs? O toi dont le vol endort les faibles mortels, semblable au cercle magnétique de l'oiseau de proie, et à la lente fascination du serpent, que de nobles cœurs se sont donnés à toi, ange frère de la mort! combien ont suivi dans l'ombre fantastique la dame de leurs pensées, couverte d'un léger voile! combien se sont penchés dans un rêve infini, du haut de la tour antique! combien se sont abandonnés au courant des eaux molles, et ont embrassé la vaine illusion! combien ont pleuré ce qu'ils n'avaient pas perdu, et désiré ce qu'ils ne connaissaient même pas! Où nous menez-vous, ange de la mélancolie, qui enlacez les faibles cœurs en d'invisibles liens?

CLIX. O faibles mortels, vos terribles batailles ne sont aux yeux de Dieu que des luttes d'enfants et de frères qui s'exercent pour grandir.

CLX. O Michel Ange, comme un marbre insensible, tu as vécu sur la terre, froid, solitaire et sans amour. Ta vie, tes désirs et tes haines avaient passé dans tes marbres immortels, et toi tu étais devenu l'homme de pierre.

CLXI. O Philoctète, que j'aime les plaintes que tu fais entendre en quittant ton île sauvage de Lemnos, où tant de souffrances t'ont retenu captif pendant de longues années! Tu pleures, tu te lamentes, tu ne veux point d'un avenir éclatant. Et nous aussi, pauvres mortels, la gloire nous appelle et l'immortalité, et le bonheur et la guérison. Mais, ô pauvre terre! terre arrosée de nos pleurs, nous pleurons encore de te quitter. Ah! nos maux, c'est nous-mêmes ; la douleur est devenue notre patrie.

CLXII. O Rembrand, il est doux de s'arrêter devant tes charmants intérieurs! l'âme pénètre avec amour dans ces tableaux si profonds, et se repose avec calme au sein de cette douce lumière. Tu fais descendre un petit rayon du jour dans une pauvre chambre, et voilà cette chambre gaie et vivante comme une âme sereine qu'éclaire une humble foi. O douceur de l'ignorance, ô calme de la solitude, charme étrange du clair-obscur, tu vaux toutes les splendeurs du monde. La seule fleur qu'on possède est bien mieux aimée, le plus faible rayon est le mieux vu, le bonheur le plus rare est le plus cher au cœur.

FIN.

TABLE.